珍贵的失败

李 军 —————— 主编

坚韧的创新

“东方教育文库”
编审委员会

本书编委会

主　编　李　军

编　委　（按姓氏笔画为序）

王丽琴　戈玉洁　吕　萍　杨海燕　吴诗沁

张　娜　郑新华　赵明艳　俞莉丹　徐婵娟

殷　凤　唐林倚　曹　鑫　傅敏敏

“东方教育文库”

出版前言

“东方教育文库”是浦东新区为出版高质量的教育研究成果而设立的一个项目。通过“东方教育文库”的编辑出版，形成有品位的，能多方面反映浦东教育改革与发展面貌和教育研究成果的系列教育丛书。

“十四五”时期，是浦东落实中共中央、国务院《关于支持浦东新区高水平改革开放打造社会主义现代化建设引领区的意见》，实现新时代浦东教育高质量发展的重要时期。《浦东新区教育发展“十四五”规划》指出，要着力打造“五育并举、公平优质、开放融合、活力创新”的新时代高品质浦东教育。在各级政府的坚强领导下，浦东教育已经取得了快速发展，不仅规模逐年扩大，而且内涵日益丰富，呈现出多样化、特色化发展的趋势，在教育改革与发展过程出现了许多新的业绩和成果。许多学校校长用先进的办学理念进行教学改革，探索新颖的办学之路，大胆实践，在提升教育质量、建设师资队伍、建设校园文化、创建学校教育特色等方面取得显著的成效，获得丰硕的改革成果，并积累了丰富的办学经验。浦东新区作为上海市教育综合改革示范区和国家级信息化教学实验区的叠加效应正在形成。

同时，在学校的改革发展过程中，我们也看到有许多教师怀着强烈的热情，投身于教育教学的探索中，在专业发展道路上孜孜不倦地追求，探索教育规律，研究课堂，研究学生，研究教材，努力寻找解决问题的策略和方法，形成鲜明的教学特色，积累了丰富的教学经验，这些成功的经验具有明显的推广价值和实践意义。

总结和推广学校成功的办学经验和教师的教学经验，对推进教育的改革和发展，提升区域教育的整体水平无疑有积极的作用。出版“东方教育文库”，就是想要更好地宣传当前基础教育改革发展的业绩，彰显优秀学校的办学特色，总结优秀教师的教育教学经验，使更多有办学特色的学校和校长、有教学特色的教师进入公众视野，发挥优秀成果的影响力和辐射示范作用。

“东方教育文库”的推出，有利于树立学校和教师的研究典范，为广大教师提供丰富的教育信息和研究资源，为学校和教师搭建一个交流和分享成果的平台；有利于引领广大学校和教师走向规范化、精致化的科研之路，促进群众性科研的持续性发展；同时，通过出版“东方教育文库”，扩大一批优秀学校和品牌教师的社会影响力。

“东方教育文库”教育丛书收录的著作内容广泛，涉及教育教学多方面的领域，既有对教育综合改革示范区、国家级信息化教学实验区建设等重大问题、前沿探索的追踪，又有对立德树人、课程建设、学科教学、数字化转型、班主任工作、学校管理等改革焦点、实践难点的探讨；既有反映教育教学改革实践的优秀科研成果，又有反映校长办学经验和教师课改智慧的典型案例。

“东方教育文库”中难免会出现一些不足之处，恳请广大教育同仁批评指正。

编　者

2024 年 2 月

目　录

第一编　从失败和错误中学习的教学设计 /1

1. “失败”中孕育佳酿
——基于科技型传统文化的高中化学实践作业创新设计
上海市川沙中学　王蒙蒙 /3

2. 一场与“失败”的较量
——学生视角下的项目化学习初探
上海市浦东新区福山证大外国语小学　王淑芬 /14

3. 反思·确立·践行:“有效失败”让阅读素养生长“可视化”
——以元认知策略下小学语文整本书阅读《西游记》为例
上海市浦东新区泥城小学　夏莹玉 /28

4. 融通·改化·创新
——一次小学语文课堂跨学科教学失败后
上海市浦东新区明珠临港小学　王俊杰 /41

5. “小演讲,大舞台”背后的故事
——记学生课前两分钟演讲的失败和成功
上海市浦东新区浦三路小学　卢　瑾 /52

第二编　失败中的创意 /67

6. 不畏失败　勇于创新
——在中学物理学习中培养关键品格
上海中学东校　孙丽芳 /69

7. 学习如游戏　战败即新生
——以云端学生会班建为例
上海市澧溪中学　孙沁泠 /80

8. 以失败为问题驱动培养幼儿创新素养
——以大班科学“光之勇者”集体教学实践为例
上海市浦东新区东方尚博幼儿园　董昊君 /91

9. 从户外游戏的“失败”事件中呼唤幼儿的创新意识
——基于儿童友好理念
上海市浦东新区香山幼儿园　李　颖 /104

10. 一次“倒塌”＋一点改造＝创新
——利用有效失败促进中班幼儿问题解决能力发展的探索
上海市浦东新区张江经典幼儿园　王　丽 /120

第三编　写作中的创新尝试 /131

11. 初中语文议论文教学的“入格”“出格”与“破格”
——从《为人民服务》一文的教学实践说起
上海市川沙中学南校　王　珍 /133

12. “苏格拉底圈”：英语写作中从失败到创新的桥梁
上海市罗山中学　崔诗研 /156
13. 一段初中历史“纸笔课堂”创新的失败史
上海市进才中学北校　朱吉伶 /178
14. 校园环游记：打卡失败，书写更美的远方
——小学语文习作教学的创新尝试
上海市民办尚德实验学校　顾伟伟 /188

第四编　创新素养培育的实践智慧 /203

15. “无为”与“有为”中的支持
——记一次与幼儿共同经历的失败、创新与蜕变
上海市浦东新区东方幼儿园　陈佳慧 /205
16. 在失败中孕育见证生命的成长
——记一波三折的草莓种植
上海市浦东新区宣桥幼儿园　谈军妹 /219
17. “门”的失败与创新
——记一场户外建构游戏
上海市浦东新区傅雷幼儿园　周丽阳 /233
18. 探・寻・转
——“转错为机”三部曲在幼儿教学引导中的切实体现
上海市浦东新区下沙幼儿园　秦　晋 /244
19. 宽容失败，鼓励创新
——打造幼儿园精彩生成课堂
上海市浦东新区航津幼儿园　倪圣洁 /254

第一编 PART 1

从失败和错误中学习的教学设计

所谓的失败，通常是指学生无法自己生成或发现最优解决方案，但如果学生能够使用他们的先验知识来生成次优甚至错误的解决方案，这个过程就可以有效地帮助他们激活和区分先验知识，并在后续的引导中学习新知。这种教学设计不但改变了人们对待失败和错误的固有印象，理解了失败和错误对于学习的意义，帮助学生学会从失败和错误中学习，而且在当下真实性学习的浪潮中也是一种新的路径和方法。

——吕秋艳，刘徽.有效失败：从失败和错误中学习的教学设计[J].上海教育，2018(29)：60.

1. “失败”中孕育佳酿

——基于科技型传统文化的高中化学实践作业创新设计

上海市川沙中学　王蒙蒙

作业的设计与布置是教学活动的一个重要环节，化学实践作业让学生通过实验制作、成分探究、活动实验、定量探究、社会调查等形式，借助已有知识解决自然、环境、社会、生产生活中的化学问题，并从其亲历和反思中获得认识与情感，培养化学学科核心素养。①《普通高中化学课程标准(2017年版2020年修订)》(简称“课程标准”)提出要培养学生的社会责任感、创新精神和实践能力等相关内容，体现中华优秀传统文化对化学学科的重要作用。②

科技型传统文化指四大发明中记载的火药、造纸术的制作过程以及《天工开物》《梦溪笔谈》《齐民要术》等著作中记载的大量蕴含科学知识的古法技艺和工艺成果。③ 以中华民族科技型传统文化、科技领域的新成就及化学与社会、环境、生产生活等相关的内容为基石，笔者设计了一系列的实践作业，如“酿酒”“酿醋”“制纸”“制糖”等。以“制作甜酒酿”为例，学生结合《天工开物》《齐民要术》《北山酒经》中关于酿酒工艺的介绍以及已有的化学知识分析甜酒酿的制作原理及条件。甜酒酿实践作业培养了学生勇于尝

---

① 徐云.高中化学综合实践作业设计：培育学生科学素养的形成[J].上海教育，2021(28)：30-31.

② 中华人民共和国教育部.普通高中化学课程标准(2017年版2020年修订)[M].北京：人民教育出版社，2020.

③ 戴家琪，郑柳萍.《天工开物》在化学课堂中的应用[J].化学教育(中英文)，2021，42(05)：50-53.

试、百折不挠、坚韧不拔的可贵品质，更重要的是弘扬了中国传统文化，发展了学生核心素养。

一、甜酒酿作业设计过程

(一)甜酒酿知识迁移

在高中化学实践作业的设计过程中，可以依据课程标准和新教材中涉及的科技型传统文化，选择适合学生学情的作业主题，让学生亲历利用化学原理去解决一个真实、复杂问题的基本研究流程，在过程中获得认识与情感，提升创新思维品格和学科核心素养。

以“制作甜酒酿”为例，上海科学技术出版社《化学》必修第二册“乙醇”一课中提到“我国早在四千多年前就用粮食发酵酿酒，杜康酿酒的传说流传久远。粮食中的淀粉在酒曲作用和加热的条件下，水解成为葡萄糖，葡萄糖进一步在酶的作用下生成乙醇。”课程标准在选修课程系列1主题3中介绍：化工生产过程模拟实验将粮食酿酒作为供参考的实验活动之一。将该实验作为实践性作业主题，以真实的化工生产过程作为研究对象，借助相关资料对化工生产的原理、流程进行复原和模拟，在实践过程中解决实际问题，落实“科学探究与创新意识”“科学态度与社会责任”的核心素养。

上海一直有利用糯米酿造甜酒的历史，甜酒酿俗称甜酒、米酒等，是一种口味香甜醇美的美食。《齐民要术》中也有记载酿酒的过程：“乃平量曲一斗，臼中捣令碎。若浸曲一斗，与五升水。浸曲三日，如鱼眼汤沸，酘米。”学生在学习完“乙醇”一课后进行迁移思考，提出疑问：粮食如何制造甜酒酿？为解答学生疑问，笔者结合上海科学技术出版社《化学》必修第二册“乙醇”一课中的相关内容，引导学生进行“粮食酿酒”的科学探究，学生分小组实验，流程如图1所示：

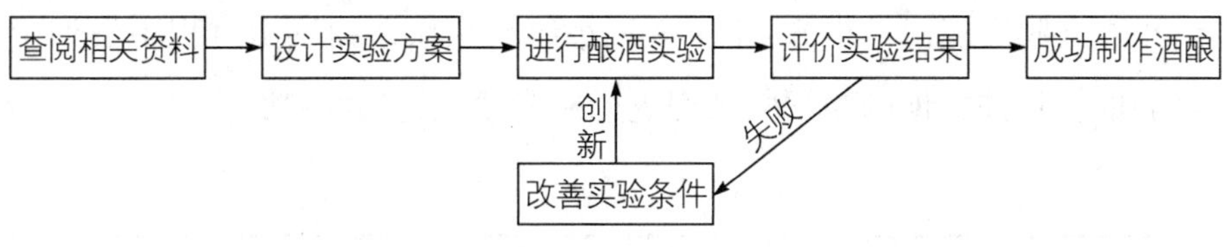

图1　学生实践活动流程

通过制作甜酒酿实践作业，学生不断进行迁移思考，对科技型传统文化中的酿酒技术有了深入了解。

（二）甜酒酿作业实践体会

1. 实验准备

学生从化学反应原理、古代著作文献、生物学三个角度查阅资料分析：制作甜酒酿的主要原料是糯米，糯米中含有大量淀粉，淀粉是甜酒酿发酵的主要碳源。糯米被酵母菌分解为糖类物质，接着再次分解为乙醇和二氧化碳。制作甜酒酿主要包括三个流程：预处理、核心处理和后处理。预处理包括：糯米浸泡、煮制、放凉。核心处理包括：拌曲、发酵。后处理包括澄清等。根据所查资料，结合教材相关知识引导学生自制甜酒酿。学生根据自己所查资料进行方案设计、材料准备、交流互助等活动。

2. 学生产品展示及评价

学生分小组酿酒完成后，根据表1中内容对小组产品进行评价，产品展示及评价如图2所示。互评阶段小组之间反响热烈，无论产品最终成果如何，学生都相互品尝，给以最真挚的评价。

3. 学生实验分析

6个小组中，小组3和小组5的实验成果较好，总评得分分别是82.4和81.9。小组1得分63，该组产品有较多黑点且味道寡淡，没有明显酒味。小组2得分57，该组产品味道发苦且米粒较硬。小组4得分53.4，该组产品产量较少，有香味但不浓。小组6得分57.5，该组产品明显发酸，无法食用。

通过小组之间交流讨论得知，小组 3 和小组 5 在酿造甜酒酿过程中咨询了有经验的长辈并根据网络视频教程进行酿造，所以较为成功。

表 1　学生产品评价表

具体要求	权重	评价等级及分值			得分			
		优	良	差	自评	互评	师评	总评
外观	0.3	色泽白润无杂质	色泽较白润，无明显长毛、发黑现象	有明显发黑、长毛等现象				
口味	0.4	口感细腻润滑醇香甜腻	口感较好，能品尝出甜味和酒味	口感明显发苦或发酸				
产量	0.3	酒酿中液体多固体少	酒酿中固体多液体少	基本没有液体				
说明：	自评、互评、师评按照 3：3：4 折算出总评； 优秀分值为 100—80，良好分值为 79—60，差分值为 60 分以下； 具体要求对应的总分与权重相乘后求和得到最终成绩。							

（三）甜酒酿作业学科融合

学生很疑惑，为什么大体相同的制备流程，实验结果相差如此大？制作甜酒酿具体的条件要求是什么呢？

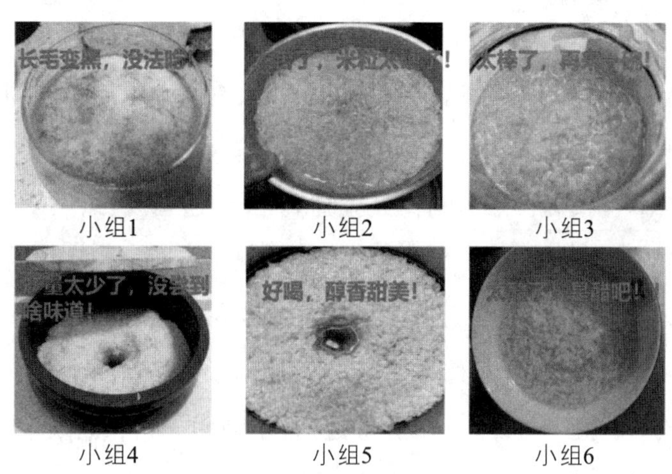

图2 学生产品展示及评价

学生交流分析失败的原因。第一个创意是请教生物老师，因为产品失败的原因大部分跟发酵过程有关，而发酵是生物学科相关的知识点。小组1、2、4、6通过咨询生物老师了解到，米酒酿造涉及的生物知识点包括呼吸作用、酶的作用、发酵等。学生通过查阅资料了解到米酒的酿造过程主要分两步：一个是糖化过程，通过根霉菌自身产生的糖化酶、液化酶和酒化酶，将糯米中的淀粉分解成葡萄糖、乳酸及微量酒精。在该过程中，根霉菌需要充足的氧气；另一个是酒化过程，利用酵母菌将生成的葡萄糖在氧气不足时分解成酒精和二氧化碳，但若氧气太多，会将葡萄糖氧化为二氧化碳和水，得不到酒精，已经生成的酒精也可能会被继续氧化成为醋酸。生物老师特意提醒学生：家庭开放式操作，容易混入醋酸菌和乳酸菌，这两种菌都存在于空气中，醋酸菌的作用就是把酒精发酵成醋酸。生物老师建议刚开始发酵保留少量空气，但后期要密封以防止更多氧气氧化葡萄糖。

小组4、6查阅生物资料了解到：整个生化过程中，根霉菌和酵母菌的比例要适当，根霉菌如果繁殖得过多过于旺盛，米酒会很容易长出白毛，也就是根霉菌的菌丝。米酒在酒化后，应该要杀菌转入容器中密封冷藏，如杀菌不当或贮存温度不当，酒内的腐败类细菌就开始繁殖，在酒内产生乳酸、乙酸和柠檬酸，使米酒发酸。这也解释了为什么有些小组制备的甜酒酿会长毛以及发酸。

小组3、5也根据自己的制作经验提到：反应容器要预留三分之一的空间。生物老师指出若空间不足，没有足够的空间储存糖化所需要的氧气量，糖化反应会被抑制，这就是为什么装米的容器不能装太满。

根据以往实践作业的经验，小组1、2想出的创意是查阅古籍。《齐民要术》中记录："初冻后，尽年暮，水脉即定，收水则用。其春酒及余月，皆须煮水为五沸汤，待冷浸曲，不然则动。"指出了不同季节对酿酒温度的不同要求。学生感受中国古代劳动人民的智慧，酒的发现本来就是一种偶然，酿酒工艺的不断创新是无数次的失败中探索的成就。学生进一步了解到温度不同是因为根霉菌生存适宜温度为28—30℃左右，酵母菌适宜温度为30—35℃。

学生结合失败经验分析以及与生物学科融合，进一步探索出制作甜酒酿的原理、注意事项，6个小组分别优化制作甜酒酿流程。小组3结合自己组内制取甜酒酿的成功经验和跨学科所获取的信息，在制取甜酒酿的每个节点上提出注意事项，得到师生的一致好评，小组3的优化流程如图3所示。

学生根据优化创新后的流程再次进行甜酒酿制作，6个小组的成果均较好。以小组1为例，其成品如图4所示。小组1制作出的甜酒酿出酒量良好但表层产生了少量霉变，虽然受到部分同学的质疑，但小组1的学生翻阅古籍，据理力争：甜酒酿虽然有些许霉斑，但瑕不掩瑜，并不影响食用，不会对人体产生影响。小组1的甜酒酿确实口感醇香润滑，比第一次制作进步很多。完成甜酒酿实践作业后，学生反思实践作业要准备充分，不能盲目实验，要降低失败概率。若实验失败也不要气馁，结合多学科融合，分析实验失败原因，探索改进创新实验的措施。

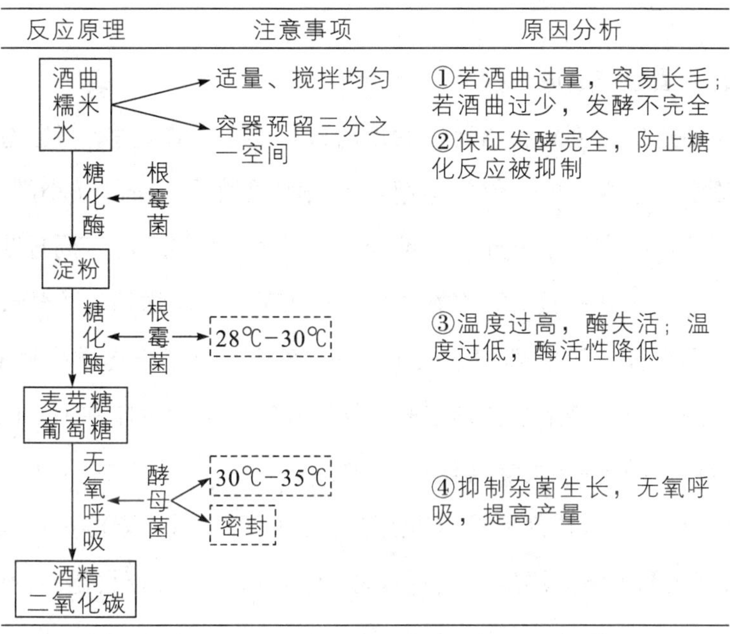

图3　甜酒酿制作流程优化

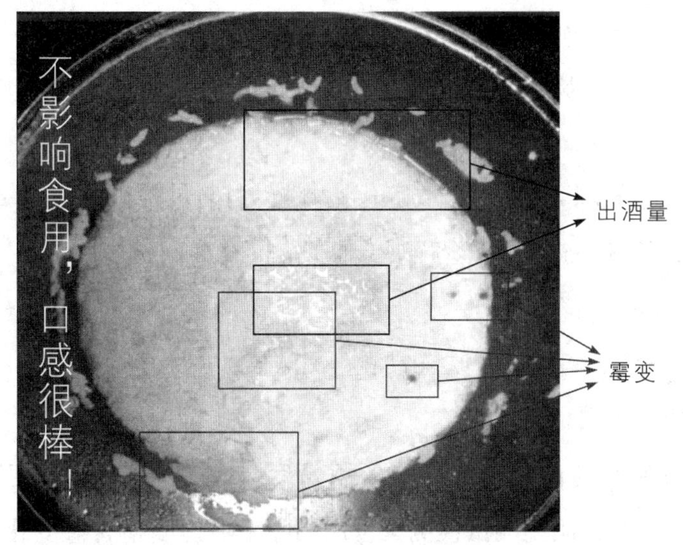

图4　优化创新后的甜酒酿成品

(四)甜酒酿产品成分探究

学生通过优化创新酿酒流程后重新进行实践操作，基本都酿造出可食用的甜酒酿。小组5的一位学生用自制甜酒酿做了一份酒酿小圆子，邀请家长品尝。但吃完后全家却犯了难，原来这位学生是走读生，周日晚上要回校住宿。全家吃完酒酿后算不算饮酒呢？能不能开车送该生去学校呢？如果开车会不会被判定酒驾呢？权衡再三，家长决定打车送学生回到学校。食用甜酒酿后开车会不会被判定酒后驾车呢？这是学生非常关心的现实问题。带着这个问题，学生继续开展实验探究。

学生讨论分析，要判断食用甜酒酿后能否驾车，首先要测量甜酒酿的酒精度数，其次要了解甜酒酿的代谢时间。学生通过查阅资料得知：酒驾是指每100mL血液酒精含量处于20mg至80mg之间，当每100ml血液酒精含量大于等于80mg时是醉驾。酒精代谢除受到血液中酒精浓度影响外，还有一定的个体差异性，一般而言，普通人喝1瓶3—5度的啤酒，需要1—2个小时代谢完全；喝一瓶10—12度的红酒，大约需要5—6小时代谢完全；而喝掉一瓶500mL的白酒，至少需要21个小时代谢完全。

基于这些资料，学生融合数字化检测技术，通过检测甜酒酿酒精含量，分析食用甜酒酿后能否驾车，解决他们关心的社会问题。

1. 仪器和用品

酒精计、滴管、甜酒酿、吹气式酒精测试仪。

2. 结果与讨论

学生使用酒精计测量甜酒酿的酒精度数，甜酒酿的酒精度数大约为1度。使用吹气式酒精测试仪测量食用酒酿后体内酒精含量变化如图5所示，为使测试结果准确，在饮酒后每隔20分钟再进行测试。结果表明刚食用甜酒酿后体内酒精含量比较高，为20mg/100mL，吹气式酒精测试仪亮起黄灯，达到酒驾标准。20分钟之后再测，血液中酒精含量基本变为0。酒精从消化系统吸收到血液中大约需要20分钟，酒后立即测试，结果只能反映当时口腔内的酒精浓度，而不是血液中所含的酒精浓度。日常烹饪中甜酒酿一般制作成酒酿小圆子等甜品再食用，经过加热和稀释后，酒精含量更低，所以只要适量食用，一般不会被判定酒驾。

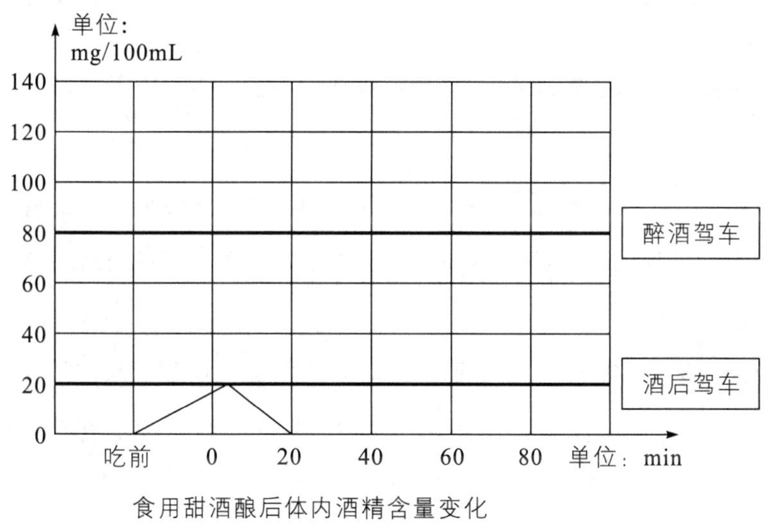

图5　食用适量甜酒酿后体内酒精含量变化

学生从甜酒酿酿造的失败到解决吃甜酒酿后能否驾车的现实问题，从不同的角度认识化学，拓展化学学习的时间和空间，能够更好地适应未来的多样化发展和满足终身学习的需求。甜酒酿实践作业中体现出的创新点主要包括：①跨学科融合，重构原有知识体系，学生逐步摒弃之前的错误操作，甜酒酿制作流程逐步走向正轨，提高学生交流合作、发现和解决现实问题的能力，进一步认识化学学科的社会价值；②在有限的教学时间中尽可能展示各组学生的实验成果，并从中提炼出实践作业设计的基本要求和试验方案评价的思路，从不同视角指导学生观察和研究化学实践作业；③实践作业的评价在量化上很难有一个统一的标准，主要依靠评价主体对作业的比较而得出，因此笔者认为实践作业的评价应当包括学生自评、小组互评、教师评价和成果终评四个要素，要积极构建量化和质性并重，兼顾过程和结果的评价体系。

二、甜酒酿作业反思总结

制作甜酒酿的实践作业历时两周完成，后续我又访谈了参与实践作业的学生，学生反响热烈："感受到化学的实用性，化学源于生活但又高于生活""感觉到自己是探索者""感觉化学很有趣，学习变得鲜活有滋味""感觉实践性作业更具激励性，更注重其他同学给出的评价""希望有更多类似的实践作业"。

为什么化学实践性作业受到学生如此追捧呢？在甜酒酿实践作业中明明有很多失败的产品，为什么学生不关注产品的失败反而更有热情呢？这是因为这种失败是有效的，是一种"有效失败"。①

教师在进行化学实践作业设计过程中，首先要预设到这种"有效失败"。化学是一门以实验为基础的学科，实验操作中的失误是一种常见现象，教师要学会把失败转化为资源，从跨学科角度寻找所需知识，激发学生的学习热情。

其次，化学实践作业要进行整体架构。化学实践作业设计要对标课程标准，基于学生学情，也要基于当地的文化背景。在实践作业开展过程中，学生必然面临多学科、多层次和多要素综合的复杂性问题，解决这些问题，需要打破学科间的壁垒，进行多学科知识的融合探索创新，培养"科学探究与创新意识"的化学学科核心素养。实践作业的架构图如图 6 所示。

---

① 甄丹蕾，刘徽．有效失败：失败的项目，成功的学习[J]．上海教育，2020(26)：49－51.

第三，化学实践作业真正要做的是育人。高中化学实践作业既弘扬了中华民族传统文化，又有利于学生形成完整的知识体系和学科整合意识，培养学生解决现实社会综合性问题的能力，发展学生“科学精神与社会责任”的核心素养，实现以人为本、立德树人的教育目标。

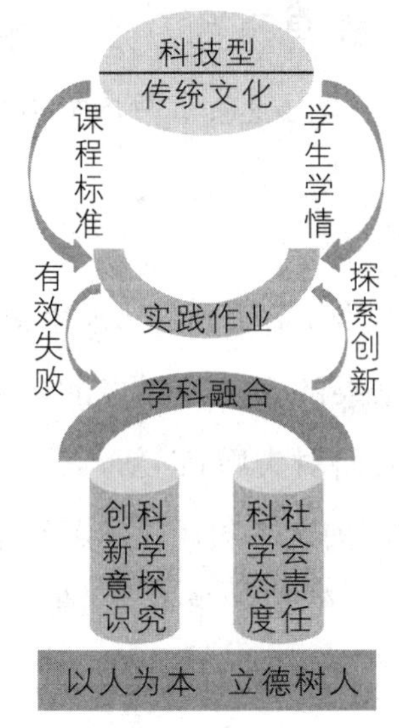

图 6　基于科技型传统文化的高中化学实践作业创新设计架构图

不过，在实施过程中，高中化学实践作业往往难度较大且周期较长。高中阶段的学生自主学习的能力还较为有限，可采用小组合作模式发展学生的团队协作意识和能力，借助集体的力量来降低任务的难度，辅助课后作业顺利开展。高中化学实践作业的推行是落实“以人为本、立德树人”教育目标的必然要求，也是课程改革的必然结果。争取在教学实践中，从学生视角切入，结合教材要求设计更多有趣、有料的实践性作业，给学生做错的机会，提供探索的途径，在润物无声中推动学生化学学科核心素养的发展，弘扬科技型传统文化。

2. 一场与“失败”的较量

——学生视角下的项目化学习初探

上海市浦东新区福山证大外国语小学　王淑芬

钱学森曾说:“正确的结果,是从大量错误中得出来的,没有大量错误做台阶,就登不上最后正确结果的高峰。”钱老的话揭示了一个深刻道理:创新,需要有坚韧的品质勇敢面对失败;创新,需要用包容的心正视失败;创新,更要以失败为阶,“用好”失败。项目化学习给学生的“失败与创新”打开了一扇窗,以大概念引领核心知识的学习,以真实问题的解决驱动学习,在子任务的实施过程中完成知识与能力的建构,激发创见,形成成果。然而,当下教师们在设计和实施项目化学习的过程中,往往带着传统教学中的惯性:精心的设计帮助学生避开了本该遇到的失败;以布置任务为导向的项目管理,忽略了学生的学习过程;成果展示并不真实地呈现学生的创见。究其原因,教师并未做好与学生共同面对“失败”的心理建设;也并未静下心来,关注“学”的过程;更没有转换观念,正确对待学生“原生态”的成果。

基于学生视角的研究和实践能帮助我们解决以上问题。直击学生学习的难点和痛点,以失败为阶,让教师成为帮助学生从“失败”走向“创见”的领路人。

项目化学习中有四个维度的学生视角:哪些学生有可能获得成长?获得怎样的成长?遇到怎样的挑战?在传统与项目化学习情境中的学生发生

了哪些变化?①（参见图 1）

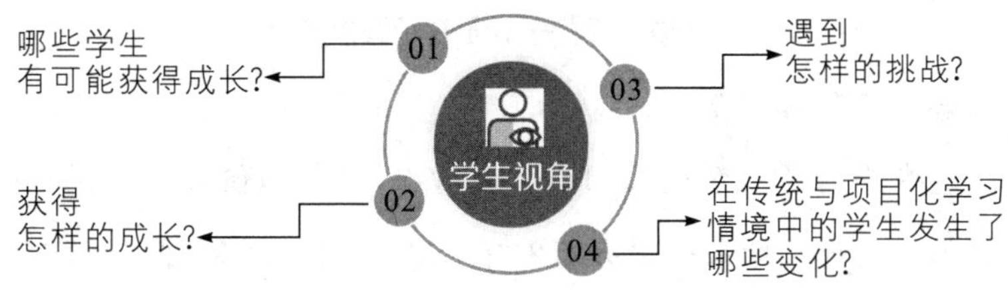

图 1　项目化学习中的学生视角

从四个维度重新审视项目化学习，教师就能从“学”的角度，进行“教”的思考，“教”才能真正为“学”服务，“学”为中心的课堂才能真正实现，学习方式才能真正转变。

一、转变观念——教师“让位”促成长

传统教学中，教师害怕学生“出错”，害怕应付“意料之外的问题”，学生只需要顺着教师的指引，在一个个小问题的问答中完成整个学习过程。项目化学习中，教师应该如何自处？这还得从一场意外说起。

一位资深教师的翻车现场

2021 年秋，我们为五年级的学生精心设计了“唐诗里的小秘密”项目化学习，当教师把构想告诉学生时，遭到了强烈反对。学生认为古诗生涩难懂，背诵过程折磨人，与现代生活的联系不大，没有深入探究的必要。

为了让学生明白古诗传承的意义，教师让学生开展了“现代社会是否需要古诗”的课堂小讨论。尽管教师一直在引导，但一场激烈的辩论之后，支持古诗传承的学生仅剩 12 人，26 位学生投了反对票。为了向教师证明自己的观点是对的，学生们更是提出“要进行全校范围的调查，让老师听听学

① 夏雪梅. 在学科中进行项目化学习：学生视角[J]. 全球教育展望，2019，48(02)：83.

生的心声”。

说理解决不了的问题

说理解决不了的问题，也许实践可以。

问卷调查不也是小型的项目化学习吗？问卷如何设计？调查如何开展？数据如何统计？结果如何分析？不仅涉及实用文写作，还涉及口语交际呢！经过一番思量，教师鼓励学生：想做就做！

学生们大量检索了“问卷设计”“古诗学习”的资料，也在教师的引导下，研读了课程标准的相关规定。通过团队讨论，学生设计了一系列问题，教师及时教授，提出建议，推翻，修改，重来……在反复的打磨中，一份简单的问卷终于诞生。

有趣的是，孩子们在查找资料中自我教育，在团队讨论中逐步明理，在数据分析中产生了许多思考，他们逐步认识到古诗传承的必要性。

然而，学生们也在调查中发现，校园内的古诗学习情况却没有达到课程标准的要求：有42％的学生不喜欢古诗，33％的学生可背诵20—40首古诗，28％的学生可背40—60首，不少学生学过就忘。通过数据分析，孩子们的想法发生了转变，决定以“如何让更多同学喜欢上古诗？”为驱动性问题开展“古诗推广计划”。

本质问题——向左走？向右走？

教师设计的“唐诗里的小秘密”旨在引领学生对唐诗的深度学习，学生想要开展的“古诗推广计划”的重点是“推广”，两者的本质问题不同。后者的成果——《古诗推广计划方案》指向应用文的写作，方案的实施更多指向口语交际，对古诗学习的深度有所减弱。教师面临选择：本次项目化学习，该向左走，还是向右走？

教师对照课标中对古诗学习的要求，决定尊重学生的意愿和前期的调查结果，解决校园内学生对古诗学习兴致不高、积累量不足的真实问题，开展“古诗推广计划”。

项目化学习中，学习不再按部就班，师生关系也该随之发生改变，教师要与时俱进，转变观念。此案例中，教师的计划遭到了反对，教师没有固执己见，而是顺水推舟，引导学生通过查资料、找范本、勤打磨等进行问卷设计和调查。学生在学习过程中自然而然地转变了想法，找到了生活中真实的问题“如何让校园内更多的同学喜欢上古诗”，驱动性问题变成了主动性目标。若是教师非要学生按自己的设计开展学习，学生心不甘情不愿，学习就会成为“美丽的负担”。然而，教师的“让位”并不意味着“一切听学生的”，相反，教师要发挥重要的引导作用。

（一）考量“遇到怎样的挑战”

让学生参与驱动性问题的设计，确实能让学生回归主体地位，然而，学生显然预估不到调查问卷设计的困难和古诗推广的难度，对于即将遇到怎样的挑战缺乏认知。这时，教师应该基于学生视角反复考量即将遇到的挑战，对照课标，深挖教材，评估学情……都是十分必要的。

一旦论证为可行，教师应该尊重学生意愿。也正因为是自己做的决定，所以学生满怀热情，无怨无悔，驱动性问题也将从“外部的驱动”转变为“内在的主动”。

（二）安排同伴互助

问卷调查中，性格开朗、善于表达的学生主动请缨，内向腼腆的学生畏畏缩缩，不敢尝试。一开始，教师请开朗的学生带着害羞的学生去尝试调查，等他们适应后，就分配任务，各自独立完成，由扶到放，鼓励学生突破自我。

(三)鼓励学生试错

有的学生在其他班老师讲课时不合时宜地闯入,要求进行问卷,遭到了老师的拒绝;有的学生跑去低年级调查,发现对方连问卷内容都读不懂……对学生可能遇到的问题,教师没有事先预告,而是静观其变。学生回来问老师该怎么办,老师也请他自己先独立思考再作指导,学生在尝试中总能解决问题。

(四)及时辅助

学生手忙脚乱,第一次问卷分析做得乱七八糟。教师正视学生阶段成果中的问题,找来几份问卷分析的样稿,引导学生一边对比,一边依样画葫芦,思考该怎样统计,怎样分析。对于挑战性很大的困难,教师及时讲授,为学生雪中送炭。

教师以学生为主体,“让位”于学生,自己可从繁重的“设计”中走出来,从学习的设计者转化为学生学习过程中的“观察者”“协助者”“及时的教授者”“鼓励者”等角色,捕捉“学的表现”,评估“学的过程”,立足“学的需要”,综合考虑“教的方法”,引导学生针对“失败”进行有意义的思考,鼓励学生通过修订获得成长。

二、失败为阶——聚焦“学”的过程,激发创见

“项目化学习中,哪些学生获得了成长?带给学生怎样的成长?”是学生视角的一大关键,然而,教师如何了解学生的需求,助力他们成长呢?

我们知道,失败总与问题相伴而生。然而,持久的学习恰恰依赖于发现问题与解决问题、主动性与坚持性、反思与解释、敢于冒险和挑战的心智习

惯的形成。[①] 中国学生发展核心素养体系的提出，也带来了学习方式和教学模式的变革，让学习者回归学习的本质，引导学习者在持续地自我发现问题和自主解决问题中，探索世界，认知自我，发展理性。

为了引导学生发现问题，我们经常在语文课上引发质疑。主要从两方面入手。一是根据课题提问："谁""为什么""怎么做""结果怎样"。即便学生已经预习了课文，知道答案，课堂上，教师还要"为赋新词强说愁"，很多课文也重复着相同类型的提问。二是根据内容提问，引导学生抓住矛盾处或者关键词句提问，引发学生对内容的理解，对表达效果的剖析。这些问题往往是教师想要告诉学生的知识点，学生审时度势提出问题。久而久之，学生不再基于内心真实的需要和已有的认知提问了，而是根据"教师的需要"提问。项目化学习中，师生都要转变对问题的理解。教师要鼓励学生发现问题，以乐观积极的态度拥抱失败，以失败为阶，启用创造性思维解决问题。对学生而言，每一次与问题的交锋，不仅仅是一次思维的碰撞，更是磨炼意志、锤炼品格的个人成长。

然而，项目化学习中，受以往学习方式的影响，学生比较困难的就是发现问题和提出问题，而这恰恰是激发创见的基础。

（一）收集"问题解决"的问题墙

项目化学习中，很多教师都会用到"问题墙"。教师引导学生及时记录在学习和生活中遇到的困惑，把问题写在问题墙上，可促进学生之间的交流和互助，有兴趣的学生可以把问题的答案或解决的途径留言在下方。教师也可撷取其中的问题，转化为驱动性问题来引导学生开展项目化学习。

我们尝试对问题墙进行改进，在原先的基础上开辟出一块，来收集学生

---

① Helm J H, 2015. Becoming Young Thinkers: Deep Project Work in the Classroom[M]. Columbia: Teachers College Press.

在学习过程中“问题解决”的相关信息。(见表1)

表1　有关“问题解决”的记录表

姓名：	项目名称： 记录时间：
你在哪个环节中遇到了什么问题？	
你是怎么解决这个问题的？	
这样处理，你成功了吗？你有什么感受？	

充分关注学生在项目化学习进程中遇到的问题，即关注“学”的过程。教师观察和发现学生的问题，引导学生在这个板块中进行自我反思，让“失败”的种子转化为成长的果实，让学生经历“有效失败”，学生在发现“此路不通”时，就自然而然地与问题相遇了。通过问题墙的展示交流，别人的经验也可成为自己的收获。

(二)对“问题”进行评估

在“古诗推广计划”的实施过程中，由于不同团队负责的任务不同，学生遇到的问题也不一样。我们对问题墙中的记录进行了比较、分析、评估和成因归类。(见图2)

教师将问题归类梳理后，要充分思考采用怎样的策略进行引导。如：召开“问题讨论会”，针对同一类问题，让学生交流自己的做法，通过集体评价，学生自然地感悟什么样的做法更好。教师也可将一部分问题放手让学生在团队合作中自主完成，“放手”或许会创生新的问题，却也能激发学生新一轮的头脑风暴。

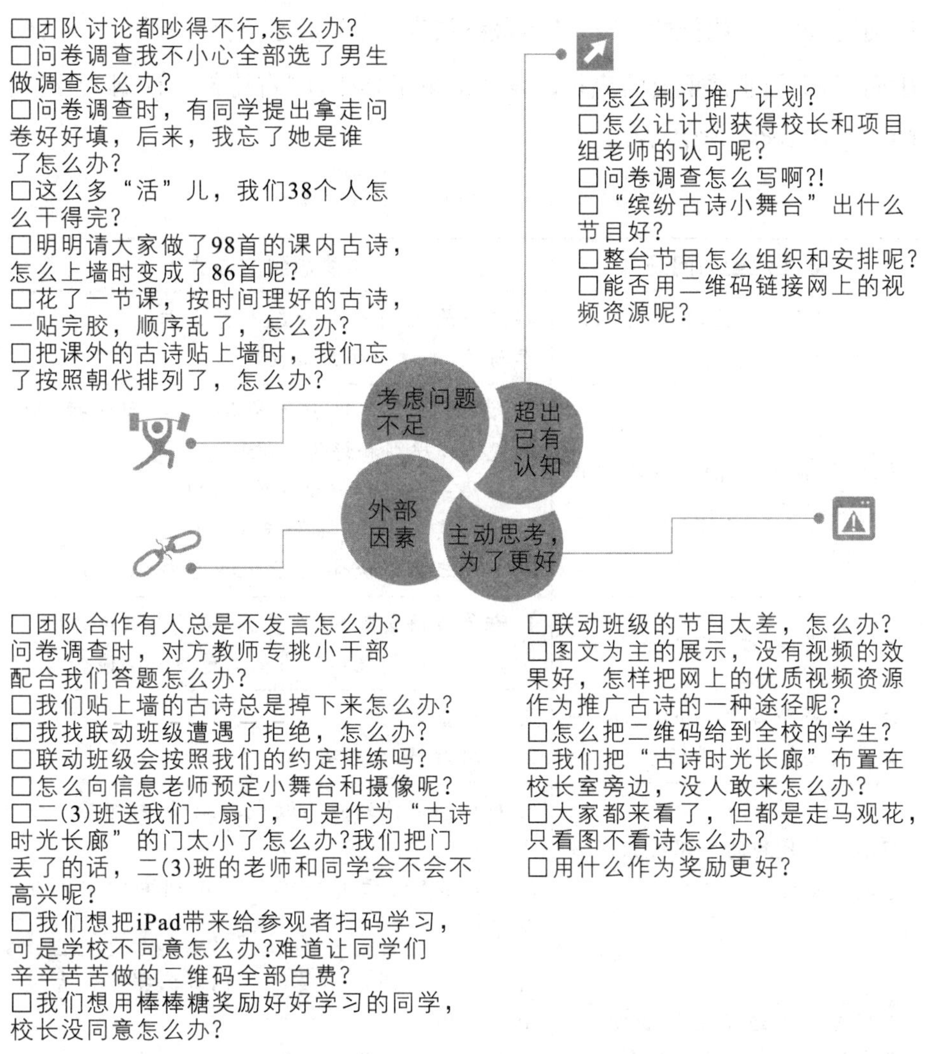

□团队讨论都吵得不行,怎么办?
□问卷调查我不小心全部选了男生做调查怎么办?
□问卷调查时，有同学提出拿走问卷好好填，后来，我忘了她是谁了怎么办?
□这么多“活”儿，我们38个人怎么干得完?
□明明请大家做了98首的课内古诗，怎么上墙时变成了86首呢?
□花了一节课，按时间理好的古诗，一贴完胶，顺序乱了，怎么办?
□把课外的古诗贴上墙时，我们忘了按照朝代排列了，怎么办?
□怎么制订推广计划?
□怎么让计划获得校长和项目组老师的认可呢?
□问卷调查怎么写啊?!
□“缤纷古诗小舞台”出什么节目好?
□整台节目怎么组织和安排呢?
□能否用二维码链接网上的视频资源呢?
考虑问题不足
超出已有认知
外部因素
主动思考，为了更好
□团队合作有人总是不发言怎么办?
问卷调查时，对方教师专挑小干部配合我们答题怎么办?
□我们贴上墙的古诗总是掉下来怎么办?
□我找联动班级遭遇了拒绝，怎么办?
□联动班级会按照我们的约定排练吗?
□怎么向信息老师预定小舞台和摄像呢?
□二(3)班送我们一扇门，可是作为“古诗时光长廊”的门太小了怎么办?我们把门丢了的话，二(3)班的老师和同学会不会不高兴呢?
□我们想把iPad带来给参观者扫码学习，可是学校不同意怎么办?难道让同学们辛辛苦苦做的二维码全部白费?
□我们想用棒棒糖奖励好好学习的同学，校长没同意怎么办?
□联动班级的节目太差，怎么办?
□图文为主的展示，没有视频的效果好，怎样把网上的优质视频资源作为推广古诗的一种途径呢?
□怎么把二维码给到全校的学生?
□我们把“古诗时光长廊”布置在校长室旁边，没人敢来怎么办?
□大家都来看了，但都是走马观花，只看图不看诗怎么办?
□用什么作为奖励更好?

图 2　学生问题归因

(三)头脑风暴,激发创见

学生视角下,学生在思考不足中“碰壁”:当问题超出自己的原有认知时,教师引导学生通过上网查资料、请教家长、同伴互助等方式解决;当问题解决不了时,学生有可能受挫,但也在受挫中磨炼意志、积极思考、创造性解决问题，也有可能仍然失败，甚至最终放弃，从而获得经验和教训……对学生而言，都是非常重要的成长。表2记录了学生在“古诗推广计划”中遇到的问题和最终的解决方案。

表2 学生针对问题想到的对策

学生遇到的问题	学生想到的办法
这么多“活”儿，我们38个人怎么干得完？	推广若是我们一厢情愿有什么意思？大家都参与了，那才叫推广成功！
全班只有两个团队，每次讨论吵得不得了！怎么办？	1. 按自愿、实力均衡等条件，缩小团队规模！制定合作规则和评价标准！ 2. 每隔一个阶段就要评价一次！ 3. 根据实际，增减评价标准！ 4. 夸夸我的好伙伴，让团队更友爱！
找联动班级，被拒了！怎么办？	1. 翻翻口语交际的《商量》一课是怎么说的！ 2. 再搜点谈判技巧！我们商量好再去谈！
大家花一节课排好的顺序，一贴完胶又打乱了，怎么办？	1. 哎！重排呗！ 2. 下次做事，合理安排后再行动！
好不容易找到的微课视频怎么才能分享给大家呢？	1. 把视频上传到网络做成二维码，打印后发给大家。 2. 打印在“推广大使牌”上，小朋友回家扫码学习！
三楼走廊旁边就是校长室，谁敢在校长室旁晃悠啊！参观的人太少了！	1. 这次语文园地不是教我们做海报吗？大波海报走起！ 2. 校长给我们做广告啦！ 3. 突然间，人流如潮！有些问题还会自动解决！
我发现，大家参观时走马观花，不读内容，怎么办？	把各个板块串起来，设计成游戏，统一设计答题卡，让大家带着问题去学习，最后根据答题情况获得奖章。
联动班级会如约而来吗？	所有环节，必须事先落实到位！

学生来自不同的家庭，父母给予孩子的是各具特色的家庭教育，当学生面临挑战时，这些隐藏在孩子身上的才能会逐步展现出来，迸发出令人惊喜的创新能力。比如学生找到了许多精彩的微课视频，却无法分享给同学时，小伍同学提议可以做成二维码，让参观者扫码学习。这在当时，是教师也没有想到的方法。

学生之所以想出那么多的好办法，教师的引导也至关重要。比如在“古诗长廊”展示过程中，教师发现，参观的学生走马观花，没有真正开展学习。教师直接抛出问题，让学生开展团队比赛，看谁先想出办法解决问题。各团队摩拳擦掌，有的建议设置引导员，引导学生参观；有的提出发放答题卡，让参观的同学带着任务去参观……教师引导大家对各团队的建议进行讨论，权衡利弊，调整和改进。最终，全班决定通过游戏的方式，把各板块的内容串起来，设计成答题卡，将小伍同学制作的二维码做成书签发给参观者，不仅解决了学生在校园内无法扫码观看微课的问题，还使参观者的学习从校内走向家庭，拓宽了古诗学习的时空，大大提升了“推广”效果。

(四)归档保存，因材施教

我们把问题墙上的学生问题进行建档，通过前后对比来观察孩子的成长，因材施教。

表 3　一位学生在两次项目化学习中的成长记录

五(6)班 学生小钱	**记录时间:12 月 9 日 项目:古诗推广计划**	**记录时间:4 月 10 日 项目:喜欢苏轼的 n 种理由**
你在哪个环节中遇到了什么问题?	我参加数据统计组的时候，工作量太大，双休日没能完成。	我未按计划进行同伴合作。因为我们之间没有约定好时间，没有决定用哪个会议软件进行录制。

（续　表）

五(6)班 学生小钱	记录时间:12月9日 项目:古诗推广计划	记录时间:4月10日 项目:喜欢苏轼的n种理由
你是怎么解决这个问题的?	我想找同学小陈帮助我一起工作。	我选择一个人完成。
这样处理,你成功了吗?你有什么感受?	没有成功,我在钉钉上对小陈发信息,可他没有回复我。统计完的结果也没有发给我。	成功了。但是在看完别人的多人会议视频后,我觉得多人的比我一个人的介绍更有趣。希望下次我也能试一下。

如表3所示,小钱同学在12月的项目化学习中,因“工作量太大,想找同学帮忙,给对方钉钉留言,没有得到回复,所以没有成功”。可以看到,当时他对“进一步怎么办”没有反思。所以,同样的情况在新的项目中再次出现时,他还是没有和伙伴取得联系,使想要的合作不了了之。一个电话能解决的问题,孩子却经历了两次失败。教师将两次的记录对比着给这个学生看,促进他反思,鼓励他改变自己。

立足学生视角,教师及时追踪和记录学生学习的轨迹,区分和判断何种经验对于学生的学习有利,辅以指导,因材施教,逐步实现学生最近发展区的发展。

三、“搁置”问题——让学生经历有效失败

“在传统与项目化学习情境中的学生发生了哪些变化?”也是学生视角下的项目化学习中不可忽视的一点。

在“古诗推广计划”项目化学习中,有一件小事值得我们思考:

为了让更多学生来参观古诗时光长廊,我们结合语文教材第七单元的“设计海报”内容,合作设计了26份海报。学生问教师贴哪里好,教师指着

洗手间右侧的墙脱口而出："贴在人流量大的地方，比如洗手间门口，每个人都会去。"一节课后，教师发现全校的洗手间的墙上都贴了海报。教师意识到自己不该把想法告诉学生，应该让学生有自己的思考。但是，教师庆幸的是自己预留了一部分海报！于是，教师把剩下的海报发给学生们，嘱咐学生自己去找地方贴。结果又过了一节课，教师发现剩下的海报也贴在洗手间的周围。

教师反思时发现，师生不自觉地进入了一种思维定势——教师应该及时回答学生的问题，学生应当万事听指挥。这是长期的"教"与"学"关系带来的惯性。这种模式虽然使一个教师可以同时教40多个孩子而保持权威，保持教室安静，保持全员侧耳倾听的高效率，但是，学生主动思考、个性化质疑、独立处理问题的机会就少了。这也是目前教师在开展项目化学习中，容易走回传统教学方式上去的原因之一。

基于讲授的教学方法，教师把每一个教学环节设计得严丝合缝，我们以往追求的"不多一分钟，不少一分钟"一定程度上帮助学生绕开了本该遇到的问题，教师也习惯了通过提前设计，帮助学生扫清学习路上的障碍。然而，项目化学习中，学习的情境发生了变化，很多的学习环节无法预测，也难以绕开，因而教师也需要转变观念，改变习惯，拿出勇气和教学智慧应对即时性生成的问题。

（一）"搁置"，给学生主动思考的机会

这个小案例中，如果教师能反其道而行，对于学生"海报贴在哪里好"的问题进行"搁置"，让学生自己去思考，去尝试，去经历"失败"，在失败中思考出各种各样的对策，主动地带着任务去思考，等到大家贴好了，教师再组织大家说一说，评一评"谁贴的地方好"，学生就能从"失败"中提炼经验，引发反思，总结方法，想到对策……这样的"失败"是带来学生成长的"有效失

败”。立足学生视角，教师“搁置”并非“无为”，而是把学习的机会留给学生。

（二）“搁置”，引导学生主动发现问题

“古诗推广计划”的终极任务是“古诗长廊”的展示，学生精心完成了布置，没想到的是参观学生不多。这回，教师没有告诉学生自己的发现，而是让各团队派一名学生每节课下课去数参观人数，引导学生观察并发现问题，让团队共同协商解决之策。我们知道发现问题的意义远大于解决问题。教师引导学生发现问题的过程，看似搁置了问题的解决，实则培养了学生观察生活、主动思考、发现问题的能力，意义不凡。

（三）“搁置”，为教师组织教与学预留时间

我们知道，学习过程中生成的情况非常考验教师的教学能力。然而，在项目化学习中，并不是事事需要教师及时反馈并作出应对。更多的情况是，学生的问题可能超过了教师的专业能力和学科范畴。因此，教师可以暂时“搁置”学生的问题以获得时间来查找资料、咨询他人、深入了解情况等，综合分析之下，有效组织教与学，从而真正地为学生的学习助力。

人本主义心理学家罗杰斯认为：“要使儿童成为一个独立自主的人，必须从小就给他机会，不仅让他有机会自己判断，允许他犯错误，而且还要让他自己评价这些选择和判断的结果。”①以学生视角开展的项目化学习，学生将暴露在许许多多的问题面前，学习就像一场真实的冒险，一场刺激的游戏，一场与“失败”的较量！学生需要大量启动高阶思维去解决问题。立足学生视角，教师要转变的不仅仅是观念，还有应对变化的态度，不断思考引

---

① 吴惠珍.如何培养学生的评价能力[J].小学教学参考，2009(36)：62

导学生进行创新性实践的方法与策略。

不惧“失败”，才能迎接挑战；以失败为阶，才能导向创见！

学生如此，教师亦然！

3. 反思 · 确立 · 践行:“有效失败”让阅读素养生长“可视化”

——以元认知策略下小学语文整本书阅读《西游记》为例

上海市浦东新区泥城小学　夏莹玉

在挫折教育中,教师通常会设置一些克服困难的情境,让学生经历失败,通过探索、合作,战胜挫折,从失败中吸取教训,从而提高学生的心理素质。但是,有的教师认为挫折教育属于德育的范畴,在小学阶段的德育课程上开展即可,无须在语文课上进行。此外,部分教师对于挫折教育缺乏系统认知以及实践经验,创新意识不强;或担心学生会因为经受不了挫折的考验而对阅读产生抵触心理,并且担心这会对自身的教学造成不利影响。

我认为,在当下的教育情境中,不同课程领域中多样的项目形态可让学生拥有真实的问题解决经历,成为积极克服挫折的行动者,从而调动自己已有的知识经验、能力基础,创造性地解决真实情景中的问题。

教师是教育工作的执行者、教育活动的组织者,教师对于挫折教育的认识将影响其教学效果。鉴于挫折教育对提高学生抗挫折能力,培养学生良好心态、正确人生观等的积极影响,教师需要对挫折教育形成客观的认识,提高重视程度,积极实践。以下是我针对毕业班五年级学生进行的一次元认知策略下的“有效失败”:

一、项目迭代，推陈出新

(一)认知—思维—成果(隐性—显性)

五年级的学生在学校的很多拓展型课程的学习过程中，已经对各学科、各领域有了一定的知识储备，在此基础上，学生更需要的不是对某一学科的知识研究和探索，而是一种思维模式的培养，把隐性思维用显性的方式呈现出来。所以我结合五年级毕业季时学生给每位同学临别赠言的真实情境，引导学生运用设计思维为学校定制一份独特的、生动的、有意义的毕业赠礼。

(二)设计—完善—实施(发散—聚合)

学生在项目中，在掌握核心知识概念——后期剪辑、编程方法和技巧、产品设计和包装的同时，更重要的是学会如何运用设计思维去解决问题。在入项之前，学生初步理解设计思维并尝试在游戏中运用，围绕驱动性问题讨论，站在班级角度进行调研、观察、头脑风暴；重新定义并改善制作瓶颈；再在教师提供的支架下，从发散思维慢慢转化为聚合思维，筛选出最合理的方案，并付诸行动，结果喜人。

【教师反思】

学生在问题解决时必然会不可避免地遇到各种困难，学习支架能够为学生提供有效的支持和帮助。教师应在理解支架的基础上运用支架，帮助学生将注意力集中于任务上，减少问题解决所需的步骤数量，让学生保持对特定目标的追求，为学生标记或强调任务的相关特征，控制学生问题解决的挫折感，为学生提供任务解决方案的理想化模型。

二、探索实践，激发兴趣

（一）导入—互动—归纳（本质—驱动）

“作为即将毕业，离开学校的五年级学生，你会想要送一份什么样的毕业赠礼给同学呢？”我以提问的方式导入，要求学生围绕这个问题畅所欲言，我把学生的答案汇集在黑板上。接着，我引导学生每组派代表上台根据黑板上的答案进行互动交流。学生一致认为自己亲手制作的礼物更有意义。于是我再让学生结合语文教材知识思考，哪些礼物更适合毕业赠送并对大家是有帮助的？对此，学生们认为有声的礼物比无声的好，更加生动，可回味；能结合语文课堂知识制作的礼物更有学习实用性，等等。当学生已经对毕业赠礼讨论出一些标准后，我归纳并总结出驱动性问题：基于整本书阅读，如何为同学定制一份有声、美观且能增进友谊的毕业赠礼呢？

（二）引导—筛选—确定（问题链的产生）

对于如何定制一份这样的毕业赠礼，学生还没有清晰的思路。在一开始的分组讨论中，学生们就面露难色，对于刚接触项目化活动的他们来说，这确实是个不小的挑战。于是我引导学生针对驱动性问题进行提问：班级同学对哪些题材的书籍感兴趣？在枯燥且难度系数较大的整本书阅读过程中如何去增加其趣味性且降低难度？用声音去增强改善吗？会以什么形式播放呢？怎么做成有声的东西呢？等等。我和学生将一系列杂乱无章的问题进行筛选梳理，最后根据符合逻辑的先后关系确定了以下几个子问题：

1. 哪些书籍可以用声音去改善？

2. 如何用声音让书籍作为毕业赠礼更有价值？

3. 采用什么样的技术和制作材料能够实现想法?

【教师反思】

教师要基于问题解决过程系统地设计支架,提供一种暂时的智力支持,以便将学习者引向更高层次的理解。在问题解决过程中,要着重关注学生"探究和理解"及"表达和构思"方面的能力。教师在事先对问题如何解决有了充分理解的基础上,尽量预见学生问题解决过程中可能遭遇的困难或障碍,并为之系统设计学习支架,帮助学生最终形成更为合理的问题链。

三、集思广益,优化方案

(一)斟方酌法,辨真金——意之深

子问题 1:班级同学对哪些题材的书籍感兴趣?

在难度系数较大的整本书阅读中需要改善或改变哪些问题或现象呢?刚开始我直接让学生思考并讨论出所要解决的问题,但发现有部分学生根本没参加讨论或是组内有一个学生直接定下了要解决的问题,学生没有完全发挥自己的发散思维,甚至没有思考过程。而且没有给出标准就定义的问题缺乏严谨性,很多小组讨论出的问题是非常宽泛、抽象的,学生在思考的过程中没有结合真实阅读过程的经验。例如:学生在读整本书时,遇到生涩难懂的词语就止步不前。这样的问题不够具象,学生在什么情况下会选择放弃?在哪儿有这样的现象?此外,小组讨论出的问题或现象过于显而易见,有的问题还非常"官方",没有挑战性和创造性。所以,在学生无从着手时,我结合 Creating Problem Solving 模型(简称"CPS 模型")采用旋转木马式头脑风暴的形式,为学生搭建活动支架,引导其充分发挥自己的发散思维。这样的形式可以让学生们在集体中同一时间多主题讨论。在尝试的过程中,我认为这种短时间内可以收集所有人对多个话题意见的模式,是清晰

呈现的绝佳工具。

旋转木马式头脑风暴操作如下：

1. 张贴话题板——教师在话题板上写下不同话题，并围绕教室将这些话题板张贴上墙。(做巨型“知乎”版面)

2. 随机分组——学生随机分小组，在破冰行动后，每组被分配一支不同颜色的记号笔和一张贴板纸。

3. 记录想法——推选组长，每组用记号笔在贴板纸上畅所欲言，写下自己的意见或想法。

4. 转动旋转木马——每组就是一只“小木马”，在教室里旋转，每到一块张贴板，就用记号笔在上面写下自己的小组意见或想法，并做好记录，直到回到属于自己的原始板。

5. 阅读张贴板——小组各自阅读其他几组在张贴板上写下的意见或想法。

学生在第一次旋转木马式头脑风暴中，执着于找出别人的不成熟想法，而遗忘了吸取别人的金点子改善自己的小组。此外，由于学生人数流动较大，班级秩序较为混乱，教师的控班能力受到挑战，话题板的大小局限了每位学生书写的空间。因此，第一次旋转木马式头脑风暴以失败告终。

面对第一次失败，我开始反思开展这个活动的初衷——是为了让学生充分利用发散思维，尽可能多地去思考在整本书阅读的学习中该如何用声音去改善，而不只是教师提问学生回答，带学生体验缆车式爬山的教学模式。所以我和学生们基于第一次失败，对旋转木马式头脑风暴活动规则进行了补充和修改。首先，在形式上，问题不是直接写在话题板上，而是用不同颜色的可书写纸胶带去代替，这样加快了小组之间的效率，并且在后续的删选环节中更清晰明了。其次，我一共分成了四个话题板，张贴了每本书籍的简介和推荐理由等作为话题，并在每个话题旁边都贴了“o”和“☆”的符号。“o”代表的是想对这一小组提出改进意见的话题，“☆”则表示值得其他小组学习的金点子话题。

在木马旋转过程中，让学生们尽情地表达自己的想法，发散自己的思维，无论对错，直到回到原始位置。而当每一组学生在每一张话题板前停下时，他们能观察到前面几组的“发散思维”，这同时也是一个大脑自动处理过滤信息的过程，是创意迭代更新的过程。最后，我邀请每组代表读出自己小组的话题板内容，并和学生一起筛选部分不能用声音解决的问题或现象。最终我们在书籍选择上达成了共识，还多出了很多“新发现”：

学生旋转木马式头脑风暴后的想法（以《西游记》为例）：

1. 猜人物，激发趣味

根据几个关键词，猜出西游人物。因关键词包含人物绰号、兵器、外貌特征等，难度较小，全班学生都可以积极参与，调动了全体学生的学习兴趣。

2. 讲故事，融入趣味

进行讲故事比赛，由《猴王出世》的故事，启发学生阅读孙悟空的其他故事；再由孙悟空的故事，延伸到整个取经团队的故事。

3. 赏影视，探寻趣味

从学生感兴趣的孙悟空故事出发，精选影视剧中相关片段，适时引导学生将影视剧与原著进行比较，找出情节、人物方面的不同之处，从而品味精彩故事，认识经典人物，产生阅读原著的兴趣，全面感受古典名著的魅力。

……

（二）寻根溯源，觅知音——韵之深

现在五花八门的想法摆在面前，学生究竟该如何具体实施这些好点子呢？根据CPS模型来看，光有学生们的发散思维是不够的，如果这些思维一直发散，得不到聚合，那在整个项目中，最后的成果也只能定义为学生的

"天马行空"。所以旋转木马式头脑风暴的最后一步，必须要让学生把话题进行删选和规整，并最终确定。我选择以填写《小小志愿书》的方式，让学生自主选择自己最想解决的问题作为第一志愿，并再选出两个作为第二、第三志愿，最后我根据学生的志愿调剂并将其分配为三个问题实施小组。学生既选择并确定了自己最想要呈现的有声毕业赠礼，又根据志愿重组了合作小组。

组建了新的问题实施小组后，小组成员讨论并分工，产生了组长（调控管理整个小组活动）、记录员（记录整理大家的意见）、质疑者（针对关键提出问题）、建议者（提出合理化建议和意见）、点赞者（肯定他人的发言、设计等）、交流者（代表小组发言）等。

【教师反思】

教师在运用学习支架时要把握"适时"和"适度"，要充分了解学情，根据维果斯基的"最近发展区"理论，帮助学生跨越最近发展区，达到潜在发展水平；要了解学生动态，设计适合学生最近发展区的支架；要设计适量的学习支架，留给学生努力的空间，培养克服困难的能力，不可束缚学生问题解决的思维。

三、联系实际，寓教于乐

（一）联结—梳理—提高（倾注语文味）

子问题2：如何用声音让书籍作为毕业赠礼更有价值？

学生在这个阶段开始针对各自重新确定的问题构思实施方案。在第一次实践这个项目时，我们再次遇挫：口头生成的讨论往往会因为时间推移和其他学科的繁忙而被遗忘；为了节约所谓的意见分歧时间，有些学生开始"浑水摸鱼"；还出现了"一人定大局"的现象，那就毫无"团队创意"可言，不是所有学生都进行了充分思考；大部分学生讨论出的方案都是较为笼统或不切实际的。于是我开始引导每一组分解问题，遵循起初的发散到聚合，每个人根据作业设计学习单写下自己的方案，再在组内讨论得到改进意见，最终我与学生共同得出了学习单中的四大原则：记录的语音条要规范、正能量、有趣；播放的声音可多元百变，但一定要发音清晰；最终呈现的承载语音条容器成品能通过目前技术手段制作而成，并带有附加功能；成品的外形设计能结合声音内容或设计对象的特点，造型新颖，忠于原创。

我们经过多轮讨论，最终总结设计出以下毕业礼物声音内容：

1. 单打独斗谋出路（聚焦点：孙悟空）（1—7 回）

任务设计：假如孙悟空有朋友圈

驱动性问题：同学们，阅读 1—7 回，假如孙悟空有朋友圈，会发布哪些内容？谁会给他点赞？谁又会写下什么留言？

（要求：模拟制作孙悟空的朋友圈，避免简单地截取情节，而是要体现其逼真性，虚拟出符合人物的对话。）

设计意图：此项作业的设计目的是考查学生对孙悟空事迹、形象的掌握和理解。朋友圈的事件即 7 个章节的情节梳理，点赞即 7 个章节的人物梳理，而他们的评价，即对人物形象和关系的解读。引导学生用万能的朋友圈形式去感受一个挑战权威、机智灵活的孙悟空形象，既有代入感，又有时尚感。

2. 唐僧身世说缘由（聚焦点：唐僧）（8—12 回）

任务设计：带上简历去取经

驱动性问题：8—12 回是专门介绍唐僧的章节，边读边梳理唐僧的信息，如果给唐僧制作一份简历，是不是省去了他每次长篇大论的自我介绍呢？

（要求：参考以下简历表格，可做增删，结合唐僧的经历为他量身打造一份《玄奘简历表》，同时，随着情节发展，补充他的人生经历。）

设计意图：帮助学生全面并深入了解唐僧的身世，培养其整合提取有效信息的能力。

3. 师徒五人齐集结（聚焦点：师徒5人）（13—22回）

任务设计：思维导图绘五人

要求：运用思维导图，将孙悟空、唐僧、猪八戒、沙僧、白龙马的集结过程绘制下来。要求有图，有人物的经历、性格特点、使用武器等内容。

设计意图：培养学生筛选、概括、整理和对照的能力。初步感知五个人物形象，同时初步感知《西游记》复沓的叙事艺术。思维导图形式让学生避免繁重的摘录工作，但又能提纲挈领地把握主要内容。

4. 师徒取经之路(一)（宝象国、乌鸡国、车迟国、西梁女国）（聚焦点：路线）（24—55回）

任务设计：思维导图绘路线

要求：在阅读过程中，记录下师徒取经的路线，以及在不同地方遇到的妖怪和事迹。（针对全书）

设计意图：学生在阅读完《西游记》后，以路线为踪，留下该书的整体性内容，可以在回顾的时候，牵一发而动全身。思维导图的绘制，既是整理，也是理解，更是归纳总结和前后对照，更有系统性。

5. 师徒取经之路(二)（祭赛国、朱紫国、狮驼国、比丘国）（聚焦点：情节）（56—74回）

任务设计：大话西游故事会

驱动性问题：唐僧师徒西天取经的路上都经历了哪些磨难？我们来一场大话西游故事会吧。

要求：(1)第一阶段（15天），根据自己的兴趣，绘声绘色讲述其中印象深刻的一个片段。

(2)第二阶段(15 天),要求临时招募队友,演绎精彩西游情节。

(3)第三阶段(15 天),故事会仍贯穿始终,但难度级别提升,那就是即兴表演,由现场同学即兴点播,同学即兴演讲。(语文课前 3 分钟,针对全书)

设计意图:引领学生关注重点、精彩情节。小说的阅读离不开人物、情节、环境三大要素。以故事会的方式引导学生深度理解人物形象,充分把握情节,同时在演讲中更深入地进行体验、思考、感悟。

6. 师徒取经之路(三)(灭法国、凤仙郡、玉华州、金平府)(聚焦点:妖怪)(75—100 回)

任务设计:“妖怪之最”论一论

驱动性问题:《西游记》中的妖怪,据不完全统计,有 100 多位,他们的来历、武器、武力、归去都不一样。这 100 多号妖怪,有最愚蠢的,有最善斗的,有最美的,也有最讲情义的……请学生在阅读中记录、比照几个妖怪,最后以小论文的形式写一篇“妖怪之最”为主题的文章。(针对全书)

设计意图:让学生学会思辨。妖怪这么多,大同小异中每个妖怪的个性仍然鲜明。所以“妖怪之最”的写作前期,必然是整理和记录,后期必然要在对照中进行思辨,不扁平化地看待一个妖怪,同时在思考过程中善于发现,善于总结。

7. 情境任务:孙悟空的一封感谢信

驱动性问题:假设明天就是感恩节,请站在孙悟空的角度,替他写一封感谢信。他一生中遇到了那么多人那么多妖,他最想感谢的会是谁呢?为什么?

8. 创新任务:西游书签我制作

要求:阅读完全书后,为该书设计一张独特的会说话的书签,要求摘取书中的内容,创造性地制作。

设计意图：情境任务让学生不仅经历知识的产生和发展过程，而且感受知识创造的艰辛与快乐。知识是死的，用知识才能使知识活起来。创新任务是对全书内容的创造性呈现，既实用又富有新意。

（二）积累—质疑—合作（迁移习得新知）

子问题3：采用什么样的技术和制作材料能够实现想法？

在第一次实施教学时，在讨论出具体方案后，我直接让学生绘画设计图纸，但发现学生们将着重点放在了礼物外观上，却忽略了礼物的实用性和可操作性。此外，想法虽很有创意，但五年级学生的各方面知识只停留在浅显层，难道就这样把金点子们扼杀在摇篮里吗？我们再次陷入了放弃项目的危机。

因此，我邀请了学校信息老师介入，给予技术支持。学生共同讨论所需要的材料以及制作阶段的步骤，记录员将讨论结果上传至云盘。在学生对整个方案有了清晰的认识之后，如何去实现呢？由于五年级的学生先前已经对 micro:bit 编程中的基本操作有了一定的了解，但原先学习的知识远远不够，因此信息老师利用两个课时，教学生利用声卡、麦克风和音轨剪辑软件等，对多种不同的传感器进行编程。此外劳技老师简单讲解了电路连接的基本知识。在此基础上学生开始学习使用不同的工具去连接扬声器、录音模块及传感器等，并且巩固了材料的特性知识以及如何选择合适的工具和机器设备去制作。在大量的知识储备结束后，小组成员开始各司其职，将他们的构思跃然纸上。与此同时，技术员运用编程对电路进行设计和加工，编剧记录下组员需要参与的项目以及演绎的角色配音对白词，拟音师把每个组员的声音收集起来，制作音乐或录音，最后设计师美化产品。

【教师反思】

相较于传统课堂，教师和学生在项目化学习中的教学与学习样态是一种根本性的转变。传统意义上的课堂显性存在于课本教材中,但在项目化学习中课堂已经拓展为学生项目化学习中的“项目”。项目要注重其实施质量和迭代,教师可以以项目化学习某个阶段或环节为研究对象,做项目切片式的研究,改进项目实施方式以及时提升实施质量;也可以做项目整体性的研究,为后续项目设计与实施的优化和迭代奠定基础。在这两个研究过程中,教师要有根据地设计某个教学过程并在实现这一过程的情境中对其进行测试和修正;要注重收集和积累学生学习过程以及学习结果中的“数据”,分析“数据”并基于分析结果优化项目实施过程中的问题解决策略,同时以此为基础对项目进行迭代设计。

四、反思迁移,共助成长

(一)追踪—评估—反思(培养理性思维和理性精神)

在项目实施过程中,遇到的挫折我们一一化解。教师设计项目进展情况追踪单,记录学生遇到的困难,通过采访和自主观察,对小组实施方案进行评估和再改进。学生在观察后,对实施方案有了新的想法。

在项目反思中,教师从去除、替代、合并、改造、修改等方面出发,引导学生用思维导图的方式把自己的核心问题梳理清楚,思考是主干发生了问题,还是细枝末节有瑕疵。这样的方式能让已经“陷入僵局”的小组跳脱出原本的框架,换一种角度考虑挫折。

有些小组由于合作或者技术原因,项目进度一直落后于别人,到后期有些焦头烂额。这时候让他们回顾过去,用简易表格的形式梳理过去的每一步骤,从合作到技术等多个角度去分析失败的原因。学生逐渐意识到原来小组自身有这么多问题,从一开始的认为是组员懒惰和不配合造成的,到后来的分析后才发现,自身沟通和交流方面也存在一定的问题。我认为,从元认知的角度考虑，一旦学生开始从失败中总结出原因，哪怕很微小，也会使他们距离成功越来越近。要给予每个人可控范围内的试错机会。

然而，不是所有的细节都应给出试错机会。在毕业礼物外观设计方面，并没有绝对的一个范围，因为每位学生对礼物的定义和想法是不同的，没有真正的对错，学生能够极大地去发挥自己的创意。但在录制音频并将音频导入编程时，是有固定的模式的，稍有代码差错就会导致整体进度较慢，降低礼物质量。

（二）计划—监督—调节（元认知策略伴随项目化学习）

那如何让学生熟练掌握除了整本书梳理之外的技术支持呢？如果单单是教师让学生上山坐缆车式的讲课方式，那学生在学习的过程中就没有任何有价值的思考，只是在按部就班地死记硬背，绝不会融会贯通。像这种书本知识与动手实践操作相结合的学习，我认为最有价值的学习方式就是“有效失败”，也就是说让学生先去尝试，在试错中形成一个元认知。但“有效失败”需要大量的时间让学生去实践和反复打磨，这就需要节约一些无效试错的时间。比如在学生都达成共识的情况下，就可以直奔主题进入下一个操作项目；如果每个小组各执己见，那就由学生自主尝试，教师在旁监督、调节。只有学生自己去尝试失败，反思改进，再失败，再实践，才能加快新授知识点的进度，不然学生们往往喜欢钻牛角尖，进入死胡同就不愿走出来，教师需要适当引导。而且学生在经历了“有效失败”后，对知识点就会掌握得更牢固，在下次遇到类似挫折时，知道该如何应对；在面对其他挫折时不至于手足无措，跌倒了会及时反思，马上爬起来。这也是我设计基于整本书阅读的毕业赠礼项目的初衷——引导学生敢于面对失败，分析失败，解决失败，磨炼心智，走向成功，培养学生的理性思维和理性精神。

4. 融通·改化·创新

——一次小学语文课堂跨学科教学失败后

上海市浦东新区明珠临港小学　王俊杰

新课程标准鼓励学生使用整合性思维，结合各学科知识和技能进行跨学科的探究和实践。小学阶段是儿童发展的重要时期，其中语文作为基础学科，在诸多学科中有着重要的地位，通过与其他学科进行联系和交叉，有助于全面培养学生的综合素养。历史作为人类文化和社会发展的重要组成内容，与语文学科密不可分。将历史知识融入小学语文教学中，能有效拓展语文学科的深度和广度，激发学生的学习兴趣，使语文学习成效更上一层楼。

一、一池涟漪——起始于跨学科融通的尝试

一个细小的波纹可以在和风的作用下扩散到很广的范围，泛起一池涟漪。

统编语文教材五年级上册第二单元的第六课《将相和》是根据《史记》中《廉颇蔺相如列传》改写的历史故事。课文以秦赵两国的矛盾为背景，按照时间发展顺序叙写"完璧归赵""渑池会面""负荆请罪"三个故事。将相由"不和"到"和"，表现了他们二人以国家利益为重的情怀。

《将相和》是历史故事，我注意到不同的学生对这类课文的喜好程度有所差异。男生喜欢看历史、军事类书籍，往往在课堂上会比较积极踊跃；而女生往往对古代战争不感兴趣，课上难免会有些沉闷。怎么才能让每位学生都有参与感，积极投入将要学习的课文中去呢？我提前一个月布置了跨学科作业——要求学生搜集、学习相关历史资料。

无意间，我在教室中发现一位女生正在专注地阅读青少年版本的《史记》。这一情景让我不禁大为惊喜，因为平日里并不见她对历史故事有多爱好。当我询问她为什么对这本书如此着迷时，她表示书中的故事通俗易懂，而且贯穿全书的图片又起到了辅助理解作用。

原来，有图有文、精彩纷呈的阐述比单调的文字更吸引人。我想起了央视频道里的一档节目《典籍里的中国》，其中有一期介绍了《史记》，节目以精美的舞台、宏伟的音乐和恢宏的话剧形式演绎了《史记》中的历史故事。我想，如此丰富多样的表现形式定能吸引学生。于是，我在语文拓展课上组织学生观看《典籍里的中国》，果然学生被深深吸引，他们专注的眼神、惊喜的感叹，让我不由得狂喜。我的内心荡起一阵激动的涟漪，我的语文学科终于迈出了跨学科教学的第一步，学生竟然受跨学科教学的影响潜意识里爱上了历史。实施跨学科教学是和风细雨，是春风化雨。

二、一波三折——失败于跨学科认知的狭隘

正式上《将相和》这篇课文了。我首先给学生出了一道成语典故与人物之间的连线题，选择的成语大部分是学生熟知且源于《史记》的，如“一字千金”“卧薪尝胆”“名不虚传”“随波逐流”等。这样的设计使得学生感悟到他们张口说来的常用成语很多源于《史记》，无形中又拉近了学生与《将相和》文本之间的距离。随后，我让学生尝试通过圈画描写人物动作、语言和神态

的句子，去感受文中的两位主人公蔺相如和廉颇的人物形象，并让他们进行角色扮演深入体悟……

一切都是那么的水到渠成，如我所愿。大家滔滔不绝，甚至旁征博引课外书、网络上所看到的知识内容。我甚是欣慰。

然而，始料不及的事情发生了，原本波光粼粼的一池清水突然遭遇“暗流”，起波折了——

正当我准备作课堂教学小结时，也许是跨学科作业的布置让学生产生了一探究竟的兴致，先是一位学生举手提问：“老师，蔺相如之后怎么样了？”小小一个问题犹如一颗火种，点燃了对历史知识还只知其一不知其二的其他学生头脑中的一个个小问号。他们也纷纷提问：“蔺相如、廉颇和好了，为什么后来一统天下的是秦国而不是赵国？是不是蔺相如、廉颇后来又不和了？”……面对学生一个个问题“炸弹”，我措手不及，一时语塞。一阵挫败感顿时向我袭来，学生们也似乎因我不能满足他们的求知欲而感到失落。我太失败了，明知新时代的学生有着勤学好问的特质，布置作业还不用心设计、不精心预设，准备还不充分！此时的我感到无地自容。实施跨学科教学不仅要有敢干的胆量，还要有能干、干好的能量。

三、一石千浪——改进于跨学科教学的行为

突如其来的变故让我有些犯难，怎么办？是止于此，还是启于此？我想，既然学生表现出对历史浓厚的兴趣，何不趁热打铁，师生一起通过深入的学习，来感受历史的无穷魅力呢？

我在屏幕上出示了一张历史大家司马迁的肖像。

师：同学们针对《将相和》提出了不少问题，借着这股劲，我们就来探寻课文背后的故事，了解人物生平。屏幕上的人物你们知道是谁吗？

生 1：图片上的人物是司马迁，中国史学、文学、哲学和政治思想史上的巨擘。他撰写了中国第一部纪传体通史《史记》，以其扎实而深入的史学功底和极高的文学天赋，创作出了这部承载了千古文化的伟大巨著。

师：你不仅知道司马迁，还为大家介绍了《史记》，你是怎么知道这些的呢？

生 1：我认真地进行了课前的预习，通过网络搜索了解了司马迁的生平和著作。

师：现在我们查找资料，只要翻阅书籍，打开电脑就能轻而易举地做到，但是司马迁可没那么容易。经历了秦始皇焚书坑儒、项羽火烧阿房宫之后，典籍几乎都被焚毁殆尽，汉朝花费了几十年才慢慢整理恢复。在这么艰难的环境下，司马迁翻阅大量古籍，实地考察，用尽毕生心血才写下了《史记》。

看到学生神情专注、若有所思的样子，我对自己不怕失败的胆量和急中生智的应变能力有点“小庆幸”，继续说道：

“同学们在本课的学习中产生了一些疑问，面对这些问题，我们该怎么办呢？”

一石激起千层浪，学生们各抒己见，纷纷发表自己的想法和见解。看着孩子们围坐在一起兴致盎然地计划着他们的方向，我心里变得舒畅了起来。俗话说“文史不分家”，我们完全可以结合历史类课文的学习，在教学设计中融入历史元素，优化语文课堂的学习，以此锤炼并提高学生的综合素养。

生 1：我们小组对将军廉颇很感兴趣，想对他进行全面的认识。

生 2：经过小组的讨论，我们决定从当时的历史背景入手，调查当时的社会情况和蔺相如的生平。

……

师：同学们，司马迁在给朋友的信中说，他修史是想要“究天人之际，通古今之变，成一家之言”。要想真实而全面地认识一个人，我们可以关注他们的人物传记，因为人物传记不仅会具体写到这个人的一生，也会交代相关的历史背景。同学们，就让我们这群小史学家们，利用一个星期的时间，通过大家的共同努力，一起来编一本《将相和——五(4)班之浅见》吧。

四、一泻千里——感化于跨学科学习的坚守

学生是学习的主体，只有学生的全情参与，才有教学质量的突飞猛进。尽管跨学科教学无形之中增加了学生的学习压力，有些意志不坚定的学生时不时会产生松懈心理，但在我的"倾情感召"下，学生最终还是能以饱满的热情参与其中。他们不仅热衷于人物传记的查阅、学习，还开始广泛涉猎其他相关的历史文献资料。这种研究的势头如同江河之水，奔腾不息……

接下去的一节语文拓展课，我欣喜地看到了学生思维之花的争奇斗艳，闻到了扑鼻而来的历史芳香和跨学科教学带来的阵阵芳馨。

小组 1 介绍——

生 1：我们发现在课文中对廉颇将军的描写比较少，通过仅有的描写，我们只看到了廉颇的知错能改，和蔺相如相比显得心胸狭窄了，他凭什么能做将军呢？

生 2：为此我们上网查阅了资料，并翻看了《史记》，发现在《廉颇蔺相如列传》中写道："廉颇者，赵之良将也。赵惠文王十六年，廉颇为赵将，伐齐，大破之。取阳晋，拜为上卿，以勇气闻于诸侯。"廉颇是一名"良将"，他的勇气在诸侯间是闻名的。从中可以看出他有勇有谋。

生 3：廉颇还是战国四大名将之一，战国时期杰出的军事家，一生身经百战，迭经风险，为赵国立下赫赫战功，成为赵国军事上的顶梁柱。我们还绘制了人物资料卡。

小组2介绍——

生1:文章开头写道“战国时,秦国很强大,常常进攻别的国家”。那个时期发生了什么?秦国为什么会如此强大呢?

生2:战国时代持续了两百多年,当时主要有七个大国,史称战国七雄,最后秦国统一六国,标志了战国时代的结束。

生3:秦国军事实力很强大,实行论功行赏制度,每一个士兵都能通过战功升迁,打起仗来个个都很拼命。政治上,商鞅积极变法,改变了秦朝落后的局面,取得了很大的成效。

……

师:同学们都通过自己的努力,解决了自己的疑问!资料的整理收集能帮助我们更好地理解课文内容,也增长了我们的见闻。大家不仅关注自己喜欢的人物的传记,而且还关注所有历史文献。这本《将相和——五(4)班之浅见》汇集了我们的智慧与汗水,相信以后再遇到此类文章,用同样的方法,就再也不用怕了!

为了巩固学生的学习成果,我还组织了一次反思活动,让学生以小组为单位,讨论他们在学习过程中遇到的困难和收获,以及未来如何把学到的经验进行移植,使自己在“学思践悟”中快速成长、创新发展。

五、一江春水——执着于跨学科育人的创新

令我欢欣鼓舞的是,学科的融通不仅提高了我的语文教学质量,也促成了班级管理的创新,犹如一江春水,浩浩荡荡,滋养着我的教育教学在新时代的新发展,孕育着我和孩子们在新征程上的新成长。

受《将相和》一课跨学科教学的启迪,我在唐诗的教学中,让学生由关注诗人,以及诗中所涉及的人、物、事,逐步扩展到对唐史的学习。学生不仅把

自己了解到的唐史制作成宣传小报，展示在“唐史专栏”上，还制作成 PPT，利用语文拓展课介绍自己的研究成果。在整个学习唐史过程中，学生逐步了解了唐朝乐舞、书法、绘画、服饰、制度、书籍等文化的博大精深，感受了唐朝盛世的繁荣、伟大。

当学生通过学习感受到唐朝之所以被后人誉为“盛唐”，与其实行的“三省六部制”管理制度有着密切关系时，班委会一致决定效仿唐朝的“三省六部制”，创新班级管理制度。通过传承与创新，决定采用“三会六部制”对班级进行民主管理。如：要落实学校布置的某项活动时，我们先由班常会听取学生建议，收集整理准备提交班会课讨论的要点，再交由监委会检查复核，如果要重拟或是修改可再与班常会讨论，最后敲定班会课上要具体讨论的内容。而在班会课上，大家又可以各抒己见，充分发表自己的见解与看法，只有等一致表决通过后，才由班委会干部找相关部门落实。

以下是我班借鉴唐朝的“三省六部制”而制定的班级管理创新模式——“三会六部制”。

班级管理创新模式

唐朝的“三省六部制”		班级的“三会六部制”		
名称	主要职责	名称	主要职责	备注
中书省	负责决策	班常会	负责收集整理同学建议和提案	班级常务委员会的简称，一般由正副班长和班主任组成
门下省	负责审核政令	监委会	负责审核并确定建议表	监督审查委员会的简称，一般由中队长等人员组成

（续　表）

班级管理创新模式				
唐朝的“三省六部制”		班级的“三会六部制”		
名称	主要职责	名称	主要职责	备注
尚书省	负责执行政令	班委会	负责协同各个职能部门执行操作	班级管理委员会的简称，一般由正副班长、各委员组成
吏部	负责考核	组织部	负责策划班会课流程，帮助指导各方面有困难的学生	由组织委员担任
户部	负责财务	卫生部	检查教室的清洁工作，督促值勤学生高质量完成各自任务，制订相应的改进措施和购置清单，做好班级后勤保障工作	由卫生委员担任
礼部	负责活动	学习部	做好各类学习以及相应的纪律管理，落实各项集体活动的组织纪律，安排每天的纪律值勤班长。重在打造优良的学风班风	由学习委员担任
兵部	负责军事	宣传部	负责班外的交流和班内的黑板报设计、书写，各级各类活动的宣传发动工作	由宣传委员担任
刑部	负责司法、审计	文体部	负责各项比赛、运动会等班级和学校的各类文娱活动，并规范要求	由文体委员担任
工部	负责工程建设	特色部	负责班级特色建设，设计各项能体现班级特色的活动，如班级公徽的制作，各类兴趣小组的建立	由特色委员担任

“三会六部制”在班级实施一段时间后，我惊喜地发现，班级的班风班貌日臻完善，学生的民主意识、大局意识日益增强，更重要的是，班级中涌现出了一大批想干事、能干事、干成事的班干部。

六、一往无前——成就于跨学科教学的艺术

教育是艺术，艺术的生命在于求真、求新。

从一池春水的微波粼粼到风起潮涌的一波三折，再到一泻千里的一江春水，问“江”那得清如许？我想，以下三点启示无疑是“源头活水”。

1. 融通・跨学科作业——以心换心，让学生真想

跨学科教学的作用毋庸置疑，但如何实施跨学科教学？尤其是在“双减”背景下，如何布置跨学科作业？首要的任务是教师要用自己的初心、爱心来换取学生的动心、甘心。如何做？重在落实“四性”：

一是要充分认识到跨学科教学的重要性。本案例，我通过融合历史知识，为语文学习注入新的魅力和趣味，让语文教学更加丰富多彩，更具深度，不仅激发了学生的学习兴趣，而且有效培养了学生的语文核心素养。

二是要切实加强作业设计的精准性。如作业布置要适切不能随意盲目，作业难易度要适宜不能随心所欲。

三是要充分关注时间安排的合理性。如要考虑学生是否正处于学习的宽松期，或处于学校及班级开展活动的空档期。什么都挤在一起，学生心烦意乱了，就适得其反。双休日、节假日可以充分利用。

四是要全面关注不同学生的差异性。应根据学生的差异，分层布置跨学科作业。

心动才会行动，心想才能事成。所以，布置跨学科作业，教师以心换心至关重要。

2. 改化·跨学科教学——以情促行，让学生真做

笃行不怠，方能致远。在用心布置了跨学科作业后，教师还要倾情实施跨学科教学，并通过不断改进自己的教学行为及作业布置来感化学生，以情促行。以下两点尤其需要关注：

一是以情导学。当学生着手做，但不会做或做得不好时，教师要友情提示方法，引导、启迪学生在学思践悟中循序渐进。本案中，我也想尝试跨学科教学，但现在想想，当初我布置跨学科作业时很随意，所以在课堂教学中，因为教师本人准备不充分，对学生估计也不足，导致教学发生了意外。但随后，我及时发现问题，改进教学行为，这是以学定教，也是以情导学。

二是以情促学。当学生做了，但做的效果参差不齐时，教师要用自己的真情，激励或感召学生。对待表现优秀的，可以“一往深情”地表扬激励；对待表现中等的，可以“动之以情”地为他们鼓劲加油；而对待表现不理想的，则必须要“手下留情”，通过感化唤醒，静等花开。

3. 创新·赋能跨学科——以智助长，让学生求新

惟实不辍，必能励新。本案由学习《将相和》拓展到《史记》及相关人物传记、历史文献的学习；再由此及彼，由对唐诗的学习，延伸到对唐史的学习；又通过借鉴唐朝的“三省六部制”，创新了班级管理的“三会六部制”，这都是以智求新的具体表现。以智求新关键是让学生知晓并积极践行，掌握真实本领。具体表现在两个方面：

一是以智启智，学以致用。教是为了不教，学是为了会学。对于学习方法及技能类的东西，教师要“智教”，通过由扶到放，让学生能学以致用，触类旁通，把跨学科教学中学到的好方法运用到其他不同类型课文的跨学科学习中。

二是以智促干，活学活用。培育有理想、有本领、有担当的时代新人是党和国家赋予教育工作者的历史使命。“有本领”毫无疑问应该包含实践能

力、创新能力，甚至是管理能力等。而语文教材中涉及的许多“有本领”的内容，值得学生活学活用，从小提高“本领”意识，增强“本领”技能。通过跨学科教学，我们知道唐朝“三省六部制”的实行创造了“盛唐”传奇，我们就可以通过学习、借鉴，智慧地结合在班级管理中。

历史是一面镜子，它照亮现实，也照亮未来。当新时代的教师面临教学失败时，就应该要正视问题，寻找可行的解决方法，以便更好地服务于学生的成长与发展。相信只要我们始终保持一往无前的精神，不停地反思和创新，就能够让智慧之光照亮我们师者勇毅前行的步伐。

5.“小演讲，大舞台”背后的故事

——记学生课前两分钟演讲的失败和成功

上海市浦东新区浦三路小学　卢　瑾

全教会上，教师的“读书与成长”活动正热烈地进行着。各文明组以多种形式展示交流着读书给自己成长带来的收获。轮到我们第二文明组展示了，我们组请了位“小外援”——三(4)班的王有成小朋友。他将以小演讲的方式与大家交流读书方法。

“各位老师，下午好！今天我想给大家介绍几种快速阅读法。请看大屏幕！”屏幕上出现了一篇篇幅较长的文章。“我给大家30秒钟时间，看哪位老师能将文章大意讲出来，开始！”教师们纷纷浏览起文章来。“时间到！”随着孩子一声叫停，大家停止了阅读。“谁来说说这篇文章讲了什么？”也许是为了考验一下孩子的应变能力，没有教师应答。“嗯，好吧。大概时间比较短，大家还没准备好。没关系，因为今天我正是要来教给大家几种快读阅读法。第一种就是跳读法……”王有成小朋友像个小博士一样，煞有介事地为教师们讲解着各种快速阅读方法。充满稚气的脸上写满了认真，清晰而有条理的讲解以及丝毫不怯场、落落大方的台风，赢得了全体教师的称赞。

这就是我实践三年后，课前两分钟“小演讲”中的一个精彩片段。

一、尝试与失败

课前两分钟，对自觉的学生来说，做好课前准备之后，便无事可做，只能静等教师来上课，白白地浪费时间；而对那些不自觉的学生来说，这两分钟时间便成了课间打闹的延续。他们既不会去认真做课前准备，又影响破坏了下一节课的纪律。

我尝试用课前两分钟的时间，在班级中开展"小演讲"。想让学生能勇敢上讲台，用优美的语言，津津有味地讲述自己喜欢或者经历过的事情，唤起小听众们的共鸣。于是，我用学生的学号，规定了学生上台演讲的次序。又让学生自己回家准备两分钟演讲的内容。

实践发现，事与愿违：孩子们对于这样的形式并不十分感兴趣，甚至有些胆怯，独自站在讲台前面对全班同学，声音如蚊子般，后排学生都听不清楚。有的学生甚至手足无措，不知道怎样表现自己。轮到演讲的学生，回家简单准备了一下就走上讲台演讲，往往一张写得满满的纸，从头念到尾，读的学生无趣，听的学生也无味。枯燥的朗读，没有孩子们自己思考的内容以及想法，对于倾听者也没有多大的收获。所有的初衷只流于形式而已。

学生不喜欢上舞台进行"小演讲"吗？怎样才能将"小演讲"落到实处呢？我开始思考……

二、研究与实践

随着新课程标准的实施推进，培养学生语文综合素养也就成了教师研究探索的方向。我想：有效地运用课前两分钟预备时间，让学生上台演讲，台下学生做评委，点评演讲的内容，这不正好培养了学生的资料收集、语文表达、语句辨别、评价交流等语文综合能力吗？同时还给了学生更多锻炼提升的空间，在活动参与中体验祖国语言文字的魅力。

初次尝试的经验告诉我，不能盲目实施。我通过反思，总结出三点不足之处：一是学生是被动参与"小演讲"活动，是作为一项任务完成；二是学生对活动意义、步骤、方法、评价标准不清楚，准备不充分；三是存在害怕心理，害怕讲得不好出丑。针对这些情况，我做了调整，重新进行实践尝试。

(一)和学生一起制定课前两分钟"小演讲"的目标

利用班会时间，我们进行了课前两分钟"小演讲"的总动员。

课前，先让学生准备一些有关名人节约时间学习的故事。然后，进入讲故事阶段。我先介绍名人节约时间学习的故事，然后学生把准备的名人读书学习故事与大家一起分享。当学生们讲到周恩来"为中华之崛起而读书"，讲到达尔文利用零碎的时间读书后，我及时引导他们如何才能抓紧时间读书。接着进入讨论阶段，通过讨论学生们认识到节约时间读书一是要有目标；二是要有毅力，了解读书的方法后，制订计划一步一个脚印去做；三是要会分享，讨论、交流中能相互学到更多的东西。最后进入确立目标阶段，从两分钟预备铃的"小演讲"开始，让学生说说前一轮"小演讲"中自己的演讲表现。同时宣布第二轮"小演讲"开始了，让学生结合自己的兴趣、爱好，确定自己演讲的目标——通过演讲分享自己的读书体会，锻炼自己的胆量，提升自己语文的听、说、读、讲水平，等等。

总动员后，学生们统一了思想，明确了"小演讲"的意义，知道了学习不仅需要自觉、坚持、分享，更需要学会制定明确的目标。为此，学生们确定了"小演讲"的目标。

学生甲："我平时害怕上台演讲，我的目标是能和同学们一起上台，演说时声音响亮、自信满满。"

学生乙："我对宇宙知识感兴趣，我演说时要给大家讲关于宇宙的秘密、宇航员的故事。"

学生丙："我喜欢读名著，中国的四大名著，我想和同学一起看名著，把著作《西游记》中的人物唐僧、孙悟空、猪八戒等介绍给大家。"

学生丁："我想把自己的读书方法介绍给大家。"

学生参与两分钟"小演讲"的积极性被激发起来了，如何让他们保持这股热情，把演讲落到实处？我想，如果让学生通过讨论，自己确立演讲的过程、方法、评价规则，这活动就更贴近他们的实际，他们参与活动才会更主动、更积极。我只需在旁边做个组织者、启发者、引导者，需要时点拨一下。

（二）和学生一起确定课前两分钟"小演讲"的步骤

学生有了目标如何实施？我和学生一起讨论，一起确定课前两分钟"小演讲"的步骤，以及每个步骤中需要完成的任务。

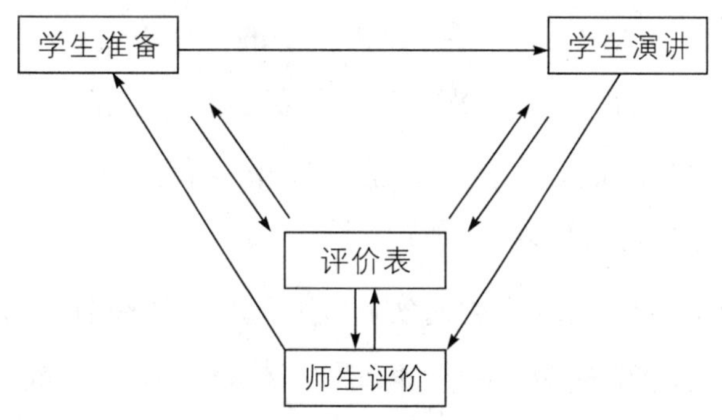

步骤：评价表 ——→ 学生准备 ——→ 学生演讲 ——→ 师生评价

图1 课前两分钟"小演讲"的步骤图

学生们讨论后发现，评价表很重要。学生演讲的每个步骤都需要围绕评价要求去做。所以，先要确定评价表，明确具体要求，才能实施演讲。演讲评价表设计完成后，"小演讲"还需要有哪些步骤？每个步骤中应该做些什么，完成哪些任务？

1. 学生准备。学生准备是决定演讲成功还是失败的基础。学生在这一阶段需要完成三项任务。任务一，围绕评价表要求，确定演讲的主题内容。主题要积极向上的，传递正能量，表达真、善、美的。内容要生动有趣，题目很吸引人的。任务二，确定演讲表现的形式。是讲故事，还是表演剧本，还是边演讲边秀才艺；确定演讲人数，是一个人独角戏，还是双人组合或小组组合。任务三，锻炼自己的语言组织和表达能力。语言清晰、声音响亮、表情动作落落大方。

2. 学生演讲。学生演讲是成功的关键。学生围绕评价表的要求，做到演讲内容围绕主题，生动有趣，有一定教育意义；演讲语言清晰、流畅，声音响亮；表现形式多样。

3. 师生评价。师生评价是为了激励学生向更好方向发展。具体任务体现在：评价时需要围绕评价表要求进行评价；先肯定，说出演讲者优点；指出一至两点不足，以便今后改进。

4. 螺旋上升。大家还注意到：评价表中的学生准备、学生演讲、师生评价是一个反复循环的过程。每次演讲学生提到的优点、缺点，都是下次演讲者需要学习或改进的地方。它们相互影响，相互促进提高。评价表的要求要随学生能力发展逐步提高。

通过和同学一起讨论，学生对实施“小演讲”的步骤有了清晰的认识，知道每个步骤中自己需要做的事情和具体任务要求，把自己的两分钟预备铃“小演讲”的目标进行了具体细化。

（三）和学生一起研究课前两分钟“小演讲”的方法

学生除了明确“小演讲”的目标，知道演讲的步骤、任务外，还需要了解具体的方法，这样做起事来才能事半功倍。通过大家一起摸索，总结出以下几种方法。

1. 演讲评价表的设计方法

(1)评价项目分类。主要分四个方面:演讲准备、演讲内容、演讲效果、体态礼仪。

(2)分层要求。评价分三个等第,即 A、B、C。不同层面的学生有不同要求,秉持肯定和鼓励原则,让学生对自己充满信心。

2. 演讲内容的选择方法

(1)有材料可讲

要让学生有话可说,材料的选择至关重要。低年段时,我建议孩子以身边事为主,从喜闻乐见的小故事入手,可以讲讲自己听到的、看到的、做过的,甚至想到的事情,以通顺连贯的语言描述出来即可。当然,演讲必须得有主题,无论讲什么内容,都得尽可能让听者有收获,小故事更是如此。从一个个小故事中,孩子们既锻炼了口头表达能力,又明辨了是非,懂得了许多做人的道理。中高年段,则在材料选择上提高要求,如成语故事、游记见闻、天文地理、人文科学……只要内容健康向上,都可以选作演讲材料。材料的选择余地大,孩子们参与演讲活动的积极性也高涨许多。

(2)有兴趣可挖

兴趣是获取知识的首要前提。有了兴趣为基础,学生们便有了演讲的动力。每个孩子都有自己独特的兴趣爱好。有的孩子擅长传统文化,她便为大家带来“长歌行”;有的孩子喜欢军事,他便为大家介绍当今世界上最先进的轻机枪武器及它们的发展变化历程;有的孩子喜欢积累成语,他便以故事的形式,为大家介绍成语的由来及所蕴含的深刻含义;有的孩子喜欢旅游,她便利用“小演讲”的舞台,为大家讲述旅途见闻,让更多孩子有机会领略祖国的大好河山,了解各地风俗民情……总之,学生不拘泥某个方面,畅所欲言,甚至韩国部署萨德一事,也被搬上了“小演讲”的舞台,大家就这一事件,纷纷发表自己的见解,提出各种应对方案。从兴趣出发,孩子们挖掘出的种种素材，令我目不暇接，暗暗叹服。

(3)有后援可帮

一次成功的演讲离不开各方面的支持与鼓励。在我们的小讲台上，演讲者从来都不是孤立无援的。教师、家长是他坚定的支持者，场下所有同学都是他的后援团。演讲者与观众的互动，教师及主持人的适时补台，所有人支持的眼神、鼓励的目光，再加上情感的沟通，这些都会让演讲学生信心倍增，演讲效果也大大提高。

3. 演讲形式的表现方法

(1)多人组合演讲

有些内容如果单凭一个人无法完成，我们允许多人合作。如演讲中需要再现某种情境或是配合现场演讲实物操作等，都可以请助手帮忙。当然，组合中必须由一人承担主讲任务，其他同学担任配合工作。大家齐心协力，完成演讲任务。

(2)单人演讲

由于时间只有两分钟，多数情况下，我们都以单人演讲为主要演讲形式。

(3)图文并茂演讲

随着信息技术的普及及学生能力的提高，越来越多的学生选择制作媒体配合演讲。图文并茂的展示再配以清晰明了的讲述，可以更直观地加深听者印象，调动听者兴趣，也为演讲“锦上添花”。

要让学生顺利完成任务，教师给学生一些方法指导是有必要的。学生在教师的引导下，和同伴一起或自己请后援团有创意地设计演讲内容、表现形式，并完成“小演讲”。

(四)和学生一起实施课前两分钟"小演讲"的评价

评价功能是多样的,激励作用、导向作用……纠错作用运用好评价,可以让"小演讲"发挥出更耀眼的光芒。

1. 建立系统的评价表。

根据《小学低年段语文学科基于课程标准评价指南》的目标要求,我们设置了具体而有操作性的评价要求和等第。从一年级下学期开始,不同年段设置不同的评价标准,学生的演讲内容也随着年段的增长而拓展、延伸。

表1 低年段"小演讲"评价等第表

评价观测点	评价等第			评价方式	评价者
	A	B	C		
演讲准备	能充分做好演讲准备,包括资料、道具等	能比较充分地做好演讲准备,包括资料、道具等	演讲准备得不太充分	生生之间 师生之间 交流对话	学生 教师
演讲内容	所选取的演讲内容新颖、有趣,很吸引人,大家都爱听	所选取的演讲内容比较新颖、有趣,较吸引人,大家比较爱听	所选取的演讲内容枯燥、乏味,不够新颖、有趣,不太吸引人		
演讲效果	1. 声音响亮,口齿清楚 2. 能根据表达的意思说两三句正确、连贯的话	1. 声音比较响亮,口齿也比较清楚 2. 能根据表达的意思说两三句比较正确、连贯的话	1. 声音比较小,口齿也不太清晰 2. 说话结巴,不连贯		

（续　表）

评价观测点	评价等第			评价方式	评价者
	A	B	C		
体态礼仪	1. 态度大方自然，言语举止有礼貌 2. 与大家有充分的眼神交流	1. 态度比较大方自然，言语举止比较有礼貌 2. 与大家有比较充分的眼神交流	1. 态度不够大方自然 2. 不敢与大家有眼神交流		

表2　中高年段　“小演讲”评价等第表

评价观测点	评价等第			评价方式	评价者
	A	B	C		
演讲准备	能充分做好演讲准备，包括资料、道具、PPT等	能比较充分地做好演讲准备，包括资料、道具、PPT等	演讲准备得不太充分	生生之间 师生之间 交流对话	学生 教师
演讲内容	1. 所选取的内容新颖、有趣、有创意 2. 演讲内容很吸引人，听后收获很大。	1. 所选取的内容比较新颖、有趣 2. 演讲内容比较吸引人，听后有一定收获	1. 所选取的内容不够新颖，缺乏趣味性 2. 演讲内容不太吸引人，听后收获不大		
演讲效果	1. 声音响亮，口齿清楚 2. 表达正确、流畅，有感情 3. 与听众有充分的交流互动 4. 能熟练借助实物或媒体演示，使演讲内容更加直观形象，吸引人	1. 声音较响亮，口齿较清楚 2. 能较为正确、流畅地表达，有一定语气、感情 3. 与听众有一定的交流互动	1. 声音不够响亮，吐字也不太清晰 2. 表达不够流畅，缺乏一定的语气、感情 3. 和听众交流较少		

（续　表）

评价观测点	评价等第			评价方式	评价者
	A	B	C		
体态礼仪	1. 态度大方自然 2. 言语举止有礼貌 3. 能根据演讲内容加上合适的肢体语言	1. 态度较为大方自然 2. 言语举止较有礼貌 3. 能根据演讲内容加上少量的肢体语言	1. 态度扭捏，不够大方自然 2. 言语举止缺乏规范，不礼貌 3. 没有肢体语言		

2. 采用多元化评价

(1)生生评价

评价是为了让孩子们有更大的前行动力。本着这样的目的，每次评价都有一位小主持。在这位学生的主持下，台下的“小裁判”先用等第制打分，接着用语言评价。人人都可以参与评价，谈谈演讲者的表现，说说对演讲内容的感受……

这样没有拘束的评价让更多的学生参与其中，不但活跃了气氛，延伸了演讲的内容，而且让大多数学生的口头能力得到了锻炼。

(2)师生评价

教师在一旁倾听，关注，帮助学生把握方向，引导学生多发现演讲者身上的亮点。鼓励是一种神奇的力量，能让弱者走向坚强，能让失败者看见成功的希望，能让未来变成无限可能。

三、实践与成效

(一)案例呈现

上课铃响了，教室里立刻静了下来，一双双充满期盼的眼睛齐刷刷地看向讲台。“小演讲现在开始，有请王某某上台演讲！”小主持人话音刚落，一个看上去精灵古怪的男孩微笑着，自信满满地走上讲台。

“大家好！今天我演讲的主题是飞机。首先，我想给大家介绍飞机的种类。飞机的种类很多，我上网搜索了一下，主要找到了这几种。瞧，这是客机、战斗机，这是商务飞机、军用直升机……接下来，我再给大家讲讲飞机的飞行原理……”随着王某某清晰流畅的讲述，再伴随着一张张图片的展示，孩子们立刻被带进了奇妙有趣的航天世界。

演讲结束之后，评价开始了。

学生甲首先发言：“我觉得王某某今天选取的演讲内容很好，从各种飞机的介绍到飞机飞行的原理，再到纸飞机的比赛及折法，这些内容很吸引我们，大家听得都快入迷了。我给他 A。”

“我也要给王某某一个 A。因为他声音很响亮，讲得也很流利，基本没有什么停顿。他还做到了抑扬顿挫，很有感情。”学生乙也给了较高的评价。

学生丙补充评价道：“我想补充一点。我感觉今天王某某在演讲的时候和大家互动了，这一点很棒！所以我也要给他打分 A。”

学生丁：“我同意他们三个的评价，王某某今天的演讲确实很精彩。不过我还有个小小的建议。”

说到这儿，他停顿了一下，看向王某某。王某某心领神会，立刻礼貌地站了起来。学生丁接着评价：“王某某，你的演讲确实很棒，我也很喜欢。不过，我感觉你今天演讲时语速稍微快了点，有些内容我还没有听清，如果能再慢一点，给大家留一点思考的空间，那就更好了。”

王某某微笑着接受：“好的，我接受你的建议，谢谢！”

学生评价之后，教师总结发言：“今天，王某某给我们带来了一场精彩的演讲。内容新颖有趣，声音清晰洪亮，同时又运用了多媒体手段辅助演讲，使大家既饱了耳福，又饱了眼福，真不错！另外，今天评价的几个小朋友表现得也很出色，能根据我们的演讲要求从多个角度进行评价，评价得很到位，提的建议也很中肯、有礼貌！让我们再次把掌声送给他们！”

（二）案例分析

看上去只是一次小小的演讲，是师生间一次平等交流的片段，但对于每一个学生来说，却是一次充满挑战的、全面而又综合的考验。从站上讲台，面向全体同学和老师时的胆量，到大方、得体的神情、体态；从响亮清晰、规范流畅的言语表达，到自然贴切的肢体表现以及场上场下的合理互动；再加上恰到好处的媒体辅助……这一切，考验了孩子多方面的能力。“会学习的人，一定会懂得倾听。”会听，能听出门道，也是一门学问。而演讲后的评价，不仅对演讲者是一次更好的总结与提升，同时对所有的听众又是一次学习、思考与锻炼的过程。

（三）实施效果

通过三年的两分钟“小演讲”实践，收到了以下的一些成效。

1. 开阔学生视野

从一年级下学期开始至今，“小演讲”已成了语文课前的固定节目。学生演讲内容随着年段的增长而拓展、延伸。从“各种各样的猫”到“小小的萤火虫”，从“水下巨无霸——潜水艇”到“如何应对‘萨德’装置”，从《长歌行》到《观沧海》……一次次演讲，打开了学生思维想象的空间，开拓了学生的知识视野，也丰富了学生语文学习的内容。不论是听，还是讲，学生都能得到锻炼。

2. 培养学生各种能力

“小演讲”的舞台，使学生各方面的能力都得到了锻炼与提高。如资料的收集组织能力，课题的选择探究能力，口头表达能力，听力及评价能力等。

这些能力的提高也有助于学生语文综合素养的提高，为他们语文知识的学习奠定了良好的基础。

3. 学生价值观得到体现

演讲仅两分钟，培养的是学生的综合素养。“小演讲”活动的开展，使学生的兴趣得到发展，个性得到张扬，表现欲得到满足，目标得以实现。在演讲中，学生充分展示了自己的风采，并在与同伴、与老师的沟通交流中，形成正确的人生观、价值观。我想，这对于他们今后更好地成长与进步都是大有裨益的。

(四)案例思考

1. 教师要站在学生的角度思考问题

(1)学生自主学习才有学习动力

兴趣是最好的老师。小 W 同学对黑洞特别感兴趣，他演讲的主题就以此展开：黑洞是怎样形成的？黑洞吞噬的东西去哪了？黑洞是几维空间？看着他边说边板书，一副小大人的模样，我心中的欣喜油然而生。他为同学们打开了一扇了解宇宙天体的窗。

因为热爱，全力以赴，心怀远方。小 L 同学钢琴六级，长时间与钢琴黑白键接触，他对黑键在钢琴上的作用做了深入研究。黑键是半音，它与白键音高不同，位置不同，数量不同。他还在演示文稿上展现了他的研究成果。孩子们目不转睛地看着屏幕上键盘的跳动，伴随着美妙的音乐，感受着音乐的魅力。少年强则国强，少年智则国智，少年富则国富。

(2)每个学生都能获得成功

自信是成功的第一秘诀。小 Y 同学学习能力比较弱，上课时鲜有举手发言，站起来回答的内容也不尽如人意。要轮到她演讲了，我十分忐忑。没想到的是，她演讲的那天还让爸爸带上摄像机来拍摄，这让我更加不安起来。只见她神采奕奕，自信地扬起笑脸，侃侃而谈，那次演讲足足讲了十分钟。同学们的评价是："你今天的表现太棒了！""你的提词卡准备得很充分！""你的声音很响亮！"……从她盈盈的笑脸上，我看到了成功的喜悦。这段视频记录了她破茧成蝶的成长历程。

2. 从失败中总结经验，不断前行

坚持"小演讲"实践研究，在每个孩子的演讲过程中发现问题，在问题中不断改进。以提高学生的语文素养为目的，在这短暂的两分钟里，我们要充分发挥学生的主体性作用，要鼓励学生积极参与到课堂中来。不要总是让学生跟着教师的思路走，要让他们有自己的思想。只有这样，学生才能成长得更快，更好。给学生一些思考的时间和空间，让他们自己去尝试，这样才能培养他们的独立思考能力和创新能力。

总之，我们在有限的时间中要坚持实践研究，在实践研究中发现问题，在实践研究中不断改进。只有这样才能真正提高学生的综合素养。

第二编 PART 2

失败中的创意

创造性或创造力是指根据一定的目的，运用一切已知信息，产生出某种新颖、独特、有社会意义或个人价值的产品的智力品质。一个人的成长要经历不同的阶段，但是任何人都必须在特定的时期接受学校教师的激发、共鸣、熏陶、赞赏和培养。人人都有创造性，创造性教育要面向全体学生，特别要考虑到呈现式、发现式、发散式和创造式的思维方式。

——林崇德.创造性教育的建议[J].新课程教学(电子版)，2023(22)：3.

6. 不畏失败　勇于创新

——在中学物理学习中培养关键品格

上海中学东校　孙丽芳

创新驱动发展，失败与创新相互依存，想要获得最终的成功，除了具有较强的创新意识和创新能力之外，必须正确对待失败。这要求我们具有较强的韧性和长远的眼光，百折不挠，这样才不会被眼前的失败击退，才能快速复原并从失败中学习，才能在创新失败后复原，变强，再创新。欲求以创新驱动发展，需从娃娃抓起，在每个阶段创造机会，对孩子的创新素养进行持续培养。因此，培养创新意识、创新能力和韧性的教育不可或缺。本文将从中学物理的教学和学生的学习中分析如何提升学生的创新意识、创新能力和韧性。

一、创新，势在必行

（一）问题提出

习近平总书记于 2023 年 1 月 31 日在二十届中央政治局第二次集体学习时指出：要实现科教兴国战略、人才强国战略、创新驱动发展战略有效联动，坚持教育发展、科技创新、人才培养一体推进，形成良性循环；坚持原始创新、集成创新、开放创新一体设计，实现有效贯通；坚持创新链、产业链、人才链一体部署，推动深度融合。①

创新驱动发展，创新需要人才，创新的教育可以培养创新的人才。现阶段我们的科学水平还有很大发展空间，在很多关键领域的技术还需要突破，然而具有较强创新意识和创新能力的人才所占比例较少，实际的发展情况要求我们把培养创新意识和创新能力放在重要的战略位置。值得强调的是，创新与失败相互依存，想要获得最终的成功，必须正确看待失败，从失败中获得经验、学习知识。为了让人类的智慧多一点创造，我们就要具有长远的眼光，不被眼前的失败击退。因此，具有创新意识和创新能力的同时必须具有坚韧的品质，要有快速复原并从失败中学习的能力。

笔者认为，现阶段创新人才的不足和人们从小接受的教育有一定的关系，体现创新，引导创新，培养创新思维、创新能力和韧性的教育不可或缺。

（二）解决思路

想要创新成功，必须有丰富的知识储备，灵活发散的思维，主动思考和动手的能力以及百折不挠的韧性，现将这些知识和能力称为创新素养。在融合有创新素养培养的教育中，所学内容的趣味性会增强，学生的学习动机也会得到提升，这些同时会反哺于传统教学中基础知识的习得和基本能力的养成。

物理是以实验为基础的科学，内容与生活联系密切，涉及声、光、热、电、力等多方面内容，学生可以从生活中获得启发，也可以把学到的知识应用到生活中去。② 基于实际的情况，我将从中学物理的教学和学生的学习中，思

① 习近平.习近平论科技创新[EB/OL].（2023－01－31）https://article.xuexi.cn/articles/index.html? art_id=17383297661905640874&item.

② 中华人民共和国教育部.义务教育物理课程标准（2022年版）[M].北京：北京师范大学出版社，2022：3.

考如何提升学生的创新意识、创新能力和韧性。

提升学生的创新素养可以从前人经验和教学真实行动两方面着手。第一，引导学生看前人的故事。学习经典的理论创新案例，了解创新的艰辛与坎坷；了解创新发明的案例，明晰创新的方向，知道创新的一般路径，知道失败与创新密不可分。第二，从中学物理出发，用真实行动提升创新素养。例如：分享教师与学生创新的案例，敲开创新的大门，开拓创新的思路，让新想法、新点子层出不穷；引导学生了解身边人的失败事例，树立看待失败的正确观念，增强面对失败的信心；提供创新的土壤，给予创新和失败的机会，从小培养孩子的创新能力，养成创新的思维习惯，敢于行动的魄力，提升面对失败的处理能力，形成面对失败的正向思维模式，培养创新的韧性，为未来的开发创造培养健康饱满的种子；在课堂上、在各种教学评价中融入创新元素，言传身教，多方位熏陶，让创新成为常态。

依据上述想法，我将从中学物理的教学与学生的学习出发，详细讨论“如何提升学生的创新素养”。

二、学习前人的故事，认识失败与创新的关系

通过对宇宙万物及其运行规律不停的探索，人们对事物的认识逐渐接近它的本来面目；通过对探索得到的规律加以运用，对材料和工具逐步改进，我们的生活变得更加便捷和美好。

每次对旧认知的更新，对传统工具的改进都是勇敢的尝试，都是有意义的创新。

（一）原子内部结构到底如何？

“一尺之棰，日取其半，万世不竭。”分到最后，物体到底会变成什么？

最初，德谟克利特认为物质是由分子构成的，分子是由原子构成的，而原子是不可再分的微粒。

但后来汤姆生在实验中发现原子内部具有带负电的电子。这项发现说明原子内部也具有带正电的物质，因此提出了“葡萄干蛋糕模型”：带负电的电子像葡萄干一样，镶嵌在均匀分布的正电荷（正电荷对应蛋糕）之中。

然而不久后，汤姆生的学生卢瑟福在实验室发现阿尔法粒子（氦原子核）在轰击金箔时极少数会发生大角度的偏折，他认为老师提出的“葡萄干蛋糕模型”无法解释此现象，因此他提出了原子“核式结构”即行星模型。

实际上，在近代的研究中发现行星模型也不完美，所以科学家们在理论上进一步创新，提出了“电子云模型”。科学家们也发现原子核的内部除了带正电的粒子（质子）之外，还存在不带电的中子。

理论的一次次创新，是因为新的现象无法运用之前的理论来解释，也就意味着上一次理论的失败促成了理论的创新。我们对事物的认识是一步步进行的，是坎坷的，是逐渐深入的，每一次失败都让我们更进一步，我们距离真理越来越近。现代科学也就400多年的历史，科技、生活就已经实现了巨大的发展，相信随着人们创新素养的提升以及经验的积累，未来会有更多、更有用、更深入的发现。

（二）我们是宇宙的中心吗？

在遥远的古代，世界各民族从朴素直观的观念出发，主张地心说，例如中国古代的浑天说。古希腊哲学家们也提出了最典型的地心说，公元前4世纪，柏拉图提出：天体必然是沿着最完美的圆形轨道绕地球做匀速运动，行星运动也是匀速圆周运动的组合，他建立了以地球为中心的宇宙模型。

但地心说无法解释观测到的现象和收集的数据，而以太阳为中心的模型会更加简约,但这和当时教会的理论基础相悖,哥白尼顶着巨大的压力,冒着各种风险坚持真理,提出了日心说。他主张以太阳为中心的行星系统,这个思路为天文学开辟了一条新的发展途径。开普勒和牛顿正是沿着这条途径前进,建立了行星运动三定律和牛顿力学。

不过,天文学后来的发展表明:太阳只是一个普通恒星,并不在宇宙的中心。

理论的创新,有时不得不冒着外界巨大的压力,甚至是顶着生命健康的威胁。保持对自然的敬畏,保持初心,坚持真理,才能让我们离真理更近。用理论解释现象的失败促成了理论的创新,创新的理论也很有可能存在他自身的局限性。

(三)发明家的贡献,你我受益

爱迪生试验了几千种材料才找出了适合作为白炽灯灯丝的钨丝,如果在不计其数的失败中,某一次失败阻挡了他的探索,消磨了他的意志,144年前就不会有电灯泡照亮我们的世界。伟大的创新要求勇于尝试多种可能,这背后必然有多次失败,成功的创新必然要求创新者具有强大韧性。

著名的英国发明家戴森将自己的一生描述为"失败的一生",因为他花了15年的时间做了5000余个原型机,才使无袋真空吸尘器取得成功。正是已有的技术中仍然存在的缺陷迫使戴森继续改进,那么,现有技术的不足或失败正是一份送给新技术的邀请帖。戴森厌恶吸尘器20多年,也正是由于这种厌恶让戴森思考如何改进吸尘器,最终成为这一领域的顶尖人物,引领行业的方向。

爱迪生之灯,照亮世界;戴森吸尘器,轻松清洁。创新过程中大多数会伴随着失败,基本上无法避免失败,失败是成功的阶梯,每一次失败都让我们离成功更近一步。如果坚持"永不言败",科学家们就会从失败中厌恶自己，损耗能量，为此，我们必须客观理性地看待失败和创新的关系。开拓性的创新是极少的，大部分都是改进型的创新，这要求从失败中表现出的问题出发继续创新。回顾历史可见，伟大的发明创造往往有一个进化的过程，人们从缺陷、困难、问题中得到灵感，获得创新的想象力，此时，失败就是想象力的养料，失败让想象力更加具有活力和方向。

三、从中学物理出发，用真实行动提升创新素养

习近平 2023 年 2 月 21 日在二十届中央政治局第三次集体学习时强调：要在教育“双减”中做好科学教育加法，激发青少年好奇心、想象力、探求欲，培育具备科学家潜质、愿意献身科学研究事业的青少年群体。[①] 其中，创新意识和创新能力是科学家潜质中的重要内容。若在施行“双减”政策的环境下能做好教育的“加法”，青少年的好奇心、想象力、探求欲的增强也有助于创新意识的形成。提升我国的科学技术水平要从人才抓起，人才的产生要从娃娃抓起，我们要尽可能地给我们的下一代提供肥沃的创新土壤，在孩子的成长过程中给予相应的理论和环境支持。

我们鼓励创新，努力创新，包容失败，甚至赞赏从失败中反思学习，但我们不必刻意追求失败。在教学中，我们可以让人生中必要的失败来得更早一些，很多时候，失败来得早一点可能比来得晚更好，为此，我们可以创造失败教育的契机。在工作中，为了提升效率，使成果更加丰硕，我们尽可能地减少失败，减少试错，减少不必要的损失。这就要求我们发挥智慧，了解创新的一般思路和技巧，把握正确的创新方向，知道创新点生成的契机，从最可能有成果的方向切入，并向周边领域蔓延开来以获得更多的成果。

① 习近平.习近平论科技创新[EB/OL].(2023 - 01 - 31) https://article.xuexi.cn/articles/index.html? art_id=17383297661905640874&item.

（一）创新演示实验，聚集学生的目光

在一节公开课中，物理老师本想在课堂中重现精巧实验——卡文迪许扭秤实验，从中测量万有引力常量，激发学生思考，并用普通的器材让学生认识到此实验设计的巧妙。然而事与愿违，学生和教师努力地设计和安装实验器材，但最终并没有呈现预期的现象。显然实验并没有成功，但意外的是，教师和学生一起创新课堂形式的行为受到了专家们的一致好评，努力的过程也让教师和学生都印象深刻。这也让学生们知道了测量引力常数的难度有多么大，科研的道路艰难才是常态，在几百年前的条件下能设计出卡文迪许扭秤实验，并测量出比较精确的万有引力常数是多么的难得。这样的失败在某种意义上也算是一种成功。

在“光的折射”这节课中，我考虑到以往实验器材的一些缺陷，重新设计了一种多功能光学演示箱，让这节传统的课堂变得更加神奇有趣，引发了学生和听课老师的惊叹。

在传统教学中，进行“探究光的折射规律”实验时，使用以激光笔和分光器制作的线光源开展实验，并使用光屏显示光路。此器材的优点是较小巧，但只能分析二维平面内光的传播路径。并且，最关键的是，传统实验只能显示出光屏所在平面的光的情况，即使设计了可翻转的光屏，小角度翻转后光屏上依然有光，无法得出整个立体空间内入射光线、法线、折射光线在同一平面内的结论。理论上，光屏上所显示出的光路也并非同一条光线的传播路径，因此无法探究某一条光线折射时所遵循的规律，传统实验在理论上并不合理。

现将此实验改进为显示光实际传播情况的三维立体实验，现象上更加直观，理论上更加科学严谨，也能定性和定量地探究光的折射规律。此套工具从设计原理上进行了更新，具体的设计原理：胶体粒子对光线散射而形成光亮的通路的现象，叫作丁达尔效应。丁达尔效应的出现，也意味着光路可以被看见。胶体可分为气溶胶、液溶胶、固溶胶。本实验改变原有的用光屏显示光路的方法重新选用胶体粒子显示光路。显示光路的核心包括：用自动发烟器生成的气溶胶——烟雾，稳定显示光路的液溶胶——茶水，经过无数次尝试、挑选和制作的固溶胶——有色水晶滴胶块。它们均可以稳定优秀地显示光路，同时具有价格低、易获取的特点。

这台器材的核心部件之一——生成烟雾的自动发烟器，是经过精心寻找才获得的适合本实验的元件。使用此部件之前，我们通过燃烧火柴、燃烧纸巾或者燃烧香烟进行发烟，以便获得的烟雾可以显示空气中的光路。每次泄露的烟雾都要让敏感体质的我头晕目眩，几次实验后，光学实验要求的透明材质也被烟雾糊上了一层黑黄色的不明物质，虽然每次都小心翼翼但还是偶尔会被火焰烫到，对于亚克力有机主体箱而言，明火是非常危险的，寻找新的发烟方式迫在眉睫。有些老师用水雾喷洒，可是操作有些烦琐，由于重力的下沉使其显示光路时间短暂，不便于学生观看演示实验。有一天我偶然间看到魔术师表演“无中生有”的场景，便对他的烟雾来源进行研究，发现了微型发烟器这个小工具。它是魔术师用以生成烟雾来制造悬念和视觉效果的小工具，使用甘油原料，对其雾化，发烟速度快，对身体健康危害小，比直接燃烧香烟和火柴整体效果要好得多。这台器材的核心部件——茶水，可以清晰稳定地显示光路，材料极易获得，是为了解决牛奶溶液中光路传播短、不稳定而试验得出的解决方案。这台器材的核心部件——固溶胶水晶滴胶块，是使用做手工艺品的原材料——水晶滴胶，溶入一定量的荧光绿颜料制成，是从生活中选取并设计的最佳的稳定显示固体材料中光路的固溶胶。本套器材中的材料是从各个领域中选取的，非常适用于物理实验，所以创新是多个领域的交叉和融合。以往的课堂中，我还将绣花用的绷子作为制作水透镜的原材料，所以我们的思维要发散，知识要交叉。不同领域的材料和方法交叉融合可以为解决问题提供新思路，只要坚持不懈，不停寻找，总会出现更好的解决办法。

（二）创新学生实验，参与中提升自我

在“电荷电流”这节课中，为了让学生理解电流的大小，可运用类比的方法，但实际的教学中往往停留在语言描述，最多就是附加一些图片。我将电流“大小”真实地呈现，并给同学们机会去参与、去感受。我提供了自己设计制作的装置，水管和水槽布满了整个教室。同学们观察不同的水流，用手去感受它的冲击力。有的水流流速快喷射较远，但水流较细；有的水流流动缓慢，但水流较粗，所以到底哪个水流大哪个水流小呢？应该选用哪股水流才能更快地盛满同样的一只桶？全新的设计让同学们充满新鲜感，同时激发了他们的思维冲突，引发了探究的兴趣。

这个实验可以引发同学们的思考和讨论。教师给学生提供了测量的实验器材，让学生以小组为单位走出座位自己动手试一试、测一测水流的大小。有了对水流的具体感受，再来想象看不见、摸不着的电流就非常容易了。这节课同学们有讨论，有肢体参与，学习后的印象较其他常规新课更加深刻。

在进行“探究物质吸收热量的影响因素”实验时，传统的实验中玻璃器材较多，不太安全，酒精灯火焰飘忽不定。后续改进实验中用的是电热炉，温度过高，学生容易受伤，用普通的温度计测量以及对数据的记录和处理不够方便。同学们和老师一起分析和尝试解决了这些问题，该实验最终使用电陶炉对物质进行加热，用传感器采集温度，用电脑处理数据，最终高效完成实验。这也是为了解决以往的问题进行的延续性创新，学生使用新型的实验器材进行探究，为将来的科研奠定基础。

有学生学习了地磁场和磁生电的知识后提出问题：用导体切割地磁感

线能够发电吗？为了得到答案，学生使用了实验室的电流表、导线等器材测量切割后产生的电流，发现指针并无明显偏转。学生经过讨论和分析采用了更加灵敏的电流计进行实验，真的看到了电流表指针发生偏转。虽然第一次失败了，但是学生并没有盲目地下结论，没有放弃，而是经过思考和改进得出了正确的结论。

我们在孩子的成长过程中给他们提供充足的机会，让他们参与，让他们亲自动手，在实践中感受成功或失败，磨炼意志，提升韧性，为面对未来的挑战打牢基础。

（三）创新命题，指引学习的方向

考试评价对于教学有指向作用，考试的形式和内容对于学生的学习动机和努力方向有引导作用，因此在平时的练习以及考试的出题中，教师们可根据近阶段的学习目标设置试卷，联系生活提供真实情境，开拓思路，敢于引入多种主题。如一道关于液体压强与浮力的题目，要求分析：一只鸭子在小水池水面上漂浮，如果过程中生了一个鸭蛋，鸭蛋随后沉底，鸭子继续漂浮，请问水面将如何变化？

这样的练习可以让学生在日常的学习中获得乐趣，可以提升学生灵活应用知识的能力，让学生遇到任何问题均能快速锁定知识块并准确完整地分析解决。

四、如何提升创新能力，引人思考

灵感，总是在两种情况下到来。

第一种情况：做好充足的准备并且稍作休息时。比如，已经具有了完备的知识和一定的试错经验，当紧张忙碌之后偶尔放空自己时，各种知识相互联系在一起，形成了新的解决方案，很多看似偶然的发明或发现大多都属于这种情况。因此，并不是苹果砸到每一个人都会诞生万有引力，牛顿可以，是因为牛顿做好了准备。也只有阿基米德进入浴缸时才诞生了阿基米德原理，因为阿基米德做好了准备。

第二种情况：当遇到问题时，为了解决问题而引发创新。创新总是在需要解决问题时出现，出现问题或者争议时，以问题解决为方向容易获得灵感。从这个角度来讲，失败确实是成功之母。每一次创新的成功都伴随着无数次的失败，这种延续性创新的成功，要求创新者具有强大的韧性，可以快速复原并继续解决问题。有人研究过很多著名的成就，都是在世界各地同时独立地产生，看似巧合，实则都是为了解决或解释一种以往理论难以解释的现象而创造的，比如说微积分和相对论。

伟大的创新者需要具备雄厚的基础知识，我们要在前期努力学习，多多探索，尽情尝试，以做好灵感到来之前的准备。我们要敢于尝试，不怕失败，积极地看待别人的质疑和否定，失败是成功之母。

为了发展我国科技，突破关键技术，必须提升创新能力，“敢想、会想、敢做、会做”，为创新提供可能。失败与创新密不可分，了解失败才能客观地看待失败，看到前人的创新更能激发自己的创新意识，感受过失败就会比以前更加坚韧。在我们的物理教学与物理学习中，培养学生对学科的兴趣至关重要，让创新激发兴趣，让兴趣反哺创新。鼓励创新，用长远的眼光看待每个阶段的成功与失败，无论失败还是成功都离最终的胜利近了一步。减少试错，包容失败，培养韧性，增强快速复原并从失败中学习的能力。敢想敢做，增强创新意识，积累创新的经验，提升创新的能力，养成创新的习惯，形成面对失败的正向思维模式。增强韧性，培养面对困难和失败的精神。有了化挫折为力量，从失败中学习经验的能力，为学生未来的学习生活和工作打好基础，从基础教育做起，从自己做起。

7. 学习如游戏　战败即新生

——以云端学生会班建为例

上海市澧溪中学　孙沁泠

随着2023年春天一起来的是孩子们纯真的笑脸、教室里的欢声笑语、校园里的鸟语花香。即使教学秩序逐渐恢复，云教育的探索也不会停滞。回顾线上教学的日子，初次面对线上课时，教师不知所措，学生状态松散，班级管理一团乱麻；后期面对线上课时，教师应对自如，学生积极主动，班级管理井井有条。本文将以线上教学为背景，在游戏视角下，探索班主任如何与学生一起共寻云端班级建设过程里"失败"中的闪光点，与学生共谋自主创新、自动管理的新篇章。

一、勇闯"网课新关卡"，坠入雾海迷途

长时间的网课宛若一道迷雾，教师与学生起初都找不到方向。学生，尤其是低学段（六、七年级）的学生面临着身心双重考验，自律能力较为欠缺，注意力集中时长不足，学习较为被动，长期居家易产生心理问题。班主任与任课教师无法及时掌握班级所有学生的情况，传统授课方式遭到挑战，统筹协调工作繁多，身心压力也直线上涨。因此，在持续经历了数月网课后，学生进入了倦怠期，上课状态消极，作业敷衍，居家情绪低落。从满屏开启的摄像头到逐渐"黑屏"的人脸，从踊跃回答到"永远打不开"的麦克风，从点名

立刻响应到“随时掉线”的网络，学生的倦怠期亦是教师的瓶颈期。

意识到问题是突破困境的第一步。通过一节“吐槽大会”晨会课，我将困境“摆在台面上”，与学生一起面对。以问题导向为支架，引导学生重新审视网课过程，比如：“你喜欢上网课吗?”“比起线下课，网课有什么不同?”“这是你向往的网课吗?”在此交流过程中，学生逐渐打开了话匣子，滔滔不绝地讨论了起来。在审视网课后再带领学生作出对比，认识困境，问问学生“你多久没听到这样热烈讨论的声音了?”在一片沉默中，那份对自身问题的恍然大悟却变得震耳欲聋。随后，我借助班干部的力量，由班干部带头分析自身，剖析原因。学生也逐渐意识到了自己网课状态的不佳。经历曲折的探索过程是成长的必经之路，克服困境最好的方式便是直面困难。

二、走进“情绪典当铺”，重置战斗模式

在发现问题后，教师又该如何改变自己，如何引导学生来解决问题？人们常说挫折既是一种挑战又是一种机遇。这也就意味着凡事都有两面性，善恶、好坏、是非等那些看似截然不同的词总是并肩出现。因此，失败不能等同于一无是处，失败的背后是未能结果的种子；困境不能等同于无路可走，困境背后是有待突破的高度。教师要鼓励学生积极看待问题，探索问题的AB面，保持良好、向上、充满希望的心态，才能解决问题、突破困境。然而，刚刚认识到自己网课困境的学生就好像看到“Game over”字样的玩家，第一时间的心情是失落的，态度是消极的，状态是迷茫的。因此，教师需要引导学生转换心态，将低落的情绪转换为前进的动力，重新备战。

情绪的产生源自对事件的看法。教师可以借助“EPE”模型帮助学生对同一件事情产生积极情绪。EPE是指“Event（事件）、Perspective（观点）、Emotion（情绪）”，即同一事件，只要思考的方式不一样，便会带来不同的情

绪。因此,我在实践中通过一节班会课帮助学生重新赋能。情绪如何转变?一是通过一则故事认识到情绪是可以转变的;接着通过观察同一图片的含义,认识到看问题的角度不同,结果也会不一样;随后帮助学生了解“EPE”,即一个人的想法直接决定其情绪;最后绘制自己的“好事发生”瓶,引导学生消化负面情绪,从而帮助学生走出心态低谷,重整旗鼓。

三、回放“游戏记录”,定制作战计划

学生发现自己在网课课程中主要存在的困难是没有人监督,缺少学习氛围。因此,通过回顾线下课班级氛围建构的过程会发现,班级中的班干部对班风建设、班级管理起着至关重要的作用。如何在线上依旧实现班干部的引领带头作用呢?参考大学学生会以及原有的班干部队伍创设,云端学生会应运而生。让学生设计自己感兴趣的活动,让学生做班级的主人,给予学生主导机会,化被动学习为主动学习,培养学生思考、创新、表达的能力,促进学生团队合作、协作沟通的发展,培育部分学生的领导能力。

云端学生会主要包含六个部门:纪检部、学习部、宣传部、生活部、文艺部、体育部,各个部门由 1 名部长与 4 名部员组成。各部门部长组成主席团,学生会主席由班长担任。部长与部员之间双向选择确定部门人员,即其他学生自主选择部门,再由部长反选,第一轮落空的学生再根据有剩余名额的部门进行二次选择(见图 1)。

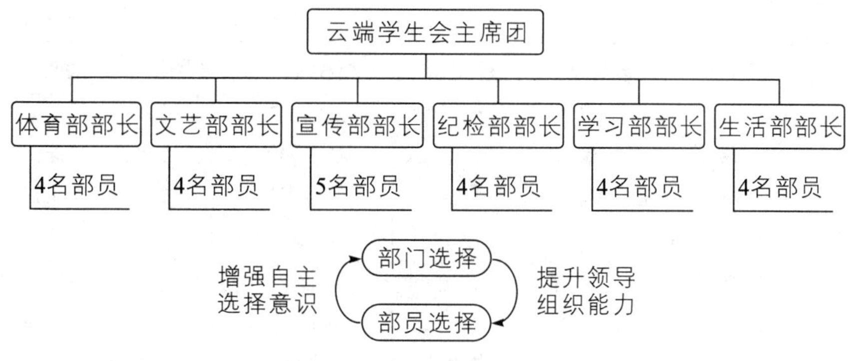

图1　云端学生会组织构架

在部门成员落实的过程中，既能实现因材施教又能体现自主意识。部长的担任能够帮助部分学生有效地提升团队领导能力、组织协调能力以及统筹安排能力，从而推进其在日后团队合作的活动中脱颖而出。部长与部员之间的双向选择也充分尊重学生的个人意愿，给予了学生一定的自主权。为了学生会工作的有序推进，我以主席团例会为抓手，以导向性问题为驱动，帮助各部长展开部门及班级云端管理工作。在首次例会中，部长们就各部门任务与职责进行了协商与讨论，充分展现了当代初中生的创新能力与沟通能力，并在教师的引导下，确定了各部门任务与目标(见表1)。学生在云端学生会建设的过程中，激发了自我创造力，也挑战了自我极限，培养了综合能力。通过塑造以学生为主导的班级建设，发掘每个学生的闪光点，扬长避短，成就能够顺利适应社会的学生。

表1　云端学生会工作安排

	文艺部	体育部	宣传部	纪检部	学习部	生活部
任务	以声、乐、舞、诗传情	开启“云”动新方式	制作班刊，展示班风	监督云端学习情况	教授学习技巧、学习内容	传播生活常识

（续　表）

	文艺部	体育部	宣传部	纪检部	学习部	生活部
目标	·修炼艺术修养与情怀	·提供居家锻炼方式	·给予班级展示平台	·形成家校一致的学习习惯	·提升学习效率	·了解生活趣味知识
	·展示自我才艺与魅力	·了解体育知识	·塑造积极向上的班风	·优化线上课堂效果	·丰富学习内容与角度	·聚焦时事热点
目标	·提升个人自信	·增强个人身体素质	·增强个人集体观念	·提升个人自律能力	·培养个人学习主动性	·培养个人生活技能
汇报时间	周二晨读	周五晨读	周一晨读	周一晨读	周三晨读	周四晨读
每周汇报主题与活动记录单由组长自行设计，工作汇报由2—3名部员完成，形式自拟						

四、激发“被动技能”，升级作战策略

在实施作战计划的过程中，也并非一帆风顺的。在各个部门的工作汇报中，部分学生提出了一些在解决问题的过程中发现的新问题。由于学生交流、师生交流较为有限，部分学生存在“划水”甚至“躺平”的现象。当学生出现新问题时，教师并不需要急着出手，而是可以让问题“多飞一会儿”，这样才能更好地激发学生的自我内驱力，从而获得解决问题、迁移创新的能力，学生们也用实际体验证明了其实他们有许多待激发的“被动技能”，一旦“被动技能”得以释放，作战起来事半功倍。

案例一：激活宣传部“勠力同心”技能，触发加速效果

宣传部部长在设计班刊样稿时，发现了以下几个问题。(1)任务安排不均衡，部门内出现部分部员任务繁忙，而少数部员无所事事的情况，从而导致部门内部的气氛不协调；(2)完成进度不一致导致进度落后，出现排版已完成却无内容可填充的情况。

对于学生自主管理活动中产生的问题，应该让学生自己发现和解决。通过对“如何能够使得大家都有任务且觉得公平呢?”“如何能够确保素材收集在排版设计前完成呢?”等问题的解决，学生开拓了思路，也锻炼了思维能力与统筹能力。宣传部部长随后在部门群中进行了任务的划分与认领，并对每个人的任务完成时间节点提出了要求。宣传部先进行主题的讨论与筛选，再进行模块的设计与分工，每周五前将素材汇总于部长处，部长进行审核与修改，周日前完成班刊的定稿。这样不仅部门无人再“划水”，作业完成速度大幅提升，学生随机应变的能力也提高了。

从宣传部的班刊对比中也能看到团队合作带来的活动成果蜕变。班刊的模块从零零散散到清晰明了，明确的板块划分更有利于部门的分工。选材上，美文欣赏的选段从网络随摘到名家名篇，结合了学生的实际读书诉求，甚至还能够结合时事，做节日特辑的版面。由此可见，团队分工明确、凝聚向上、规划清晰，团队任务的完成会事半功倍。

案例二：唤醒文艺部“日新月异”技能，点亮隐藏属性

主题名字“卷”起来：文艺部的初次分享是由部长带头的，部长通过网络搜寻、文章浏览、模仿学习，再通过视频会议，利用课余时间带领部员们一起讨论主题的设定，让每位同学开动起脑筋。文艺部分享的主题有“乌云不可蔽日，疫情不可挡春”“弘扬劳模精神，讴歌劳动创造”以及“五月康乃馨，温暖送母亲”，每个主题都颇具巧思。

分享形式“活”起来：首次分享时，学生以共享形式，边放PPT边讲来展现分享内容，随后学生发现这样的分享方式无法使发言者人脸与分享画面同时出现，导致听众常常走神，思绪脱离分享活动。在寻求教师帮助之前，部长主动分享了自己的经验，帮助部员实现录屏并录人脸，实现了沉浸式分享。学生在云端学生会活动中逐渐形成团队意识，学会分享，一同进步，将团队协作的意义最大化，大家共享技能与经验，无人再“躺平”。与此同时，团队活动也缓解了学生的居家孤单感，增强了班级的凝聚力与学生的责任感。

案例三：点燃主席团“博采众议”技能，迭代作战策略

1. 学生会“纸质加油包”

“好孩子是夸出来的。”良好、正向的评价为教学增添了许多情感色彩和人文关怀。为了进一步升级“网课作战计划”，主席团成员们开始尝试落实评价机制，设计并收集活动记录单，记录活动的主题、学生完成的照片以及评价。评价的标准由部长来设计决定。例如：生活部“疫情防控，从我做起”活动中，学生关注到了上海日前严峻的形势，主要就疫情防控中的注意事项和防疫知识以小报的形式进行了设计，并由制作该小报的部门进行了部门工作汇报。为了使学生在活动中的收获最大化，并使其活动学习成果可视化，部长在活动记录单中融入了个人评价与组员评价，即学生在活动中对自我表现的认知与评估，以及组员对分享学生在团队合作中表现的认知与评估（见表2）。通过个人评价以及组员评价，学生在活动中能够形成初步自我认识。在部门工作汇报后，会有其他组员和教师分别来进行评价，帮助学生从不同角度认识自我能力，提升学生的学习主体意识，对学生的学习发展有积极的意义。

表 2　活动记录单模板

分享主题		分享时间	
分享者		(配图)	
组长评价	☆☆☆☆☆	组员评价	☆☆☆☆☆

然而学生在实施该活动评价的过程中发现，每次评价学生仅仅需要给出“五角星”，缺少对活动效果的深入分析。因此学生们又自发对自己部门的活动记录单进行改进，不仅仅关注创新实践、反思总结，还融入文字性评价。宣传部的活动记录单(见表 3)将评价作了分类，分为学生对于活动内容、活动过程、活动效果的评价，并融入了活动感悟。体育部的活动记录单则分为活动主题、实用性、介绍详细程度、部门活动的效果、运动活动的效果、活动感悟和对下次活动的改进。

表 3　宣传部活动记录单

记录人		时间	
部门		主题	
参与人员		活动内容	☆☆☆☆☆
活动过程	☆☆☆☆☆	活动效果	☆☆☆☆☆
活动内容镜头		活动感悟	

学生设计活动记录单的过程也是个循环迭代的成长过程(见图 2)。学生充分发挥自身特长、创造力与想象力，考虑到了活动的差异性，量身定制了不同的活动记录单。学生将活动各个阶段内容细化成若干个评价项目，以活动感悟甚至是反思与改进作为书面化的辅助评价方法，更好地发挥评价促发展的作用，同时学生自己设计评价原则、自我反思改进也有利于学生主动学习与全面发展。

2. 家长团“语音充电宝”

除了学生彼此之间的关注、教师给予学生的关注，其实在网课期间最能够鼓动人心的是家长对孩子的关注与认可。文艺部的"为母亲节送贺卡"活动充分体现了家校联动激发孩子战斗力的作用。班中两位家长在收到贺卡后，手写了反馈。第一位学生的家长都在异地工作，他与外公外婆居住在上海求学，因为疫情影响，学生与家长已很久没有相见。妈妈在收到贺卡后表示："谢谢你在居家学习、缺少素材的情况下亲手做的贺卡。你独身一人在上海求学，要学会自律。今朝别离，去走你自己的路，打自己的仗，成为更好的自己。盼早日恢复正常，暑期相见！"家长对于孩子活动的反馈中，有对孩子的激励，也提出了隐隐期待。另一位学生的家长所在的单位承担上海方舱建造的工作，该家长不得不居家办公，工作生活两手抓，不辞辛劳。在收到信后，妈妈表示："母亲节，总会在最美的季节如期而至。但今年，却有些'特别'。战'疫'、居家……一个个的标签赋予了这个爱的节日更多的意义。因为体会了艰难，所以更懂关爱。居家学习的日子里，孩子和妈妈共同成长。只要有爱，每天都是母亲节。"在该班级活动中，家长跳脱"只看学习"，用理解、善意的目光给予学生肯定，激励学生的同时也为班里其他孩子充能，带动了班级整体的网课作战氛围。

活动记录单1.0	活动记录单2.0	活动记录单3.0
内容记录+量化评价	内容记录+量化评价+质性评价	内容记录+评价+反思改进
1 主题	1 主题	1 主题
2 人员+时间	2 人员+时间	2 人员+时间
3 内容	3 内容	3 内容
4 佐证照片	4 佐证照片	4 佐证照片
5 个人+组员的量化评价	5 对内容+过程+呈现效果的量化评价	5 对主题选择+内容呈现+呈现效果+活动效果的量化评价
	6 感悟（质性评价）	6 感悟(质性评价)
		7 对下次活动的改进（反思改进）

图 2　活动记录单迭代图

五、复盘"战斗过程",化经验为能力

在云端学生会的创设中,学生通过部门分组明确自我选择,通过组内分工学会组织领导与责任担当,通过活动设计提升创新思考,通过评价感悟强化反思意识。贯穿整个过程中的是学生的沟通能力与表达能力。从云端学生会的创设中,我们看到了学生的独立思考、自主学习、随机应变的能力远超预期,其得到释放的先决条件是教师的绝对信任与放手、语言鼓励与认可、行动支持与引导。云端学生会的建设过程提升了学生的创新素养,而云端学生会的建设结果也帮助学生走出了"网课迷途",重整旗鼓,甚至解放了班主任的"双手",形成了自我监督、自我管理、自我改进的"自循环"班级建设。

突如其来的网课对于学生、教师、学校乃至整个教育界来说,既是挑战又是机遇。随着科技的急速发展,线上教育并不是一个新的话题,但是线上教育"常规化"或者说"长期化"对于义务教育来说显得有些陌生。当教育转战云端平台,当教师与学生之间只能靠屏幕连接,失去面对面的直接交流,云端教学会是一种有效的方式,能帮助学生提升沟通协作、组织领导、统筹安排、探索创新、反思总结的能力,关注提升学生的核心素养。

近来,春暖花开,大家又恢复了线下的教学,如何将云端学生会班级建设方法应用于线下的教学,这需要我们对之前的"战斗过程"进行复盘,总结归纳方法,为日后的班级工作所用。这场"云端班建战"背后反映的根本问题是当学生遇到学习困境时,教师应该/可以做些什么?

此处以飞轮效应(见图 3)为支架来构建学习状态的重启路径。飞轮效应的内核即是激发学生的自我内驱力。在学生遇到困难、挫折、失败时,学生往往会选择逃避,这便是缺少自我内驱力的表现。因此我们需要通过这

三个阶段帮助学生。一是基础阶段，引导学生正面认识问题，转换好心态，以积极的目光看待问题，并思考如何解决问题、制订计划；二是发展阶段，在实施计划的过程中，学生依旧会不断遇到小问题，因此学生要能够不断地提升自己的核心素养与综合能力，不断反思改进解决方法；三是自运转阶段，在学生养成了勇敢直面问题、自主解决问题的习惯后，学生要定期总结归纳，不断更新迭代解决方法和自身能力。而在此过程中，教师也能创新自己的教学方法，与学生并肩成长。

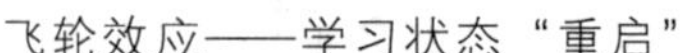

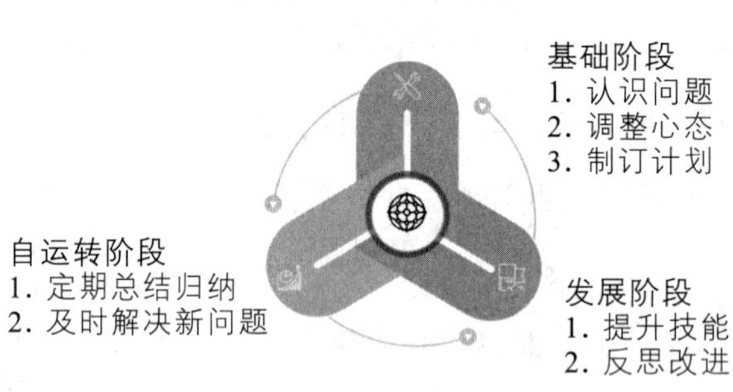

※说明：
为了使静止的飞轮转动起来，一开始你必须使很大的力气，一圈一圈反复地推，每转一圈都很费力，但是每一圈的努力都不会白费，飞轮会转动得越来越快。当达到某一临界点后，飞轮的重力和冲力就会成为推动力的一部分。这时，你无需再费更大的力气，飞轮依旧会快速转动，而且不停地转动。这就是著名的“飞轮效应”。

图 3　飞轮效应

将学习看成一场游戏，重要的不是输赢，而是体验这场游戏的过程。在游戏中的每次失败即是新一次的尝试，在学习中亦是如此，比起那些“你不行”“你错了”的话语，我们更应该告诉孩子“再试一次”“再想想看”，不断给予孩子自信以及新生的力量，让孩子勇敢直面输赢，不断向“新”前进，向“生”而行。

8. 以失败为问题驱动培养幼儿创新素养

——以大班科学“光之勇者”集体教学实践为例

上海市浦东新区东方尚博幼儿园　董昊君

失败是幼儿不可避免的人生经历。每个人都会在生活中遭遇挫折和失败，但正是这些经历激发出幼儿前进的动力。而创新则是逆境之下的一种积极应对方式。在面对挑战时，幼儿如何不断地思考、探索，并寻找新的方法来解决问题，是培养幼儿创新素养的重要途径。

面对这一主题，联系到我自身的教育教学日常，我已经在做和未来要做的就是正确认识幼儿层出不穷的“失败”，对“失败”持有包容心，挖掘“失败”对幼儿成长的价值，制造一些恰当的“失败”情景，以激发幼儿进一步探索和探究，让幼儿在体验挫败中养成坚韧的学习品质，从而收获更强的成功体验，培养幼儿失败后的创新素养。我将以一次区级公开集体教学活动的设计到实施过程，谈谈其中的“失败”与“创新”。

一、创设适当“失败”情境，助推“失败”效益最大化

首先，我们需要明确一个概念，即“失败”并不等同于“挫败”。失败是一种自然的经验，在探索和学习过程中，我们难免会遇到失败。而挫败则是一种消极的情绪反应，会使幼儿失去信心和兴趣，进而影响他们的学习和成长。

创设适当的“失败”情境，意味着让幼儿在某些情况下，可能无法轻松完成任务或达成目标。在这种情境下，幼儿可能会感到一些沮丧，但这并不是负面的情绪。相反，通过教师的引导，它可以激发幼儿的问题意识和创造力。这样的经验可以让幼儿理解到，学习和探索需要付出努力，并且在尝试的过程中，经历失败是常态。通过“失败”产生的效益，可以帮助幼儿建立积极的学习态度，培养其探索问题的意识和失败后推翻自己进行再创造的能力。

（一）设计先行，巧设失败情境激发幼儿勇于探索问题的学习品质

在幼儿教学活动中，设计失败情境是一种教学策略，可以激发幼儿探寻失败原因的好奇心和求知欲，锻炼其自主学习和坚持不懈的品质。

以这次大班科学活动“光之勇者”为例。首先我在活动的第一环节有意识地设置了三种不同的反射光线的材料，分别是透明纸、硬纸板和镜面贴。在我的设计中，只有当幼儿使用镜面贴材料去反射光线，并且让镜面材料与光线保持一定的距离才能成功地将光线反射到屏幕上的怪兽身上。显然，成功的条件非常苛刻，而孩子们在第一次探索的过程中也不出所料地集体“哑火”了。可见，探寻答案的过程并非一帆风顺。在操作后的集体分享环节中，我提到“看来我们第一次的打怪兽任务失败了呀”这句话时，有的孩子败兴而归，露出了失望的表情，有的孩子则大胆分享了自己的探索结果：“老师，这三种材料里，好像只有这个镜子材料能反射光线，其他两种都不行，可我明明用了镜子材料，还是没办法反射到屏幕上去呀？”还有的孩子发现：“老师，这个透明纸材料，它好像也是可以反射光线的，但是比镜子反射的光弱一些。”而这位孩子在比较透明纸与镜面贴材料的过程中，还发现了照到透明纸上的光线会穿透过去，照到自己的身体，而镜面贴材料能把光线完全反射回去。失败情境的设置给了幼儿更多深入思考的机会，第一个孩子选

对了材料，却忽视了激光与镜子之间的距离，距离过长，光线则无法明显照射到屏幕上，距离过短则会违反一开始的操作规则；其他孩子着重比较不同材料之间的差别，发现了不同材料对于光线反射的效果也不同。于是，对第一个孩子提出的问题，我在回应中着重引导其关注光与镜子之间的距离关系："刚才我看你是在这个位置尝试反射光线的，那你认为在前后不同的距离反射光线可能会发生什么呢？"虽然第一次失败了，但通过分段式的原因剖析方法，孩子能在失败情境中一步步接近成功，这种体验是一次就成功所不能带来的，有利于培养幼儿勇于探索问题的学习品质。

在设置失败情境的过程中，教师需要注意以下几点。首先，操作环节需要提供适度的挑战，不能过于困难或简单，以确保幼儿有足够的信心和动力去探索问题。其次，教师需要在幼儿探索过程中给予必要的指导和支持，以避免幼儿过度挫败和失望。最后，教师需要鼓励和赞扬幼儿的创造性和探索精神，激发他们对学习的兴趣和热情。

（二）问题为言，巧借提问激发幼儿在失败中自主探索的问题意识

在科学探索活动中，通过巧妙的提问，可以引导幼儿思考和探索问题的本质，激发他们的问题意识。与传统的知识灌输相比，这种方式更加注重培养孩子解决问题的能力和独立思考的能力。《〈3—6岁儿童学习与发展指南〉解读》中指出：3—6岁是儿童问题意识产生和发展的关键时期，应该通过提问的方式来引导幼儿认知世界，在幼儿的教育和培养中，应该注意到他们自主探究的需求，鼓励他们提出问题并寻找答案。

大班的幼儿已经具备主动探究的能力，他们不仅能对自己感兴趣的问题刨根问底，而且往往能够在探究中自己发现常见的物理现象产生的条件或影响因素。对于光的反射这一个日常生活中经常能感知到的现象，幼儿往往不知道其中的原理，而当他们一旦产生了探究的欲望，就会用自己的方

法进行猜测、验证,从而最终有所发现,并为之感到兴奋和满足。

在这次活动的第二个操作环节,我将其故意设置为:孩子们需要利用镜面盾牌,将地面小怪兽发出的光线向上方的大屏幕反射。高低差对于幼儿探索反射来说是可能失败的情况。在探索过程中,不少幼儿仍然直直地握着盾牌,光线无法向上反射也让他们较为着急,纷纷向我求助。因此我在操作后的分享环节设置了一些关键提问,如:“为什么光线是在低低的地方照射的,而你的镜子盾牌却能将光线射得高高的,打到飞在天上的怪兽?”随后孩子们开始思考要如何改变光线反射的角度,有的孩子在分享交流中提出:“可能要把镜子盾牌往上转,光线才能转到上面去打怪兽。”于是我便请孩子们再次自主探索,在反复的失败、分享交流、再操作尝试的过程中,孩子们逐渐掌握了秘诀,并在消灭怪兽队长的过程中,开始改变自己手握盾牌的角度来反射光线。

通过提出问题,幼儿能够主动参与到学习中来,激发出学习兴趣和动力。同时,问题还能够帮助幼儿构建知识体系,提高认知水平,从而有助于他们获得更好的学习效果。因此,教师在教学过程中应该尽可能多地运用问题教学法,鼓励幼儿提出问题,自主探索答案。

(三)观察为径,巧用失败引导幼儿体验失败中的积极价值

孩子在探索过程中会遇到各种困难和失败,这种情况可能会让幼儿感到失落和迷茫。但是,经历困难和失败的过程有助于幼儿了解到学习和探索需要付出努力,并且在尝试的过程中失败是很正常的。通过这种方式,可以帮助幼儿建立积极的学习态度,并培养他们的探索和解决问题能力。

在“光之勇者”活动的最后环节,当孩子们信心满满挑战终极 boss 怪兽时,却因为挑战失败而感到些许遗憾和不甘,有的孩子说:“啊,这也太难了吧!”有的孩子仍然手握盾牌不肯松开,眼睛紧紧地盯着怪兽。

然而在我的眼里，孩子们虽然失败，但他们的表情、言语中仍然充满了打败怪兽的渴望，对于他们来说，这是一次绝好的深入探索的机会。于是我高度肯定了勇士们积极的尝试和不畏失败的品质，“没想到，帝王怪兽大boss拥有如此强劲的实力，要通过两面镜子盾牌的反射才能尝试击败他，看到我们的小勇士已经能使用一面盾牌了，你们愿意继续挑战吗！小勇士会害怕失败吗？让我们继续坚持击败它好不好呀！那我们可得好好想想，让光线在两面盾牌间反射，需要你们怎么配合呢？”

通过与孩子们讨论导致失败的可能原因，我将这个问题延伸到后续的探索活动中。作为活动的最后一个环节，不仅没有超出活动的课容量，也延续了幼儿探索的热情。

对于幼儿来说，失败并不意味着没有收获；而对教师来说，失败也并不意味着教学活动的失败。我们应该用专业的眼光分析具体原因，发现导致失败的根本原因，从而把握每一次失败中的教育契机。

二、教师适度“后退”，创设“失败”经验共享性

教师适度“后退”，并不是完全放弃对学生的引导，而是给予学生更多的时间和空间去试误和思考，将“失败”的经验进行咀嚼和消化，甚至在同伴中进行对于“失败”过程的复盘和共享，从中萃取出有益的经验，为下一次在尝试过程中有效避免同样的问题创设机会。

连伟大的牛顿对于自己取得的诸多成就也曾说过一句著名的话：“如果说我比别人看的更远些，那是因为我站在巨人的肩膀上。”①可见，要想创新和获得成功，自己或者他人的失败经验也是弥足珍贵的资源。在教育中，一

① 陈卫斌，刘宜学.“我站在巨人的肩膀上”——牛顿创立微积分的故事[J].小学自然教学，2002(Z2)：86.

个人的成功往往只有自己知道，而一个人的失败却可以被大家分享和借鉴。因此，创设“失败”经验共享性，可以促进学生之间的交流和互相学习，让大家一起成长。同时，也能帮助学生建立正确的价值观，理解努力和坚持的重要性。

（一）从“预设”到“生成”，重视失败生成的随机性

在教育领域中，我们常常会将教学目标、课程内容和教学方法等进行预设，即提前规划好教育教学的所有细节。这种预设方式，虽然可以保证教学的有序性和高效性，但也容易造成教育教学的单一性和僵化性。

相对于“预设”，“生成”更加强调教师和学生在教育教学过程中的主动性和创造性。教师不仅需要根据学生的具体情况和需求随时调整教学目标和方法，还需要引导学生通过自主探索和实践发现问题和解决问题。

在这个过程中，随机生成的失败扮演了重要的角色。由于每个学生的接受能力和学习效果都不同，因此他们经历和生成的失败也会有所不同。如果教育教学过程中过分强调成功和胜利，对学生进行机械化的教育，那么他们可能会陷入焦虑和畏惧，从而影响到自己的学习和成长。

相反，如果我们能够重视失败生成的随机性，将学生随机生成的各种失败和面临的各种问题加以汇总和共享，那势必可以让学生有效吸取他人的失败经验，从而举一反三，时刻提醒自己，避免重蹈覆辙。

以“光之勇者”为例，同样在第一环节中，虽然我预设了很多幼儿可能出现的问题，做了较为充分的准备，但是在操作盾牌反射光线的过程中，总是有部分孩子无法找到自己怪兽发出的光点，这也导致他们在一开始打怪兽的过程中完全是“失败”的，而这将直接影响后续的探索过程。

在观察到这个现象后，我首先进行分析，将其归类到了幼儿在活动现场的生成性问题。在幼儿的操作过程中，我便在不断地思考该如何引导幼儿

解决它。对于这种随机情况，我该如何及时应对，保证这部分幼儿能够在失败后依然坚持探索呢？

于是在分享交流的环节，我临时增加了一个新的问题："各位，刚才在打小怪兽的时候呀，不少小勇士因为找不到自己的光线，没能消灭掉面前的怪兽。请你们思考一下，如果你们找不到自己的光线了，该怎么办呀，怎么找回来呀？"在问题的驱使下，孩子们纷纷发表自己的意见，有的说："应该用眼睛一直看着光线不能漏看。"还有的孩子用手比划了光线反射的路径："光线是直直的，所以我们的盾牌也要放在直直的地方。"

综上所述，我通过及时捕捉随机生成的失败，以启发式提问的方法重视随机失败发生的情况，这种"生成"强调教育教学的灵活性和创造性，能够满足学生的个性化需求，提升他们的主动性和创造性。同时，重视失败生成的随机性也能帮助幼儿更好地适应社会和未来的挑战。

（二）变"个体"为"集体"，挖掘失败经验的共通性

在教育教学中，学生们的失败经验常常被视为耻辱，需要被掩盖或隐藏起来。教师往往只关注成功者，鲜有提及失败者，这会导致完全不同的结果。关注成功者鼓舞了学生们向更高的目标追求，但忽略失败者却可能让他们在自我否定和崩溃感中挣扎。

实际上，失败者的经验同样有价值。对于个体而言，失败是一种强有力的学习方式。失败可以让人们认清自身局限和错误，从而激发追求成功的动力。从集体的角度来看，失败也是一种珍贵的资源。失败的原因、背景和解决方法以及成功者的经验，都可以帮助其他人避免类似的错误。失败越多，经验越丰富，集体就越能从中获益，并变得更加强大。

同样以本次活动第二环节为例，孩子们需要用一块大的镜面盾牌，将小怪兽发出的光线反射到上方的大屏幕上。操作的过程中孩子们会与教师分

享自己的发现，有些是成功经验，而另一些则是失败经验。当孩子们使用盾牌进行光线反射时，不少孩子并不能稳稳地握住盾牌，而是上下晃动着，这就导致了反射的光线无法集中，击败怪兽的任务也就失败了。

在观察到这一现象后，我在操作后的分享环节并没有直接请操作成功的幼儿进行演示，相反，我先请了这些任务“失败”的幼儿进行了分享，并附上提问：“他们明明已经找到了光线，也用盾牌去反射了，可为什么他们的光线无法集中在怪兽的身上呢?”在一旁观看的孩子们在看到了演示后，非常清晰地发现了其中的问题，指出了失败的原因是没有稳稳地握住盾牌。在发现问题后，孩子们随后便在后续的操作中再次进行探索，尝试用稳稳的手势去握住盾牌。

总的来说，我们应该重视失败者的经验和教训，在恰当的教育契机下，变“个体”为“集体”。教师应该打破对学生失败经验的缄默，鼓励学生分享个人的挫折与教训，并通过群体共享的方式将这些经验资源化。同时，我们还需要建立一种积极的失败文化，鼓励学生勇于尝试，通过失败学习并增长经验，从而更好地适应未来的挑战和变化。

(三)轻“结果”重“过程”，着眼失败体验的过程性

活动无论从设计到实施，都要基于儿童立场，从孩子的角度出发，满足幼儿需求。如果一味地追求结果，忽略了探索过程，则是本末倒置，也必将失去许多良好的教育契机。失败经验的过程性非常重要，因为它可以使我们更好地理解一些事情。如果教师把更多的注意力放在幼儿失败体验的过程上，就能够帮助幼儿更好地了解失败的原因，从失败中学习并得到提升。

孩子们在终极挑战中热情高涨。终极挑战是本次活动的难点，也是孩子综合运用先前经验的环节。我首先观察了孩子们操作盾牌的手势、寻找光点的准确性，在这些方面，孩子们表现得非常熟练。然而，对于光线的二

次反射，由于幼儿缺乏生活经验，因此在操作过程中，在让光线在盾牌之间传递的过程中显得较为生疏，再加上需要两两合作完成，导致这个环节孩子操作后都失败了。在这个过程中，我并没有要求孩子一定要挑战成功，而是更加关注其运用之前操作经验的情况，观察其是否能够通过盾牌的转动来改变光线反射的角度。

对于这个“失败”的结果，孩子们显得有些失落，因此我特意在原本课容量的基础上多加了两分钟时间分享“失败”的过程。

我们通过讨论失败原因——分享操作经验——延伸活动的方式，聚焦于失败的过程而非挑战失败的结果：“为什么用两面盾牌反射光线你们就失败了呢？你们是怎么做的呀？”“也许让光线在两面盾牌上传递，不仅需要手稳稳地握住，还需要两人配合好，一个人负责接收光线，另一个人要慢慢转动盾牌，才能将光线反射到帝王怪兽身上呀。”这次着眼于失败过程的讨论与分享重新激发了幼儿击败终极怪兽的信心，并将这个挑战性的问题带到后续的探索活动中，保持了幼儿探索兴趣的同时，也延伸了活动。

着眼失败体验的过程性能够帮助我们更好地了解问题的本质，掌握好其中的教训，建立起积极的心态，并最终获得更好的成果。因此教师适度后退创设“失败”过程共享性，也是为了创造一个适合幼儿自我探索与实践的环境，帮助他们建立正确的失败观，让孩子们在实践中得到更全面的发展。

三、激励式师幼互动，培养幼儿失败过程中的创新素养

在孩子的成长过程中，难免会遇到各种各样的困难和挑战，而失败远比成功来得更加常见。因此，如何帮助孩子们通过失败学会创新和积极应对问题是非常重要的。为此，可以通过激励式师幼互动来培养幼儿失败过程中的创新素养。

激励式师幼互动是指教师和幼儿之间基于相互理解、尊重和信任的一种互动方式。在这种互动中,教师通过鼓励、支持和引导幼儿积极探索、尝试和反思,让他们在学习和成长中不断取得进步。在这个过程中,教师可以适当地引导幼儿面对挫折和失败,并以此为契机培养他们的创新素养。

(一)灵活运用语言激励,培养幼儿失败中的创新素养

语言是人类交流的重要工具,而在教育过程中,对幼儿进行正确的语言引导和激励,可以有效培养他们的创新精神。教师可以通过赞美和鼓励来激励幼儿。比如:当幼儿完成一项任务时,教师可以及时给予赞美和鼓励,让幼儿感受到自己的付出得到了认可。这样能够激发幼儿的积极性和创造力,并让他们更加勇于尝试新的事物。

在活动的终极挑战中,我们需要击败帝王怪兽,虽然最终失败了,但在挑战后我这样点评:"勇士们,今天的你们不畏难题,齐心协力,虽然很可惜没有击败最终 boss,但是相信你们只要再多多练习,一定可以打败贝利亚怪兽,你们还有没有信心挑战?""好! 没问题!"孩子们一点也没有因刚才的"失败"而沮丧,反而更加兴奋。

在后续的探索中,除了单人反射怪兽光线,还出现了两人合作,通过盾牌与盾牌间的反射进行照射的创新行为。这便是激励性语言带给孩子创新精神的体现。

灵活运用语言激励幼儿创新精神是教育工作者在幼儿教育中应该注重和实践的方向。通过赞美、鼓励、提问等方式,教育工作者可以更好地引导幼儿思考和探索,培养他们的创新意识和创造力。这样,我们的幼儿教育才能更加符合时代的要求,满足幼儿的成长需求。

(二)开放性问题为引导,发展幼儿失败中的创造性思维

开放性的提问在教学中的应用是非常广泛的,它能够引发幼儿的多向思维,激发幼儿的探究欲望,对培养学生的科学情感,开启学生的心智起着不可或缺的作用。

我在不断试教磨课的过程中,也在不断优化调整自己的提问方式。如在第一环节的分享中,对于孩子对三种反射材料探索后的失败结果,我进行了补充提问:“仅仅选对材料,就能成功反射光线吗?你们在实验过程中还有什么新发现吗?”我将幼儿回答的范围进行了扩大,任何发现都可以作为幼儿分享的话题,培养了幼儿的创新能力。而孩子的回答也更加多元,有的将三种材料的特征进行了再次对比,有的则提到了材料特征对光线反射的影响,还有的讨论了光线与材料间距离的远近可能产生的影响。开放的提问方式也引发幼儿多元的回答,从而培养了其创造性思维。

同样以活动的最后一个环节中的失败情境为例,孩子们明明已经能灵活操作一面盾牌了,可还是无法击败帝王怪兽,我在其探索中说道:“各位,仅仅依靠一面盾牌的力量能成功吗?还有哪些方法呀?”孩子们有的开始用各种姿势反射,有的则找来同伴一起集中照射,推翻自己先前的方法,进行了重构。之后出现了两人合作,通过盾牌与盾牌间的反射进行照射的创新行为。

由此可以看到开放式提问对幼儿创新素养的重要影响,幼儿在不断的推翻——重建的过程中,即使失败了,也会在其中孕育出创新的种子。

(三)教师身体力行,用积极的状态面对幼儿失败后的创新实践

教师的状态对于幼儿探索来说也有深刻的影响。我在孩子们打怪兽失败时,仿佛也变成了他们的一员,思考着如何才能依靠光线来击败怪兽。由

于先前的失败，孩子们只能推翻原来的方法，转而考虑新的创新实践。因此，每当孩子们提出一些创新想法，我会积极鼓励他们在操作探索时自主去尝试，并与他们分享自己的发现。比如有的孩子想到了握盾牌的手势是否会影响反射；有的想到了站着或蹲着是否会影响反射；还有的孩子不断调整着盾牌与激光的距离，思考着距离的远近会不会影响光线反射……当出现这些行为时，我会根据活动目标对孩子们的尝试进行积极的点评回应和引导，或者参与其中，如："哇哦，我看到你原来是站着握住盾牌的，现在蹲下来了，你有什么新发现吗？对反射的结果有什么改变吗？"还有的孩子在失败后会用一些很夸张的实践方法进行尝试，看似滑稽，但教师也应该以积极的方式去进行引导。

活动中，有一个孩子有些搞怪地将盾牌旋转 90°，头也歪过来 90°去观察光线。当我发现这个孩子时，并没有去将其"拗正"，而是轻轻来到他的身边："诶，你发现什么了吗？"孩子说："我要这样歪着来打败怪兽。"此时我拿上一块盾牌，慢慢地蹲下身子，在他的旁边以同样的姿势进行了观察："哇哦，你的方法真特别，连小怪兽也变得倒过来了呢！"孩子嘻嘻地笑着。"脖子累了记得休息一下，我相信你能想出更好的办法。"

当教师以积极的状态面对孩子的失败，孩子便不会恐惧失败，不会以失败为耻，反而被激发出创新实践的动力。

回顾本次公开集体教学活动能够发现，失败往往孕育着创新，孩子在一次次的失败中不得不推翻自己原有的方法，从而重建和寻找更加行之有效的创新方法。而反之亦然，在创新的过程中也同样会产生失败，创新带来的失败往往比保持现状带来的失败更加有价值。如果我们保持原有的做法，虽然可以避免失败，但也无法实现任何改变和创新。而如果我们尝试创新，虽然可能会遭受失败，但同时也可能会获得惊喜和收获。因此，我们需要把握创新的机会，并接受其中可能会发生的失败。

最后，失败也是创新不断推进的动力。每一次失败都会启迪我们寻找新的方法和思路，从而推动创新不断发展。因此，失败并不是一种终结，而是一种开始，是一种进步的动力。

总之，通过汲取失败经验，以失败为问题，可以很好地培养幼儿的创新素养。我们应该教育孩子们认识到失败并不可怕，反而是一种宝贵的经验。只有在实践中遇到困难、面对问题、解决问题的过程中，才能真正锻炼幼儿的创新能力，引导他们走向成功的道路。

9. 从户外游戏的“失败”事件中呼唤幼儿的创新意识

——基于儿童友好理念

上海市浦东新区香山幼儿园　李　颖

自主创新是幼儿的天赋人权，是幼儿生来就应享有的权利。① 根据泰勒对创造产品新颖性和价值大小的研究，幼儿的创造力很难达到生产、发明甚至是革新的高水平阶段。幼儿本身的创造力集中体现为以自由和性质为基础、因情境产生的想法，本研究称其为“创新意识”。户外游戏是幼儿自身最喜欢的游戏内容之一，②其中存在大量“失败”事件。但“失败”事件因其“失败”外衣很容易被教师忽视，幼儿的创新意识却又常在其中展现，因此通过户外游戏的“失败”事件发掘与培育幼儿的创新意识十分必要。

儿童友好理念是儿童视角演进的产物，国家发改委颁布的《关于推进儿童友好城市建设的指导意见》提到“儿童友好是指为儿童成长发展提供适宜的环境和服务条件，切实保障儿童的生存权、发展权、受保护权和参与权”。从理念发展史来说，“儿童友好”源自“儿童视角”和“儿童权利”，且随二者的内涵发展逐步丰富。儿童友好理念倡导儿童是游戏的主人，其进行户外活

---

① 吴康宁.自主创新：幼儿的天性、天能与天权[J].学前教育研究，2002(04)：19－21.

② Alison Clark. 倾听幼儿——马赛克方法[M].刘宇，译.北京：中国轻工业出版社，2020：90－95.

动的基本诉求理应得到满足。① 这些理念对于幼儿户外游戏的探索具有启发意义。研究将基于儿童友好理念分析从户外游戏的“失败”事件中呼唤幼儿创新意识的可能性,并探究具体的落地策略。

一、当前户外游戏中缺乏对幼儿创新意识的关注

(一)重视安全,忽视冒险与创新

毋庸置疑,相比室内游戏,户外游戏带有自由开放的特征,与之相对应的是很多的冒险性环境。冒险性的环境能够给予幼儿探索的机会和条件。② 目前大部分幼儿园为了给幼儿打造充满野趣的活动场地,设置了山坡、小河、沙水池等区域。这些能够帮助幼儿亲近大自然,但就冒险与创新而言,这些内容是远远不够的。部分园所的园长也表示,园区在户外游戏内容设计上缺乏冒险的内容,比如攀岩设施。

相比学界对幼儿创新意识的重视,普通一线教师的感受多有不同。对教师而言,保证幼儿的人身安全是第一要务。出于减少意外、给自己减轻责任的角度,教师会给幼儿的户外游戏设置诸多要求,如“定时定班定点定人”组织户外游戏,③即一定的时间、固定的班级、特定的地点、固定的幼儿。通过这样的形式,教师能够尽力实现安全的、没有冲突的游戏过程。通过这些方式尽力避免幼儿进入冒险系数高的游戏。以上做法其实放弃了冒险游戏对幼儿创新意识特别的教育价值。

---

① 沈瑶,刘晓艳,云华杰,刘梦寒.走向儿童友好的住区空间——中国城市化语境下儿童友好社区空间设计理论解析[J].城市建筑,2018(34):40-43.

② 陈瑞雪.基于安吉游戏模式的幼儿园户外游戏活动实施研究——以沈阳市A园为例[D].沈阳:沈阳师范大学,2022.

③ 杨恩慧.生态学视野下幼儿园户外游戏环境的意义、特征与优化[J].学前教育研究,2021(04):11-18.

综上，托幼园所与教师在保证幼儿安全时舍弃了场地或内容带有冒险性质的游戏，这从一定程度上导致幼儿缺少了形成创新意识的实践机会。

（二）期望固定，回避变化与生成

预设游戏是教师经过材料选择、教育功能筛选后出于一定教育目的组织的游戏。相比预设的游戏内容的相对固定性，幼儿后期生成的游戏因其常常来源于实际问题，变化较大。譬如：教师预设了户外观察蚕宝宝的游戏，幼儿在观察的过程中提出了问题："怎样让蚕宝宝开心？"于是生成了新的游戏——"逗蚕宝宝"。如果生成游戏继续，幼儿将在游戏过程中观察蚕宝宝的行动方式、行动速度，对蚕宝宝与其他动物的运动状态进行比较，从而进行原因分析。整个过程中幼儿通过发现问题，与生活实际相结合解决问题促使了自身创新思维的发展。然而，实际情况是教师往往不会支持幼儿的生成游戏，因为在教师眼中"逗蚕宝宝"毫无现实价值，还有可能造成蚕宝宝的丢失。

与蚕宝宝游戏进程相似，当前幼儿园的户外游戏内容呈现出相对固定的状态，幼儿户外游戏变化与生成部分较少。户外游戏内容现状为何如此？仔细分析发现：首先，幼儿园本身为了户外环境的审美价值会委托给专门的设计公司进行建设，耗资高，调整变化的周期也相应拉长。再者，就教师而言，稳定的户外游戏内容可以减少自身的工作量，只要幼儿在其中玩得开心，其他无需追求。生成与创新需要教师花费过多的精力，工作量本就庞大的教师并不愿做出改变。

综上，相对固定的游戏内容导致幼儿变化与生成的游戏需求难以得到满足，发现问题与解决问题的机会少，创新意识缺乏生长的土壤。

二、何以可能：从户外游戏的“失败”事件中呼唤幼儿的创新意识

（一）“失败”事件究竟失败与否

1. “失败”事件的内涵

失败是人们采取的行动没有达到预期结果或出现了不可预见的结果。① 事件是人们为代表或理解相关事物深层存在或生成变化而选定的主题性人类活动。② 本研究中的“失败”事件是幼儿在户外游戏时采取的行动没有达到预期结果的活动。

户外游戏的“失败”事件场景十分丰富，有可能是幼儿在挑战户外冒险游戏过程中遭遇的挫折，有可能是户外角色游戏中幼儿社会角色扮演过程中受到了挑战，也有可能是建构游戏过程中达不到目标的一次次尝试，诸如此类。

2. 基于儿童友好理念分析“失败”事件失败与否

户外游戏中的“失败”事件对幼儿而言真的是失败吗？儿童友好理念强调尊重儿童的学习方式和发展特点，这意味着要认同儿童是在不断成长的个体，而成长过程就是幼儿不断试错、不断失败、不断积累经验的过程。其实遑论幼儿，即便很多科学家，在实验成功前也经历了成百上千次的失败。因此“失败”事件在所难免，并且其过程往往伴随着创新意识的萌芽。

由此可见，“失败”事件对幼儿而言非但不是坏事，反而能启发幼儿进行

---

① 畑村洋太郎.失败学[M].高倩艺，译.上海：上海科学技术出版社，2002：78－180.

② 余清臣.教育事件的研究方法论：察知逻辑与推测逻辑[J].教育研究，2022，43（05）：34－44.

自我反思，并且通过创新探索事件成功的路径。

（二）因何从“失败”事件呼唤幼儿创新意识

1.“失败”事件具有冒险性与挑战性

冒险与挑战对幼儿的思维惯性具有抑制作用，有助于幼儿打破已有认知经验进行创新。户外游戏的“失败”事件因难度高、幼儿熟悉度低，对幼儿具有一定的冒险性或挑战性。

“失败”事件中每次冒险与挑战，幼儿都会增加发现问题、解决问题的机会，从而萌生源源不断的创新意识。但冒险与挑战容易导致幼儿发生意外，教师应当对冒险与挑战的难度进行合理评估，并且时刻予以关注与支持，保证幼儿安全完成游戏。

2.“失败”事件需要幼儿的变化生成

户外游戏“失败”事件发生后，幼儿若还想继续游戏，就会自发地对游戏失败的原因进行分析总结，对游戏内容或形式进行变化生成。而变化生成体现了幼儿对“失败”事件的不满，在改变的过程中引发创新意识。

变化生成对幼儿创新意识的培育很重要，但并非每位经历“失败”事件的幼儿都具备改变的信心与能力，因此需要教师进行识别与帮助。缺乏信心、游戏能力欠缺的幼儿往往会对“失败”置之不理，漠视“失败”。自信、游戏能力较强的幼儿认为自己可以通过努力解决当前的问题，会积极探索、改变游戏的现有状态，这类幼儿能够从“失败”事件中学习经验，逐渐成为一名有创新意识与创新能力的儿童。针对不同幼儿采取不同措施较为关键，如对自信、能力强的幼儿可以多采取观察手段，而对缺乏信心、游戏能力欠缺的幼儿可以采取鼓励手段，以此来激发幼儿的创新意识，帮助其从“失败”事件中收获成长。

三、如何落地：运用儿童友好理念从户外游戏的“失败”事件中呼唤幼儿的创新意识

幼儿在户外游戏经历的“失败”事件是一个循环往复的过程，运用儿童友好理念能够帮助教师厘清自己的思想状态与角色定位，从而采取合适的行动。为了精简阐述，文中案例的“失败”事件通过三次“失败”、三次“创新”来记录描写。

（一）以“儿童视角”为前提尊重“失败”事件中的适度冒险

儿童视角是儿童友好理念形成的基础，意指成人在了解儿童的身心特点、生活经历、兴趣偏好的基础上对其情感态度、认知观念、行为习惯的理解。[①] 冒险游戏正是幼儿喜爱的一种游戏形式，[②]其最突出的特点是富有挑战性与探索性。冒险游戏对于幼儿创新意识的形成具有重要的推动作用，但与此同时冒险游戏具有发生意外的可能性。

教师应该如何平衡“失败”事件中的冒险性质与教育价值呢？过分干预会减弱游戏原本的价值，应以“儿童视角”为前提，加强对幼儿的观察，保证幼儿安全的情况下非必要不介入，支持幼儿的探索与创新。案例1体现了“儿童视角”在冒险游戏“失败”事件中的具体应用。

【案例1】

（1）前情提要

户外攀爬区域是幼儿最喜欢的区域之一。攀爬游戏一方面可以锻炼幼

---

① 李雨姝，鄢超云.“儿童友好”理念的核心内涵及其教育实践[J].学前教育研究，2023(03)：48-57.

② 覃初绮.幼儿冒险性游戏中的教师观察行为研究[D].桂林：广西师范大学，2022.

儿的身体技能，另一方面可以满足幼儿的探索欲。但由于攀爬游戏高度高、难度大，是典型的冒险游戏，幼儿玩耍机会较少。案例中幼儿的前期经验：幼儿在小班时期很少有机会玩攀爬区域，直到升入中班，才逐渐有尝试玩耍的机会，因此大部分幼儿对于攀爬充满好奇心。

(2)“失败”事件的过程实录

户外游戏开始后，中一班的幼儿纷纷被攀爬区域所吸引，他们看到绿色的绳子像蜘蛛网一样，很想过去爬一爬。看到孩子们的表情，教师问他们：“你们被什么吸引了？”孩子们大声地说道：“这个爬网！”教师清楚攀爬区域有一定的危险性，但在“儿童视角”的考虑下，决定支持孩子们的冒险，同时在攀爬区域下面铺设了厚厚的垫子。

第一次“失败”：孩子们围着攀爬网开始尝试向上爬，铭铭也是其中之一。不同于其他孩子拉着绳索往上爬，铭铭紧抓着攀爬区域的支撑杆子，腿蹭着往上爬。爬了一会儿，就气喘吁吁，滑到了下面。

第一次探索创新：一小会儿的工夫，其他孩子都爬上去了，铭铭还在下面看着。这时候，浩浩来攀爬区了。铭铭看到浩浩，说道：“咱们可以合作吗？一起爬上去。”浩浩开心地说道：“好呀。”浩浩身手矫健，三两下就往上爬了一段。铭铭伸出手请浩浩帮忙，浩浩使劲拽着铭铭，铭铭总算上去了一段。

第二次“失败”：浩浩一边拉着绳索，一边拉着铭铭的手，一步一步很缓慢，俩人爬到了网架的一半处。这时另一个小朋友沐晨从他们中间穿过，铭铭害怕了，要从绳索旁边滑下来。教师在旁边观察，有点儿担心，但是看到铭铭所处高度不高，下面又有厚垫子保护，所以并没有着急援助。铭铭没有了浩浩的帮助，嘴里说道：“我不想上去了。”自己一个人下来了。

第二次探索创新：铭铭在下面沉默地待了一会儿，中间想上又不敢上。教师看出了他的犹豫，走到他身边，说道：“很想去玩就去试一试，滑下来也没关系的!”铭铭听了,说道:“老师,我想我还是靠自己爬上去吧!”说完以后,他使劲用手抓绳网,这次爬到了很高的地方。

第三次“失败”:爬上去只待了一会儿,铭铭的臂力就支撑不住了,顺着旁边的支撑杆滑了下来。

第三次探索创新:铭铭虽没有成功登顶但一直坚持尝试,教师在旁边给铭铭点赞。经历过三次失败,这次铭铭开始认真观察别人爬网的方法。他看到雅雅爬的时候先手后脚,脚上的力气很大,不像他一直需要靠手的力量。所以这次他开始尝试着把手上的力气用小一点,手脚有节奏地交替,就这样铭铭成功地爬到了顶端!

(3)教师的观察与小结

户外游戏刚开始的时候,看到孩子们对攀爬区域期待的眼光,教师没有阻止他们,而是从儿童视角出发满足幼儿想要冒险的欲望。整个攀爬游戏过程对于铭铭其实是一个不断失败、不断探索创新的过程,事件的过程路径图见图1。第一次失败的原因很明显,铭铭一直抓着杆子,胆子很小不敢往上爬。于是第一次探索创新时他选择了向同伴求助,这体现了第一次“失败”启发了铭铭通过同伴合作应对挑战。第二次失败则是因为有第三名幼儿的介入,铭铭内心还不足够强大,难以支撑他爬到顶端。这时教师发现铭铭在攀爬网的半山腰,高度不高,且下面有厚垫子保护,所以尊重了幼儿此刻的适度冒险。失败后的第二次创新探索,铭铭想到依靠自己的力量攀爬,这体现了经历过两次“失败”后幼儿开始转换思路,即便最后失败了,幼儿还是因此收获了经验。第三次失败则是因为铭铭只会依靠手臂力量。在经历三次失败后,幼儿开始深入思考,比较别人与自己攀爬方式的不同。因此第三次探索创新其实是幼儿思考结果的总结呈现,通过手脚交替、均衡用力的方式攀爬,最后终于成功。幼儿“失败”事件的过程中教师以“儿童视角”贯穿全程,尊重了幼儿适度冒险。

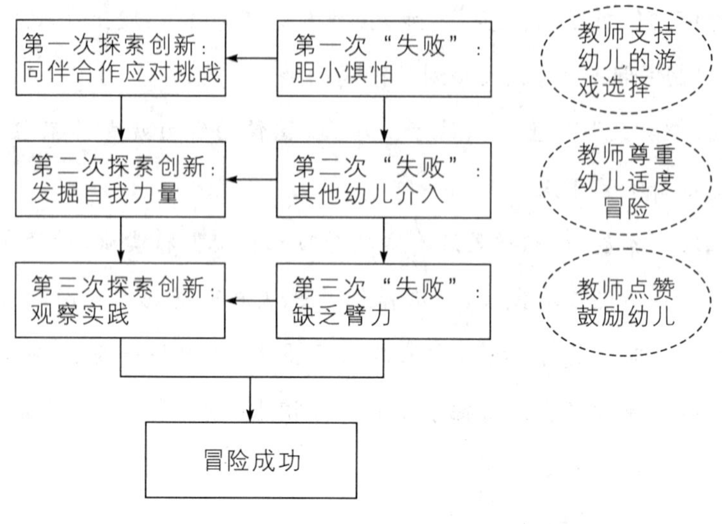

图 1 攀爬游戏“失败”事件过程路径图

(二)以“儿童权利”为核心关注“失败”事件中的变化生成

“儿童权利”是第一次世界大战后在《日内瓦儿童权利宣言》中被正式提出的。其理念由最初的“儿童应该有获得社会安全的权利，在健康中生长发展的权利”发展到如今“儿童需要爱与理解，以利其人格之充分及和谐发展。”总体上，“儿童权利”相比“儿童视角”更加强调儿童具有掌控游戏的权利。

户外游戏“失败”事件的变化生成即幼儿自发通过真实的活动场景主动地提出问题、发展创新意识的过程。固定的游戏场景、变化微小的游戏模式对于幼儿园、教师虽然省力，但也会因此失去鼓励幼儿发展创新意识的教育契机。因此无论是园方还是教师都应当以“儿童权利”为核心关注幼儿户外游戏“失败”事件的变化生成，根据具体场景，抓住随机教育的机会支持幼儿的发展。案例 2 体现了“儿童权利”在“失败”事件中变化生成的具体应用。

【案例 2】

(1)前情提要

烧烤店是孩子们喜欢的户外角色游戏之一,能较好地发展幼儿的社会性。幼儿在同伴互动的过程中不断丰富游戏的情节,创新游戏的玩法。幼儿的前期经验:小班幼儿经过一个学期的积累,已经有了一定的室内角色游戏经验,但对于户外原始材料的使用还缺乏经验。

(2)"失败"事件的过程实录

烧烤店开张了。瑶瑶、小西和乐乐在制作烤串。旁边来了几个小顾客,小顾客之一佳佳说:"我要吃烤鸡翅。"瑶瑶很快找了鸡翅给好朋友,但是没有把鸡翅串起来。

第一次失败:佳佳说:"你们的烤鸡翅跟外面的不一样呀。"小西说:"这就是鸡翅。"二人一时间争执起来。乐乐在旁边愣了一下,想找个东西做烧烤签子。

第一次生成创新:乐乐看到地上有很多树枝,说:"用这个串起来就好了。"但是后来发现玩具串不起来。三个人一时没有办法。教师发现了他们的困境,便在旁边用橡皮泥做肉。他们看到教师的方法,眼睛亮了,说道:"我们也拿一些橡皮泥来做鸡翅吧!"

第二次失败:大家用橡皮泥做了很多烧烤的东西:肉、香肠、玉米等。但很快大家发现,橡皮泥没有了。小西看到教师,问教师说:"老师,再给我们一些橡皮泥可以吗?"

第二次生成创新:教师没有拒绝他们,因为儿童有选择游戏材料的权利,给幼儿又准备了一些橡皮泥。但与此同时,教师捡起了地上的叶子,说:"这片叶子长得很像一根玉米。"小西否认道:"不像,还是橡皮泥比较像。"旁边的佳佳开始动脑筋,说道:"地上的花也可以做烤串!"其他人看到佳佳手上的花,也很兴奋,纷纷找起了户外可以代替橡皮泥做烧烤的材料。

第三次失败:游戏开始的时候烧烤店生意很好,但只过了10分钟,烧烤店的顾客就变少了。瑶瑶和小西跑到其他地方玩,只剩下了乐乐一个人在烧烤店。教师察觉到了乐乐失落的心情,问道:“乐乐你要去小舞台看演出吗?”乐乐说:“我不想去,我还是想开烧烤店。”

第三次生成创新:教师尊重了乐乐留守开烧烤店的决定,走到小舞台旁边,跟小观众们说:“你们饿吗? 要不要点个外卖呢?”小观众听到这个提议很开心,说:“我们给烧烤店打个电话点外卖吧!”乐乐接到电话,认真地把肉串放在烧烤炉上摆整齐,还请小西回来送外卖。游戏氛围又变得活跃起来。

(3)教师的支持与小结

游戏过程中,幼儿经历过三次“失败”,进行了三次“生成创新”,事件过程的路线图见图2。第一次“失败”,烧烤店遭到佳佳质疑——烤鸡翅不真实,幼儿自己生成使用木棍作为签子,但无法与高结构的玩具结合使用。教师作为烧烤店的一员使用橡皮泥做材料给了他们指引,促进了游戏的开展。第二次“失败”,烧烤店面临橡皮泥危机。教师一方面尊重了儿童增加使用橡皮泥的权利,另一方面提出了使用树叶的建议。有趣的是,幼儿并没有接纳这个提议,而是自己选择了使用花朵作为材料,这体现了幼儿在生成游戏的过程中主动创新的意识。第三次“失败”,烧烤店缺少生意,只有一名幼儿坚守岗位,教师出于照顾幼儿的心情考虑,建议他去其他地方玩,但幼儿并没有同意。如何在尊重儿童权利的基础上,帮助其解决困境呢? 点外卖成了一个好主意,这个方案一经采纳,烧烤店不仅生意好了,而且幼儿又生成了一项新业务:外卖员送外卖。由此可见,随着游戏情节的进展,幼儿逐渐开始运用生活经验生成游戏内容,教师在其间需要抓住随机教育的机会,促使变化生成。

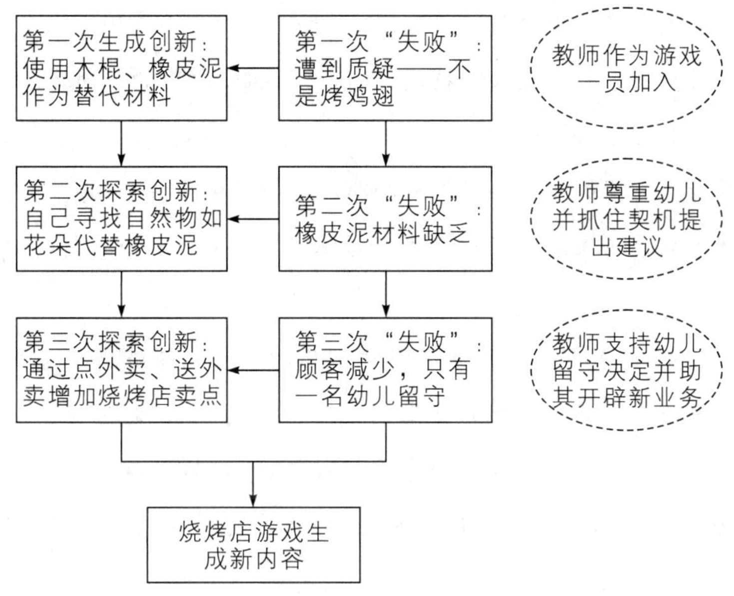

图 2　烧烤店“失败”事件过程路径图

(三)以“儿童友好”为目标助推“失败”事件的迁移创新

“失败”事件的迁移创新指幼儿从“失败”事件获取到知识和经验，通过迁移经验或创新做法来解决陌生问题。游戏中越是复杂的问题越需要幼儿展开联想探究。为了激发幼儿进行迁移创新，教师应当采取何种态度呢？

“儿童友好”理念为教师提供了思想路线，正如其词组内涵所示，教师应当友好地对待儿童，尊重儿童内心的感受与需求，尊重而不遵从，助推而不主推。尊重而不遵从体现了教师重视幼儿观点但不盲目同意幼儿的认识，助推而不主推体现为教师助力幼儿游戏发展但不主导幼儿的游戏节奏。

【案例 3】

(1)前情提要

户外建构游戏是幼儿争相选择的游戏内容之一。相比其他类型的游戏，建构游戏呈现出的是有形的结构与作品，幼儿更容易根据已有搭建经验产生迁移创新。案例中幼儿的前期经验：大二班幼儿的建构经验丰富，他们已经掌握了垒高、围合、交叉等技能，目前开始探索材料的不同玩法。

(2)“失败”事件的过程实录

户外游戏时间到了，星星、王艺和泽泽选择了他们最爱的建构游戏。三人齐心合力从置物架上搬了很多木砖过来，准备开始他们的新游戏——多米诺骨牌。

第一次失败：星星对王艺和泽泽说：“你们说多米诺骨牌要怎么搭?”王艺回想了之前和爸爸一起玩的多米诺骨牌，说道：“我们先把砖块围成圈试试。”三个人开始一块一块很有顺序地摆放木砖，摆好以后，三人眼神一对：“我们推倒吧!”当泽泽推第一块砖的时候，连着的三块砖倒下了，但后面的砖块仍然屹立不倒。

第一次迁移创新：星星看到砖块并没有如自己想象的一般连续倒地，开始琢磨新主意。教师在旁边也观察到孩子们陷入了短暂的沉默，但并未贸然打扰。过了一会儿，星星觉得之前围得太圆了，提出了一个新想法：“我们把砖块摆成半个椭圆形可以吗?”王艺和泽泽不知道半个椭圆形怎么摆，说：“我们怎么知道是半个椭圆形呢?”星星话不多说，动起手来，很快一个不规则的半椭圆形出来了。泽泽再次推第一块砖，幸运的是，这次后面的砖接连倒下了。

第二次失败：在第一次成功后，孩子们开始兴奋地重复游戏。教师看到幼儿的游戏进程处于停滞状态，作为游戏的参与者，提议道：“木砖的多米诺骨牌成功了，泡沫砖可以吗?”王艺兴冲冲地去拿泡沫砖摆成了同样的形状。星星说：“这次我们一定也可以!”泽泽动手一推，让他们失望的是，泡沫砖只倒了两块。他们不甘心，反复尝试了三次，但都没有成功。

第二次迁移创新：三人都有点垂头丧气，教师发现了他们情绪很低落，说道：“木头砖和泡沫砖有什么区别呢，为什么木头砖可以成功，泡沫砖不行呢?”教师的话点燃了星星的兴趣点:“会不会是泡沫砖太轻了,这次我们可以把两块砖放在一起。”调整了数量之后,情况果然好转了一些,大部分砖块都倒下了。

第三次失败:剩下少数砖块没有倒下,王艺还是有点不满意。

第三次迁移创新:三人开始商量起来,王艺说道:“哪些砖没有倒?”泽泽说:“就是那个拐弯的地方。”星星说:“看来我们需要换一个形状了。”泽泽问道:“换什么形状呢?”星星说:“像画画时候的波浪线。”教师在一旁听到孩子的答案,不禁感叹,他们竟然把画画和多米诺骨牌联系起来了。摆放完成后,通过不停地改变角度,最后泡沫砖也全倒下了,多米诺骨牌游戏成功!

(3)教师的助力与小结

在多米诺骨牌的游戏中,幼儿首先使用木砖进行排列,后面又切换成泡沫砖,由于两种砖块的材料不同,对幼儿多次进行多米诺骨牌游戏构成了较大的挑战,但与此同时,幼儿也进行了充分的迁移创新,事件过程路径图见图3。幼儿在经历第一次“失败”的时候,出于“儿童友好”立场,教师并没有贸然打断,而是尊重幼儿通过改变围合形状进行创新的举动。第二次“失败”对幼儿是一个更大的打击,由于切换材料,幼儿多次尝试摆弄仍然无法达到目标。这时候教师作为游戏参与者出现,提出“木头砖和泡沫砖有什么不同”这个问题。这个问题并没有直接指出游戏不成功的原因,但启发幼儿思考需要根据材料差异做出改变。第三次“失败”后的迁移创新,教师在旁边是赞赏者角色,赞赏他们可以把绘画经验迁移到建构游戏中。

综上,多米诺骨牌“失败”事件的主体是幼儿,教师秉持“儿童友好”目标,给予幼儿充分的时间进行迁移创新,助力儿童的计划与行动。

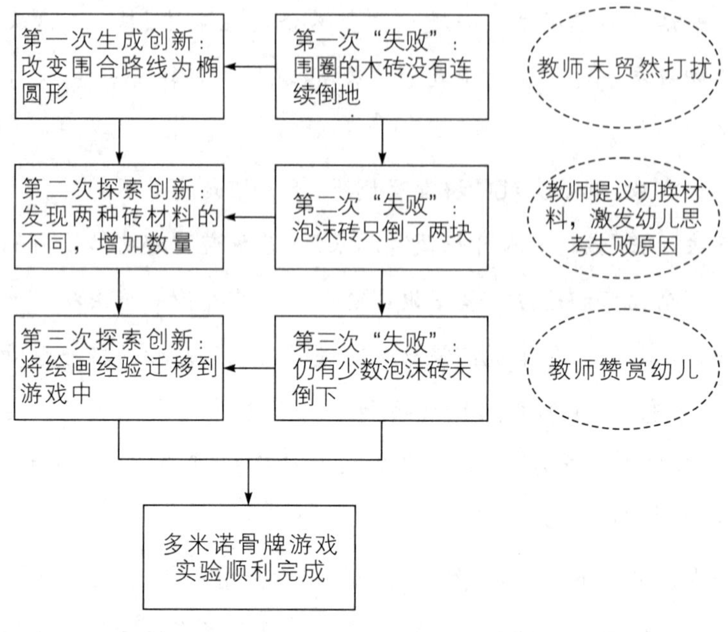

图3　多米诺骨牌游戏“失败”事件过程路径图

四、结语

在户外游戏的实践中，教师往往将安全置于首位，期望相对固定的游戏内容，这些可以减少户外游戏的意外情况，但也无意中造成了幼儿创新意识缺乏关注的局面。而“失败”事件与教师设想的户外游戏不同，冒险性、挑战性更加凸显，事件过程需要幼儿不断变化生成新内容，从而萌生创新意识。

既然“失败”事件如此重要，那教师应当以何种策略应对幼儿的“失败”事件呢？儿童友好理念是策略背后的思想落脚点，表现为：教师应以“儿童视角”为前提尊重“失败”事件中的适度冒险，以“儿童权利”为核心关注“失败”事件的变化生成，以“儿童友好”为目标助推“失败”事件的迁移创新。

幼儿作为新生一代正处在创新创业快速发展的时代，巨大的发展潜力使得他们比成年人更需要呼唤创新意识。户外游戏的“失败”事件正是幼儿形成创新意识的重要来源，期待广大的教师同行不断探讨从“失败”事件中培育幼儿创新意识的新路径。

10. 一次“倒塌”＋一点改造＝创新

——利用有效失败促进中班幼儿问题解决能力发展的探索

上海市浦东新区张江经典幼儿园　王　丽

面对当前飞速发展的时代，教育的创新发展势在必行。教育部颁布的《国家中长期教育改革和发展规划纲要（2010—2020年）》明确指出“教育的重点是面向全体学生，促进学生全面发展，提高学生探索创新精神和分析解决问题的能力”。可见，我国正在努力建设创新型社会，培养创新型人才，而问题解决能力是创新型人才必备素质之一，在这样的社会背景下，培养学生的问题解决能力显得尤为重要。

中班幼儿好奇好动，喜欢参加有野趣的活动，喜欢接触新事物。他们能根据观察结果提出自己的想法或质疑；他们喜欢探究，常常动手、动脑探索物体和材料，并乐在其中。在中班幼儿户外自然探索中，“栅栏施工队”的“三次倒塌”事件，促使教师把脉中班幼儿的发展特点，理解、尊重、支持他们发现问题，解决问题，在一次次的“有效失败”中，与同伴设立规则，遵守规则，从而发展了他们解决问题的能力，加深了探索的兴趣，情感也获得了发展。

“有效失败”是心理学家马努·卡普尔提出的新概念——成功可分为有效成功和无效成功，失败也可分为有效失败和无效失败。顾名思义，有效成功就是让孩子在完成任务的过程中有所收获的成功，而无效成功则是尽管完成了任务但孩子从中得不到任何收获的“成功”。同理，失败也分为“有效”或“无效”——“有效失败”就是让孩子得到教训的失败，而“无效失败”则是孩子尽管失败了却得不到任何启示的失败。

“有效失败”这一概念是围绕学习与表现之间的不可通约性的核心提出的。也就是说,短期内学习的最大化表现不一定是长期学习的最大化表现,由此引出四种学习现象,将学生长期学习效果作为横轴,将学生的短期学习表现作为纵轴,由此可以得到如下坐标轴(如图1)。

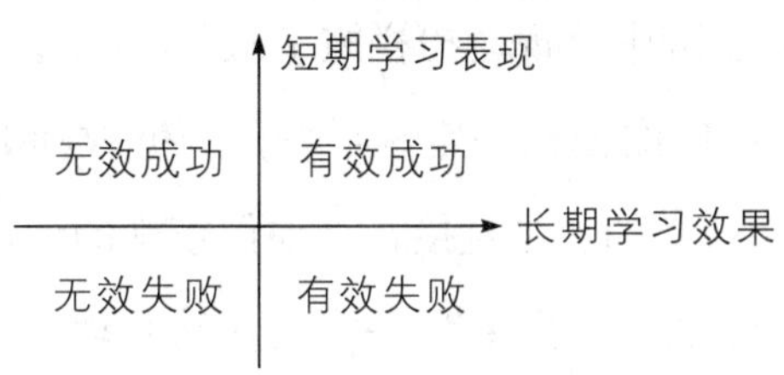

图1　四种学习现象

“有效失败”的学习现象是指学生在探索中不会获得学习表现的最大化,即表现为暂时的外显失败。但是,在此阶段激活并分化学生的先验知识,能促使学生有意义学习的发生,在以后系统的学习中将取得学习表现的最大化,并且能长期性提高学生分析问题解决问题的能力。

在中班幼儿户外探索中“栅栏施工队”的三次倒塌+改造中,凸显了幼儿的创新活力。在组织幼儿开展活动中,教师理解、尊重幼儿,支持幼儿化“失败”为经验,提供生成多样的解决方案的机会,培养他们解决问题的能力。

一、走到户外——发现问题

户外自然探索是指带着幼儿到户外自然界中,教师引领儿童投入具有探索性的自然环境,让幼儿积极地亲近自然,鼓励儿童在大自然中利用观察、探索和实验等方式,与大自然亲密接触、彼此相融。

在户外自然探索中，中班幼儿是善于发现问题的。在幼儿园“亭子间”户外活动时，他们发现围墙上有很多白色的细管子，产生了一系列的问题：这是什么管子？里面有电吗？小朋友碰到会发生危险吗……其中，他们最担心的问题就是墙上白色的管子里面是电线，如何安全地在这里游戏？在解决这个问题时，他们看到了之前“施工”留下的木棒和绳子，于是，造“栅栏”警示的想法在他们脑中浮现，“栅栏施工队”成立了。

在幼儿眼里，自己做的栅栏一定是最好的。但教师的心里很清楚，他们制作的栅栏不会一次成功的。是直接告诉他们正确的做法，还是让他们亲历失败，重新来？教师毅然选择了后者，一定要让幼儿动手去实践，让他们在一次次反复调整中“折腾”自己，这样的经历能带给孩子更多的学习和思考。

幼儿提出要在白色管子周围建栅栏后，又提出了“用什么做栅栏?”“怎么做?”等问题。针对他们提出的问题，教师组织开展了一次谈话活动：“做栅栏，怎么做?”

师：你们发现了围墙上有很多白色的管子，猜测里面是电线，提出了想做栅栏，提醒小朋友们注意安全，非常好！说说你们的想法？

同同：我们几个“士兵”(游戏中扮演的角色)一起做栅栏，保护小朋友！

皮球：地上有很多木棍，可以用它们来做栅栏。

同同：把木棍立起来，然后用绳子把它连上，就可以做栅栏了。

浩浩：要先挖洞，把木棍放在里面，然后才能立起来。

涵涵：木棍要有一点距离，不能挨在一起。

师：“士兵”一起来做栅栏，提醒小朋友注意这里有很多管道，避免危险，你们很有爱心！你们想到了制作栅栏的方法吗？一起商议把它画出来吧！

同同：我们一起商量，第一步要挖洞把木棍立起来，第二步要放绳子，第三步要把绳子连起来。(见图 2、图 3)

涵涵：我们要把木棍用土埋起来，这样它就不倒了。

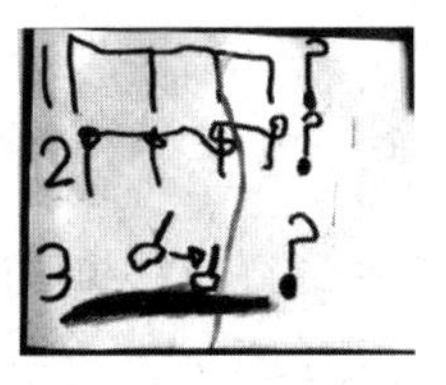

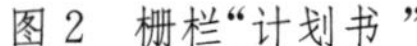

图 2　栅栏“计划书”

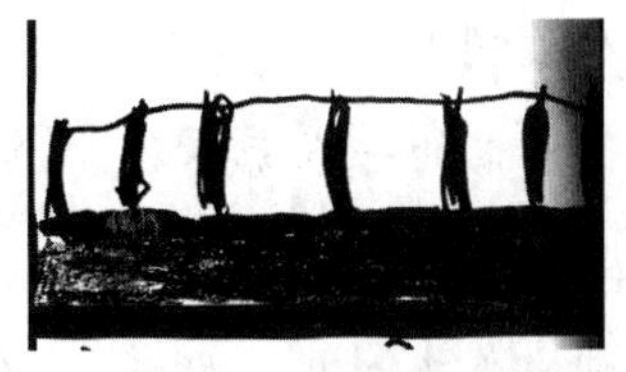

图 3　栅栏“计划书”

卢梭说过：“儿童是有他自己的看法、想法和感情的，如果我们用自己的看法、想法和感情去替代他的看法、想法和情感，那简直是最愚蠢的事。”在幼儿提出建栅栏后，教师对他们的想法给予积极的肯定和支持，给予他们更多的理解和尊重，让他们“自由”地进行活动。

二、自主探究，遭遇“三次失败”，分析原因+改造，提高解决问题的能力

幼儿带着“计划书”和工具来到“亭子”区，开始建造栅栏，他们先后经历了三次倒塌事件……

(一)第一次倒塌——提出自行结伴与分组

同同拿个铲子，对“士兵”说：“在白色的管子外面做栅栏，把这里拦住。”他边说边开始用小铲挖洞，然后把木棍立起来放到洞里，一只手扶住木棍，一只手用小铲往洞里面放土。他一松手，木棍倒下了。“你能帮我一下吗?”同同对浩浩说。浩浩答应了并帮他把木棍立起来，扶住。“你去拿点土吧。”同同对浩浩说。浩浩答应，拿起小桶，挖土放在里面，然后把土倒在棍子下面。“立起来了!”涵涵和皮球也把木棍立起来了。哎呀！两根木棍倒下了。安安走路碰到了木棍。“我是不小心轻轻地碰了一下，它就倒下了。”安安说。“那个也要倒了!”她用手指着涵涵立起来的歪歪的木棍说。涵涵用手

扶了一下，木棍倒了。

安安：你们搭的一点都不稳。

师：木棍立住有难度，想想怎么让木棍不倒？怎样立得稳？相信你们有办法。

同同：我们要两个人一起做，一个人挖洞，一个人扶住。

涵涵：洞要深一点。

皮球：要多一点的土压住。

同同：可以用大石头压住。

师：你们找到了木棍倒塌的原因，想到了对策，几个人一起做一定行！

同同：我和浩浩一组。

涵涵：我和小皮球一组。

于是，两两结伴挖土，埋土，用石头压住……木棍一个个都立起来了。

活动结束的时候，教师组织进行分享交流。

同同：我开始一个人造栅栏总是倒，后来我们两个人、三个人一起做，挖洞要深一点，还用大石头压住，这样栅栏就不倒了。

涵涵：我们需要更多的土，谁愿意给我们一些土？

……

师：真是有爱的"栅栏施工"小组！你们动脑筋、想办法解决"倒塌问题"，你们相互帮助，一起努力坚持把倒了的栅栏立起来，真厉害！

在活动中，"士兵"们都体验到了木棍倒下，又立起来。他们找到了倒塌的原因，在动手操作中，从一个人做到两三个人合作；挖洞从浅到深，木棍下加土和石子压住等，按照自己的方法去尝试、改变，解决问题。

（二）第二次倒塌——派生任务的分解

第二天户外活动中，"栅栏施工队"的"士兵"队伍壮大了，安安、芸芸也加入其中，他们继续两三个人一组进行"施工"。经过一个夜晚，木棍有的摇摇欲坠。“先把木棍加固好，再把绳子放到棍子上。”同同说。“把绳子在棍子上绕一圈。”他继续说。“士兵”们有的往木棍底下加土，有的把石头压在木棍的底部，很快木棍都直立起来。同同拿起绳子大声说：“‘士兵’大家来帮忙呀！”几个“士兵”一起跑过来拿绳子，把绳子放在第一个木棍上面绕了一圈，很快栅栏一个个连上了。突然，浩浩用力拽了一下绳子，木棍像多米诺骨牌一样，顷刻间都倒下了，栅栏又“倒塌了”！“绳子要松一点，不能用力。”同同大声说。“又发现新的问题了，这次是怎么倒的？找到原因了吗？建议你们先集合，大家一起想想有什么好办法解决。”教师提议。“士兵们集合！”同同大声说，“绳子放的时候要松一点，绕一圈。”“木棍下面的洞要再挖深一点。”涵涵说。“我们要分成三个组，一个挖洞组，一个运土组，一个安装组。”同同说。“我是‘挖洞组’的组长。”浩浩说。“我是‘运土组’的组长。”芸芸说。“我是‘安装组’的组长。”涵涵说。“好！我是队长，你们都要听我的指挥！现在，我命令开始工作。”同同说。“是！”几个“士兵”答应着。“挖洞组”开始挖洞；“运土组”忙着挖土，运土，运石子；“安装组”把木棍插入挖好的洞里，然后用土埋住，上面放一些石子。木棍一个个又立起来了！“绳子有点重，请老师帮忙一起放。大家一起来把绳子放上去。”同同说。于是，老师、“施工队”的人一起把绳子放到了棍子的上面，在“组长”的指挥下，栅栏真的做好了！

维果斯基认为：“儿童认知发展是与同伴合作的结果，也只有在与同伴互动、解决争议且向着合作目的的情况下才能成为可能。”“栅栏施工”的第二次“倒塌事件”唤起了幼儿的主体意识和合作意识，“士兵”们在“队长”的“领导”下，分成三个小组，把“任务”进行了分解，各自承担了不同的“工作”，合作完成了栅栏施工的任务。

“栅栏施工队”的幼儿经历了“两次失败”，他们没有慌张，采用了第一次倒塌中获得的问题解决方案，在此基础上，他们提出了在组内分成三个小组，萌生出“任务分解”的想法，兴趣相同的同伴之间合作更加密切。在活动中，他们开动脑筋去解决问题，获得了有益经验。

（三）第三次倒塌——促进同伴交往，解决“麻烦”问题

一夜风雨，幼儿搭好的栅栏又有几个木棍倒掉了，绳子上也粘上了泥土。“把倒掉的木棍立起来，洞要深一点，再多运点土，大家一起来帮忙！”同同一边说一边指挥挖洞组、运土组、安装组的“士兵们”。“把绳子提起来，绕一圈。”同同说。“绳子上有泥，太脏了！我不拿。”浩浩说，“把泥用纸擦掉，再请小兔装饰队来帮忙。”他边说边去请“小兔”们，“我们把绳子涂上颜色吧！”小桃子边说边带着“小兔”装饰队的人来帮忙了！“先擦掉泥土。”同同边说边做。“小兔”们用笔蘸着颜料装饰绳子，“士兵”们也都拿起笔蘸颜料装饰绳子，很快绳子“亮”起来了，栅栏真的建起来了。

由于恶劣天气导致幼儿搭好的栅栏出现了问题，不仅有的木棍倒了，绳子上也沾满了泥，很脏。他们根据第二次倒塌中的方案，三个小组分工、合作，很快把倒了的栅栏修好了。可是，绳子脏了，怎么办？他们想到了跨组请“小兔装饰队”来帮忙，这个想法很快就得到了“小兔”们的积极响应，他们一起来帮助“栅栏施工队”。活动场地顷刻间热闹起来，“士兵”们也学着“小兔”的样子装饰绳子，大家一起动手，有说有笑，在解决了“麻烦问题”的同时增进了情谊，获得了快乐。

三、利用“有效失败”促进问题解决能力发展的思考

以上案例中，幼儿在设计、制作、安装栅栏的过程中，一次次亲历“失败”，又重新再来，他们有沮丧，有失落，但不气馁，在一次次的“失败”中，他们获得经验教训，从而获得了更多的可能性。作为教师，首先要利用“有效

失败”理论，追求真正的有效成功；其次要明确培养的目的不只是解决问题，而是透过问题的解决让幼儿切实感受和体验问题中的道理、规则、规律等，形成“解决问题的习惯”，这种特质将会帮助幼儿积极面对未来学习和生活中的更多困难和挑战，会使他们受益终生。

（一）利用有效失败，引导幼儿发现问题、提出问题

马丁·塞利格曼在《乐观儿童》中写道：“孩子要想成功，必须学会接受失败，感觉痛苦，然后不断努力直至成功来临。每一个过程都不能回避，失败和痛苦感是构成最终成功和喜悦的最基本元素。正如中国人所言：失败乃成功之母。”“栅栏施工队”的三次倒塌事件中，教师没有提供任何认知性的指导与支持，而是通过启发性的提问、追问、支持，鼓励幼儿找到“失败”的原因，发现问题，提出问题，并引导幼儿利用先前知识和经验生成了多种解决方案。这些方案或许不是最优的，但是，他们努力了，具有隐形的学习效果，将有助于幼儿的长期学习。从表1可以看到：幼儿在每一次“失败”后都有新的问题出现，在教师积极的支持、推动下，幼儿主动探究—尝试失败—发现问题、提出问题—解决问题—再次尝试—最终获得成功。

表1 “栅栏施工队”的“三次失败”提出问题

发生的情境	“失败”的因由	提出问题
第一次倒塌（问题生成与探索阶段）	一个人“工作” 挖洞浅、土少 小组成员游离在外	木棍怎样立起来？ 木棍怎样不倒？
第二次倒塌（主动实践与改变阶段）	洞浅、土少 绳子过紧 缺乏“领队”	木棍怎么歪了？ 立起来的木棍怎么又倒了？ 绳子怎么放在木棍上？
第三次倒塌（跨组合作和整合阶段）	活动出现意外（风雨袭击） 遇到新问题（绳子脏了）	风雨后木棍倒了怎么办？ 绳子脏了怎么办？

(二)创设“问题”情境，等待幼儿反复探索，在探索中创新

大自然和社会生活蕴藏着天然的、丰富的学习契机和乐趣，是任何精心设计的人工环境所不可比的。在幼儿园一日生活中，幼儿与环境、同伴、材料等互动过程中会产生多种多样的“真问题”，教师要充分尊重和信任幼儿，给予他们主动解决问题的机会和权力，给予他们“自由”的时间和空间，让他们有机会尝试各种“失败”，解决生活中的“真”问题，形成“解决问题的习惯”。

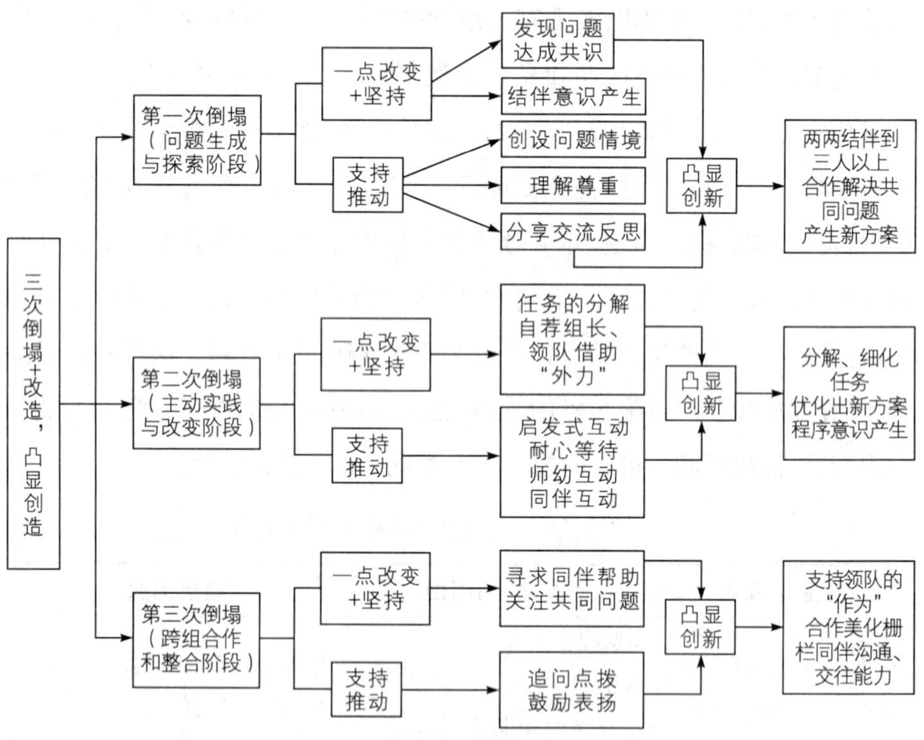

图4 “栅栏施工队”三次倒塌十改造，凸显创新

“有效失败”理论的关键是延迟教师对目标、内容系统的讲授，给予幼儿独立思考与探索的时间与空间，激发幼儿的先验知识，有助于后续的系统学习。当发现幼儿遇到问题时，教师要学会等待，扮演观察者和倾听者的角

色，不去打扰幼儿自主探究和不断尝试错误，放手让他们独立去做，让他们有权选择做什么和怎么做。相信幼儿能通过结果反馈和同伴间的交流互动、师幼互动，不断调整自己的认识及操作方式。在幼儿寻求帮助时，以适宜的方式给予适当的引导和支持，使幼儿有更多的时间按自己的方式和速度去探索、寻找答案，最终使问题得到解决。

“栅栏施工队”的倒塌事件中，一次倒塌（失败）＋一点改造和努力，就是幼儿的创造。幼儿有着巨大的学习能力和问题解决能力，他们以独特的方式建构着对客观事物的理解。“有效失败”不仅促进了幼儿解决问题能力的发展，更能帮助幼儿在解决问题的过程中形成对周围世界主动探究的兴趣和持续不断探索的学习品质。

第三编 PART 3

写作中的创新尝试

有效的写作学习通常有三大路径:(1)在交际语境下的任务写作;(2)文学类的创意写作;(3)随笔散文写作。就写作课堂教学而言,最为重要的是任务写作,其次是创意写作。至于随笔散文写作,由于主要是触发的,一般难以在课堂上教,只适于作为写作教学的辅助。

——王荣生.写作课堂教学:现状与出路[J].中学语文教学参考,2019(Z1):18.

11. 初中语文议论文教学的“入格”“出格”与“破格”

——从《为人民服务》一文的教学实践说起

上海市川沙中学南校　王　珍

统编版初中语文六年级教材入选了《为人民服务》一文。对于预备年级的学生来说，梳理这篇文章的论证思路有诸多困难。因此，如何上好低年级议论文，需要教师针对《义务教育语文课程标准(2022 年版)》动脑筋，想办法，摸索出切实可行的方法与路径来。

《义务教育语文课程标准(2022 年版)》在“核心素养内涵”这一部分的要求中涉及语言运用和思维能力，其中“思维能力主要包括直觉思维、形象思维、逻辑思维、辩证思维和创造思维……”。在“思辨性阅读与表达”中涉及如下要求：“在语文实践活动中，通过阅读、比较、推断、质疑、讨论等方式，梳理观点、事实与材料及其关系……”而议论文的学习就是绝佳的锻炼逻辑思维能力的途径。

那么，如何在低年级议论文教学中训练学生的逻辑思维能力，又如何在向名师学习的基础上，结合自身特点与学情，摸索出一条适合的方法与路径？这需要经历“入格”“出格”与“破格”的过程。

一、偶像来了

2022 年下半年疫情比较严重的时候，学校克服诸多困难，请到上海市教研室语文教研员曹刚老师来我校上一节示范课。很多年前，曹刚老师就是我的偶像了。怀着对偶像的敬慕，我不仅仔细观摩了曹刚老师诸多公开课的教学录像(包括教学实录)，而且详细了解了曹老师是如何从一名普通的语文教师成长为市级教研员的励志过程。更巧的是，曹老师要借班上课的班级正是我任教的六(5)班，我认真听了这节近距离接触偶像的课。

《为人民服务》是毛泽东同志的一篇著名演讲，思路清晰，逻辑性强。曹老师首先通过两个具有逻辑推理的语言运用小游戏引入本节课的学习，抓住“为人民服务”这个核心，通过“因为……所以……”“只要……就……”的句式，借助一组组关联词及具象化的结构图帮助学生搭建思维支架，引导学生梳理句与句、段与段之间的关系，教会学生在读读写写中掌握议论文阅读的路径与方法。

这是一堂深入浅出、操作性很强的语文示范课，我当时就觉得可以直接模仿。特别是从生活中常见的例子引出主题，在练习中理清文章思路，充分放手让学生去写、去说，学生人人动手、人人动脑，参与度极高，构建了“以学生为主体”的课堂。

《为人民服务》的文体是议论文，特别需要明确文章的论证思路，这恰恰是个难点，但被我的偶像巧妙解决了。曹老师通过关联词引导学生推导逻辑关系，抓住句子之间的因果关系，一步一步呈现整个推理的过程，培养学生的逻辑思维能力，这就是议论文的教学策略。正如曹老师所说，语言是思维的外壳，思维是语言的内核，只有将其合二为一，融会贯通，才能真正提升学生的核心素养。听完这节课，我赞不绝口，意犹未尽，同时也树立了上好低年级议论文的信心。

二、入格——模仿失败

所谓“入格”，这里说的“格”是指课程标准、教学规定和要求。教学上有特色的名师，就是“格”的具体形象的化身，或称为“形象代言人”。我觉得，曹刚老师就是语文学科的“形象代言人”。实现“入格”最便捷的方法和途径就是模仿，对曹老师的教学语言、表情、教态和板书等进行反复的观摩和学习。我甚至对照曹老师的录像课，把每一句话都记下、背熟，细细品味，认真揣摩，想上一节“一模一样”的课。然而，没想到的是，这节课上下来，问题频出，是模仿“失败”的一节课。

（一）三大失误

失误一：盲目照搬，风波迭起

我按照曹刚老师上课的模式开始教学，甚至连导入都一字未改：“同学们，今天我们一起来学习《为人民服务》这篇文章，你发现这篇文章和别的学习过的文章有什么不同吗?”学生一开始兴趣很高：“这篇文章没有叙述事件，没有人物，不像是一篇记叙文。”有个孩子站起来，发言很有条理：“我仔细阅读了这篇文章，也认真思考了，得出了结论：我认为这篇文章是一篇讲道理的文章。”“很好!”我迫不及待地夸奖他，并让他坐下：“这是一篇议论文，议论文最重要的是要明确论证思路，那我们今天一起来看看这篇文章的论证思路是什么。”到这时为止这个课堂的呈现和曹刚老师的课堂一模一样，我心中窃喜。

接下来，我出示了 PPT(图 1)，这个 PPT 的内容也是模仿曹刚老师的。学生回答很迅速，也很准确(图 2)。

因为六6班的学生都是少先队员， 又因为小明是六6班的学生， 所以__________________。

图1

因为六6班的学生都是少先队员， 又因为小明是六6班的学生， 所以小明是少先队员。

图2

看到课堂教学一开始的进展如此顺利，我接下来照曹刚老师上这节课的样子，带着学生们齐读课文第一段，并照样子写一写(出示图3)。然而问题来了，学生并不能一下子理解这个句式的意思，没有想象中那样顺利回答，我只好给五分钟的思考时间。在教室里巡视一圈，却吃惊地发现学生的答案出现了各种各样的问题，写出的句子要么逻辑不通，要么结论不正确。这个课堂和名师课堂不一样了啊！一时间我不知该如何是好，只好降低难度，又出示了一张图片(图4)。这张图片自然是上课前并没有准备的，我临时想好了在黑板上写出来，目的是把结论先告诉他们，这样学生倒推前提应该是可以做得到的。

因为__________________， 又因为__________________， 所以__________________。

图3

因为__________________， 又因为__________________， 所以张思德同志是为人民服务的。

图4

反应快的同学倒着去推理，马上就得出了结论。但其实学生的推理呈现只能说是大致意思对(如图5)，语言的表述并不规范。我只好再花时间规范语言，比如提示孩子们“为人民的利益工作”等同于“为人民服务”，“我们这个队伍”等同于“革命队伍”。通过不断地引导与反复地纠正，最终得出了如下结论(如图6)：

因为我们革命队伍是彻底为人民的利益工作的， 又因为张思德同志是我们这个队伍中的一员， 所以张思德同志是为人民服务的。

图 5

因为我们的革命队伍是为人民服务的， 又因为张思德同志是革命队伍中的一员， 所以张思德同志是为人民服务的。

图 6

这仅仅是课文第一段的推进，就出现了两大问题：一是推理不成功；二是语言表述不规范。然而，令我始料未及的是，这节课的风波还不止于此。

失误二：迷信权威，学生推翻

在我心目中，曹刚老师自然是语文教学的“权威”，我特别关注了他在讲课文第三段时出示的一个分析句与句之间关系的图片，我试图把这张图“硬塞”在我的课堂中：

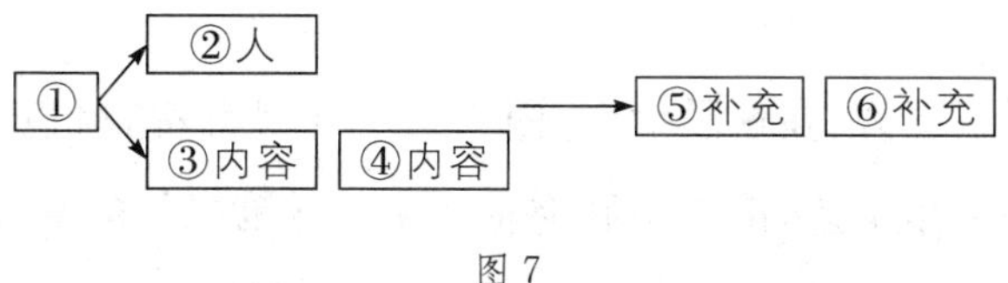

图 7

这个图片表示本文第三段第二句话和第三句话从两个方面阐述第一句话，一个是从“人”的方面，一个是从“内容”的方面，而第四和第五句话是对前面内容的补充证明。于是我在讲课文第三段句与句之间关系的时候，自然绝对按照权威的说法来。

《为人民服务》第三段原话是这样的：

①因为我们是为人民服务的，所以，我们如果有缺点，就不怕别人批评指出。②不管是什么人，谁向我们指出都行。③只要你说得对，我们就改正。④你说的办法对人民有好处，我们就照你的办。⑤“精兵简政”这一条意见，就是党外人士李鼎铭先生提出来的；他提得好，对人民有好处，我们就

采用了。⑥只要我们为人民的利益坚持好的，为人民的利益改正错的，我们这个队伍一定会兴旺起来。

我让孩子们标出句子的序号来，共六句话。我按照曹老师的“图示法”，在黑板上画出图形来，要求学生填出内容，并加以说明。结果，孩子们的答案五花八门。无奈之下，我直接把曹刚老师的框架和内容展示出来，算是方寸大乱之后的“填鸭”。但尚抱一丝希望，请一个学生谈谈对此图的理解。结果这个男生没直接回答我问题，而是语出惊人：“老师，我认为你画的层次关系没那么清楚，我这么画会更清楚。”在同学们诧异的目光中，这个孩子自告奋勇到黑板上重新画了一幅图(图 8)：

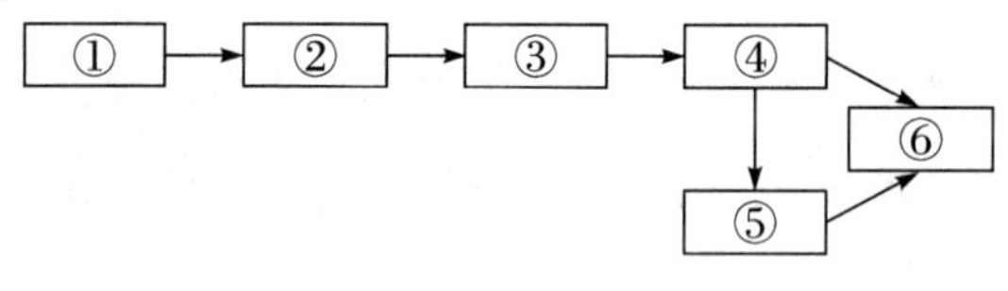

图 8

这个孩子解释说，在这段话中，因为第一句是前提，所以第二句是在第一句基础上进一步论述，第三句的论述又建立在第二句的基础上，第四句建立在前三句的基础上，第五句是个例子，为了证明第四句，所以第六句才是本段的结论。学生的表述清晰且有条理，我当时就决定，“扔掉”刚刚那幅图，“扔掉”那些固化的东西，把精力转到文本本身来。于是和学生一起分析句子，并在分析的基础上一起得出结论。全班再次齐读第三段，我请学生说说每句话讲了什么内容，它们之间的联系是什么。课堂气氛显然热烈起来，大家七嘴八舌，互相纠正与完善，最后得出如下结论：

这六句话依次论述以下内容：①不怕别人批评指出缺点；②接受任何人批评指出；③接受任何人正确的批评；④接受正确批评的前提是对人民有好处；⑤举例证明接受任何人正确的批评，且这个批评对人民有好处；⑥得出结论，为人民利益坚持好的，改正错的。所以六句话都以为人民服务为前

提。因此,我们可以用“因为……所以……”“只要……就……”的句式表达(图 9):

> **因为**我们是为人民服务的,
> **所以**我们如果有缺点,就不怕别人批评指出,
> **只要**我们为人民利益坚持好的,为人民利益改正错的,
> 我们这个队伍**就**一定会兴旺起来。

图 9

在这个基础上,让学生把重点放在句子之间的逻辑关系上,群策群力,针对前面的图形做了进一步修改完善,最终得出的结构图(图 10)如下:

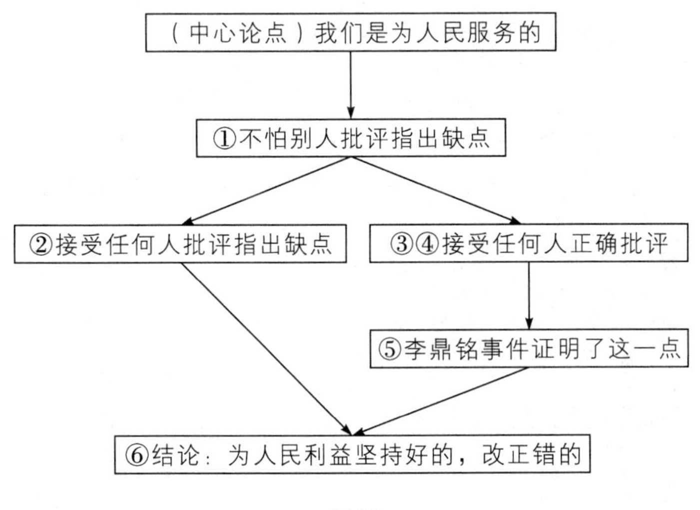

图 10

对于最后呈现在黑板上的这张结构图,显然大家都很满意。看着这张图,我感慨万千:学生永远是课堂的主人,学生的思维永远是鲜活的。

失误三:模式固化,再出问题

曹刚老师在上示范课时,整节课针对前四段课文,每一段都进行了逻辑推理的再整理,目的在于训练学生的逻辑推理能力。我也采用这一模式,每

一段都用逻辑推理。鉴于失败连连，我一直在担心的问题是这个推理得出的结论是否就是每一段的分论点呢？名师课堂显然并没有讲解这个问题，但我觉得这是无法回避的。一直用逻辑推理，势必会让学生对这一问题产生理解误区。但我还是依照名师课堂的思路，带着学生进行了文本四段的推理：

第一段推理过程(图 11)：

因为我们的革命队伍是为人民服务的，

又因为张思德同志是革命队伍中的一员，

所以张思德同志是为人民服务的。

图 11

第二段推理过程(图 12)：

因为死的意义有不同，或重于泰山，或轻于鸿毛。

又因为为人民利益而死重于泰山，替法西斯卖命而死轻于鸿毛。

还因为张思德是为人民利益而死的，

所以张思德同志的死重于秦山。

图 12

第三段推理过程(图 13)：

因为我们是为人民服务的，

所以我们如果有缺点，就不怕别人批评指出，

只要我们为人民利益坚持好的，为人民利益改正错的，

我们这个队伍就一定会兴旺起来。

图 13

第四段推理过程(图 14):

因为我们是为人民服务的, 所以我们的同志在困难的时候要看到成绩,要看到光明,要提高我们的勇气,要努力奋斗, 只有我们努力奋斗,才能领导人民取得全民族解放。 我们这个队伍就一定会兴旺起来。

图 14

前四段推理过程综合(图 15):

因为我们是为人民服务的, 我们首先应该为人民利益坚持好的,为人民利益改正错的, 其次应该努力奋斗, 力争取得全民族解放。

图 15

四段推理过程呈现之后,需要让学生找到中心论点和分论点。这个推理过程清晰地呈现了中心论点:我们要为人民服务。但学生想当然地把每一段推论的结论当作分论点。这就出现了偏差。例如,课文第一段的结论是"张思德同志是为人民服务的",但本篇悼词的第一段重在告诉我们"为人民服务是共产党队伍的宗旨",这句话才是第一段的分论点。名师课堂并没有关注这一点,但教材课后练习中出到了这样的题目,所以一定要帮学生弄清楚。

呈现推论过程后,我特意花时间讲清楚段落分论点和结论之间的关系:结论不一定等于分论点,分论点也不一定是结论,要具体情况具体分析。分论点一定是统领全段的句子,而结论是通过逻辑推理之后得出的一个总结。两者并不矛盾,可能重叠,也可能是不同的侧重点。这样解释下来,学生就完全明白了,理解了文本内容,后面再总结每一段的分论点也得心应手了。

所以这节课的后半部分,我已经抛开了原来的模仿名师课堂的思路,开始解决针对性的问题。当然,这篇课文并未一节课完成,还留了一些“尾巴”,需要再花一节课来“扫尾”。

(二)失之东隅,收之桑榆

虽然这节课上得“磕磕绊绊”,但我以为这便是真实的、有价值的教学经历。模仿失败,反而让我有了诸多的收获,促使我去思考什么样的课堂才是我应该去追求的。

1. 失败在于固化思维,而“入格”是一种教学理念的前后贯穿

我照搬专家的课,为什么不成功呢?究其原因,在于我急于求成,没有在推论之前做好引导。特别是在带领学生读课文之后要充分了解学生读懂了什么内容,一段话中有几句话,弄清楚每句话之间是什么关系。所以说,课堂是千变万化的,学生是鲜活的,课堂永远没有固定的模式。

“入格”是一种模仿,但并非盲目照搬。我所犯的错误之一便是盲目照搬,名师课堂的模仿并不是简单地照搬照抄,而是贯穿教学理念,用适合的教学设计与活动实践。如《为人民服务》这一课,便是要贯穿训练学生逻辑思维能力的教学理念,围绕这个教学理念,可以采取设计推理表格、分析句意联系、构建结构图等多种形式,提升学生分析、推理、综合及表达能力。语言和思维是一个事物的两面,它们缺一不可。特级教师李镇西曾谈过这样一件事:“……我迷上了魏书生……我在语文教学的每一个环节上,都尽可能‘逼真’地向他看齐,‘课堂教学六步法’,画‘知识树’,控制‘三闲’……我并没有取得魏书生老师那样辉煌的成绩……从某种意义上说,任何教师的教育都是不可重复的,因为教育的魅力在于个性。”可见学习名师,不能仅限于模仿,关键在内化,使自己创新、成长。

2. 失败在于“设套”，而“入格”是一种预设生成的艺术呈现

向权威学习是正确的，可以提高认识，可以开阔思路，但是切忌迷信权威，适合学生的方法才是最好的方法。课堂中最重要的是解决预设与生成的问题。假如还没上课，就已经给自己的课堂设一个“套子”，那么，最终我们都会变成可悲的“套中人”。

“入格”是将预想的设计方式、名师的课堂呈现作为一种实现的预设，而这些预设会在有血有肉的课堂上，通过学生的思维碰撞、思想的激活，生发出不同的“生成”。这些“生成”可能在“预设”的范围之内，可能偏离了“预设”的范围，更有可能和“预设”毫无关联。但唯有这样的课堂，才是鲜活的课堂，有生机、有价值的课堂。

3. 失败在于“失我”，而“入格”是一种自我特色的不断磨炼

作为教师，最可怕的是失去自我。每一位教师的课堂一定都体现了自己的思想。“入格”的前提是向名师学习。在学习名师的同时，一定要葆有自己的教学特色。我们的教育对象是有血有肉的，思想各异的，因此，课堂才充满了不确定性。如何将充满不确定性的课堂上出新意来，上出特色来，自然要烙上教师个人深深的“印痕”。这种印痕其实就是自我特色的形成与磨炼的结果，教师永远不要失去自我。

三、出格——丢掉“套子”

所谓“出格”，就是教师能够结合自己的个性特长，以某种优势为突破口“定向发展”，使课堂教学进入一个个性化阶段。这时，教师的课堂教学从内容理解到教学方式和方法，都在向名师学习的基础上有所突破，有自己的风格在内，“破格”意味着源于他人又异于他人。所以，向名师学习的目的还在于通过学习、观摩一节课后融会贯通。

百花齐放，皆有特色，并非一枝花可以代表春天。教无定法，每一种适合学生、适合自己的教学方法都是好的教学方法。鉴于《为人民服务》一课我在课堂教学中出现的失误，经过反思与经验总结，我又上了六年级下册议论文《真理诞生于一百个问号之后》这一课，希望能够锻炼学生的逻辑推理能力，让学生较好地掌握议论文的学习方法；希望能够借鉴名师上课的方法，但更希望借助“名师的肩膀”站得更高，看得更远。这一次，我希望丢掉“套子”，不设禁锢。

（一）“出格”需结合学情

1. 结合学情采用逻辑推理培养能力

《真理诞生于一百个问号之后》作为一篇议论文，采取结构图的方法，训练学生的逻辑思维能力。重点在于训练以下能力：

推理能力。需要敏锐的观察力与推理能力，特别是能够选择恰当的关联词，归纳总结句子与句子、段落与段落之间的逻辑关系。

想象能力。在阅读文本的基础上，紧扣文本内容，敏锐感受文本传递的信息，全面地认识事物的内部与外部之间、某事物同他事物之间的多种多样的联系，拓展想象力。

语言能力。逻辑推理依赖于严谨的语言表达和正确的书面表达。在“写写练练”的过程中，培养学生的语言表达能力，语言培养对学生逻辑推理能力的形成是不可或缺的一环。

图示能力。图形中包含了许多隐藏的已知条件和大量的推理素材及信息，因此，能够用图标、图像、表格来表示事物与事物之间的联系十分重要。

2. 结合学情运用结构图示归纳观点

无论是记叙文还是议论文，语文的学习都需要逻辑知识作为支撑。培养学生逻辑思维的前提是我们自己要有比较强的逻辑思维，并且将这样的知识转化为一种思维的工具去解读文本，养成逻辑思考的方法，如此才能“授之以渔”。在教学的过程中应根据教学的内容考虑适切的教学手段。可以通过课堂练习搭建思维的“支架”，结合学生已有的生活经验和学习经验，让学生在做中学，反复练，由此及彼，举一反三，才能实现最终的质变。也可以通过“图示法”，用结构图或思维导图的形式将课堂知识可视化，化抽象为形象，提升学生的逻辑抽象能力。

《真理诞生于一百个问号之后》一文，用结构图可以让学生清晰地把握段与段之间的关系，了解观点和论据之间的关系。因此，这节课我主要采用结构图法，带着学生一起梳理论证思路(图 16)：

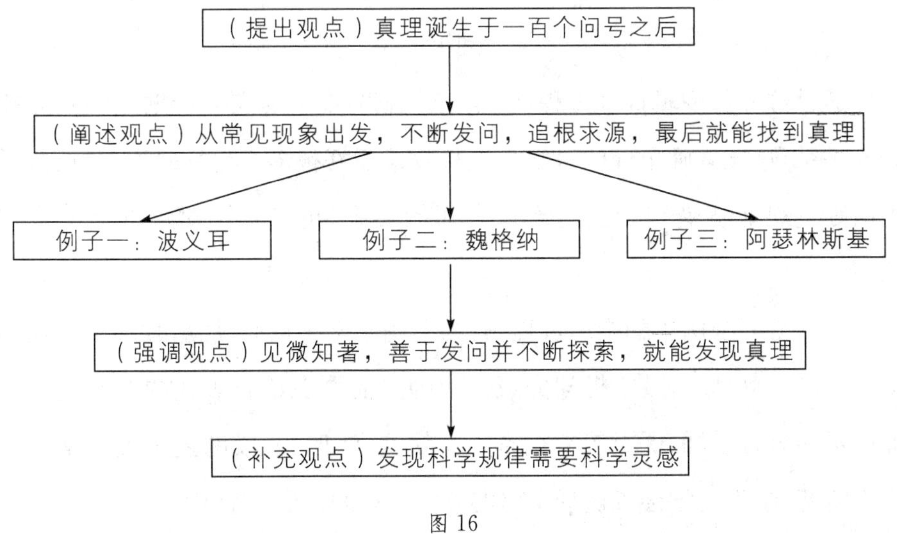

图 16

从提出观点、阐述观点、印证观点，到强调观点，再到补充观点，十分清晰。段与段之间清晰的逻辑关系，通过一张结构图很容易看出来。

3. 结合学情运用逻辑推理读懂文本

已经学习过《为人民服务》一文，学生对议论文有了初步的感受，也对推理过程初步练过手。所以这篇课文学生运用起来会得心应手，但还是需要教师提供框架。比如关联词还是需要教师提出。

如用一个关联词可以把前三段勾连起来，用“因为……又因为……还因为……还因为……所以……”这样的关联词也可以进行前三段的推理(图 17)。

因为在科学领域有所建树的人，都善于从细微的、司空见惯的现象中发现问题， 又因为这样的人会不断发问，不断解决疑问，追根求源，最后把“?”拉直变成“!”，找到真理， 还因为波义耳发现了紫罗兰中有一种物质遇到盐酸会变红这一奇怪的现象， 还因为他提出了一连串的问题，进行试验，最终制作成了石蕊试纸， 所以波义耳的事例证实了真理诞生于一百个问号之后。

图 17

通过这样的逻辑推理过程，学生清晰地发现了观点与论据之间相互印证的关系，这比教师单纯的讲解与说教效果要好很多。这样的推理过程，学生清晰直观地感受到论点与论据之间的关系，也增加了对论据严密度的认识。

有了第一个例子的推理过程，后两个例子学生信心满满，教师不作任何提示，学生就可以将基本框架完成。教师只需要在语言表述的严谨度上稍加提示即可，这样的课上起来很省力。就这样，四、五段的逻辑关系学生很快理清楚，学生也学会了梳理思路的方法，这就体现了“做中学”。

下面是学生写的两个推理过程(图 18、图 19)：

因为在科学领域有所建树的人，都善于从细微的、司空见惯的现象中发现问题， 又因为这样的人会不断发问，不断解决疑问，追根求源，最后把“?”拉直变成“!”，找到真理， 还因为魏格纳发现了南美洲东海岸的凸出部分与非洲西海岸的凹陷部分互相吻合这一奇怪的现象，

还因为他认真研究这个现象，搜集证据，最终出版了《海陆的起源》一书，在地质学界产生重大影响，
所以魏格纳的事例也证实了真理诞生于一百个问号之后。

图 18

因为在科学领域有所建树的人，都善于从细微的、司空见惯的现象中发现问题，
又因为这样的人会不断发问，不断解决疑问，追根求源，最后把“?”拉直变成“!”，找到真理，
还因为阿瑟林斯基发现人睡觉眼珠转动这一奇怪的现象，
还因为他提出了一连串的问题，并进行试验，最终得出重要结论，成为心理学家研究做梦的重要依据，
所以阿瑟林斯基的事例再次证实了真理诞生于一百个问号之后。

图 19

下图是针对全文的总的推理过程的综合(图 20)：

因为在科学领域有所建树的人，都善于从细微的、司空见惯的现象中发现问题，
又因为这样的人会不断发问，不断解决疑问，追根求源，最后把“?”拉直变成“!”，找到真理，
还因为波义耳制成石蕊试纸、魏格纳出版《海陆的起源》、阿瑟林斯基成为心理学家研究做梦的重要依据的三个例子证实了这一点，
所以，只要见微知著，善于发问，并不断探索，就有可能发现真理。
当然，补充一点，“偶然的机遇”只会给那些善于独立思考的人，给那些具有锲而不舍精神的人。
因此，真理诞生于一百个问号之后。

图 20

我最大的感受是提供了一个学习的抓手给学生，我把自己解放出来了，

而且学生学起来轻松、自信；同时，还提升了学生的语言表达能力和逻辑思维能力。原来上议论文又害怕又费力，教师讲得多、学会生听不懂的情况大有改观，预备年级的学生不再惧怕议论文，反而对议论文产生了浓厚的兴趣。

（二）“出格”需基于文本

1. 基于文本梳理思路

在新课标的背景下，语文教学仍应回到本源，回到文本细读上，要能够沉下心来一句一句地读，分析句子的含义，分析句与句之间的关系，吃透文本，深入研读。

2. 基于文本感受情感

要避免语文教学中的一些误区，如脱离文本喊口号，把语言给图像化，这些都与新课标下的语文核心素养的培养背道而驰。语言的审美就是真正要走进语言本身，明修辞，品音韵，理关系。语文学习就是要通过语言走进作者的内心，与作者的思想情感形成共鸣，从而提升文化自信。

3. 基于文本把握观点

通过关联词语理解整篇文章的结构之后，学生再阅读文章已经可以有一种宏观的眼界。但是，怎样把课文从“厚”读到“薄”，如果已经做到了，下一步还要从“薄”读到“厚”。例如第 7 段的补充论证中“偶然的机遇”，呼应上文中波义耳发现紫罗兰，德国气象学家魏格纳发现南美洲东海岸凸出部分与非洲西海岸凹陷部分惊人一致，阿瑟林斯基发现儿子睡觉时眼珠会转动，这三件事都是“偶然的机遇”，而他们三人正是文末提到的善于独立思考，并且有锲而不舍精神的人。这样学生就深切感受到议论文论证之严谨，文章前后呼应，互相印证，论证层层深入。

（三）“出格”需保持自我

1. 保持自由的风格

当然，在语文教学这个大的框架下，教师仍然要保持一种思维上的高度自由，允许学生有不同意见、不同思路，不能离开一个“框子”，再来建构一个“笼子”，不能把学生的思维像“紧箍咒”一样禁锢在里面。因此，我们的课堂允许学生改动甚至重组文章的段落，只要能够流畅地表达逻辑推理，得到他人认可即可。

2. 保持思维的活跃

语文课堂应该学生人人动手写和练，并非一人讲他人听，也并非教师牵着学生的鼻子走，而是有了抓手，人人可以试一试“攀岩”，能“攀”到什么高度都可以，学生体验过了，自然有成就感、获得感。

3. 保持语感的培养

在议论文学习的过程中，经历了将课文由“厚”变“薄”，又由“薄”变“厚”的过程，学生的语言和思维的双重能力自然得到训练。尤其是语言表述，学生的表达会更加细致严谨。论据能印证观点，观点能呼应例子，需要缜密的思维力。这个阅读和归纳推理的过程，就是训练学生思维能力的过程。

四、破格——以生为本

所谓“破格”，就是教师能够自由地驾驭课堂，展示自己的教学特色，课堂有浓厚的个人“痕迹”。有研究发现，一名教师能否快速、有效地“破格”，主要取决于实践磨炼与反思学习的程度。要以生为本，适合学生的、适合学情的教法就是好的教法。

如果说两篇议论文上下来，学生对议论文论证思路的梳理方法的掌握已经初见成效，那么在学会了一类文章的学习方法后，学生能够自己动手去完成同类文章的思路梳理，才算是真正的“学法”实践。经过甄别、筛选，在历年初三练习卷中选了一篇相对来说思路比较清晰的文章《腹有诗书气未必华》，让学生来讲，小试牛刀。

(一)课堂精彩纷呈

1. 搞定分论点

这节课，学生们推选了一个代表来向大家讲解这篇文章。杨同学原本就是我的语文课代表，落落大方。她带着大家先通读全文，接下来抛出了一个问题，带着大家一起总结每一段的分论点，这一点我甚为欣慰。看来孩子们已经摸清了教师上课的套路：不是一上来就搞结构图，结构图只是为了更清晰句子的逻辑关系和推理过程，但分论点却可以从宏观上把握文章的论证思路。

经过讨论、修正，再讨论，再修改，再加上我这个看似旁观者的引导，学生们信心十足，分论点总结如下(图 21)：

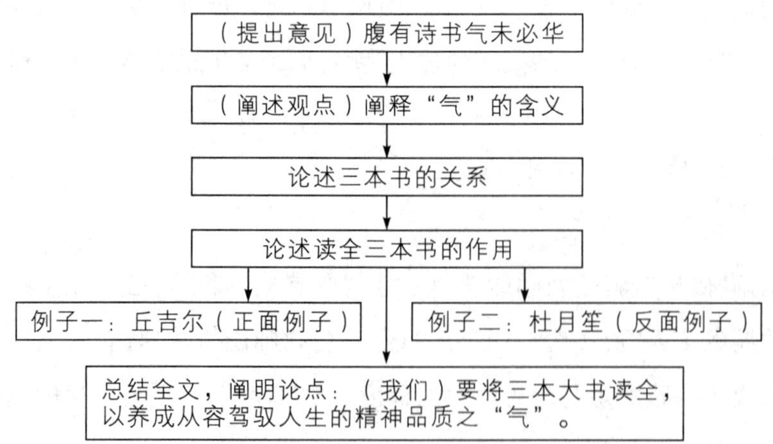

图 21

在完成分论点的过程中，还出现了一个有意思的现象，找出文章第三段的分论点竟然成为难点。这一次我没有急着在旁边引导或者提示他们，反而压抑住焦急的内心，摆出“看好戏”的姿态。

杨同学抛出“第三段的分论点是什么”这个问题时，顾同学性子急，不举手便站了起来：“我认为是在介绍三本书。”周围有同学附和，也有同学窃窃私语。杨同学显然自己心里也没底，她又叫了奚同学压阵。这个男生平时阅读面很广，思考缜密，是公认的学霸。他站起来，没直接说答案，只是提出困惑：“除了写作用，好像还有别的。比如‘在此基础上’和‘有赖于’这样的词，但我还没想好怎么概括。”大家都看向我，我故意装作没看到，声称自己只是一个小助手，把“介绍三本书”和“在此基础上”“有赖于”这些词在黑板上板书出来。

沉默了片刻，陈同学站了起来：“我记得王老师教过。”他特意看我一眼，我心里暗自得意。他接着说：“王老师教过我们，当我们对一段话总结束手无策的时候，那么我们可以看前后文，也许有承上启下的句子来提示我们。”话音刚落，教室里一下子喧闹起来。显然大家都被这句话提醒了，纷纷找句子，还有学生一边找一边大声读。

杨同学很镇定，来了一句：“那大家齐读这个承上启下的段落吧！”教室里读书声响起：“三本大书，缺一不可，才能让我们__________、__________、__________。古今中外，那些以足够多的智慧和高尚品德从容驾驭人生的人，无一不是将‘有字之书’‘无字之书’‘心灵之书’，综合考量。”但读完之后，问题还是来了，有些学生觉得这一段是写三本大书的作用，还有的学生觉得不仅仅是写三本大书的作用，还有别的，但也说不清楚。大家争得不可开交。他们在读文本的时候，“缺一不可”和“才能让我们”又被我写在黑板上。

这一次，我觉得教师作为引导者必须站出来了。我说：“同学们，你们会发现‘缺一不可’重在写三本书和彼此的关系，而‘才能让我们’显然重在作用。那么回到第三段，‘在此基础上’和‘依赖’表明的是作用还是关系啊？”有学生恍然大悟地“啊”了一声，大家都笑了，自然说出答案：论述三本大书的关系。

这个过程特别重要，一定要让学生把各条“路”走一遍，我们不要怕“撞南墙”，走不通了再回头，再来找到关键的、正确的一条“路”。而这条关键的“路”，教师是引路人。

2. 出示结构图

为了训练学生的逻辑思维能力，每一段推理过程的展示是必须的，这是孩子们摸清规律后比较感兴趣的一环。

针对第一段，有如下推理过程（图 22）：

因为苏东坡主张“腹有诗书气自华”，

又因为苏东坡一向被人们推崇，

所以人们认为他道出了读书在丰富知识之外，尚有演化气质的作用。

但是我的意见是腹有诗书气未必华。

图 22

在第一段的推理中，学生们习惯用“因为”“又因为”和“所以”。面对一篇驳论文，显然孩子们并不知道文本中“我”的观点该如何表达出来。所以，我又给了足够的讨论时间，大家觉得“但是”这个转折词足以表达了，得到了全班同学的认可。那么，接下来的推理过程很迅速，甚至可以分小组来，大大提高了课堂效率。

针对第二段，有如下推理过程（图 23）：

因为苏东坡所谓的“气”，不过是指书卷气，

所以书卷气是一种读书人特有的风格、气质，

但是我的意见是“气”更应该理解为一种能从容驾驭人生的精神品质，这种品质由知识、才干、品格熔铸而成。

图 23

针对第三段，有如下推理过程(图 24)：

因为读好“有字之书”丰富知识，

又因为读好无字之书，能增长其实际才干，消除掉些书生气，

还因为阅读“心灵之书”，能让灵魂与身体同步，

所以，人要读三本大书。

图 24

这一段就表现得特别明显，很典型的一个段落。如果只明白推理过程，还是掌握不了总结分论点的方法，因为推理过程和分论点是指向两个方向的。推理过程表明三本大书各有好处及作用，但目的却是要表达它们缺一不可、互相依赖的关系，这就是推理和分论点有时候不重合的原因。通过这一段，学生清晰了分论点是如何得出的，而推理过程又是如何体现的。

针对第四段、第五段、第六段，有如下推理过程(图 25)：

因为人要将三本大书读全，才能养成从容驾驭人生的精神品质之“气”，

又因为丘吉尔能将另外两本书与有字之书结合起来，从而拥有远逾常人的才干、品格和勇气，将陷于战争泥淖的文明世界拯救出来，

还因为杜月笙没有读全三本大书，导致他的人生格局仅仅限于做个流氓大亨。

图 25

3. 做题证效果

孩子们在讨论和不断完善中完成了结构图。当我告诉他们，这篇文章

是2021年浦东新区初三练习卷的议论文练习题目时，他们十分惊讶，但我看得出来，他们还有点小得意。我乘势推进："同学们，会总结分论点和会推理不足为奇，假若练习题目也做得好，那老师觉得你们算是真正掌握了议论文的规律，不仅知其然，还能够知其所以然。"于是，我把事先准备好的练习题目发给他们。给的答题时间充分，当然，事先也补充了举例论证的作用的答题方法。就这样，45份答卷收起来，我特意进行了总结(如表1)：

表1 《腹有诗书气未必华》阅读理解正误率分析

题号	正确率	失误点	备注
13	96%	两位同学写错第二空，未仔细读题，理解有偏差	错误的两个学生平时做题很急躁，没看清主语是谁
14	100%		这道题在做推理时，已经集体讨论过了
15	100%		这道题和课堂上最后讨论出的结构图大同小异
16	89%	回答举例论证时，需要先概括事例，部分同学概括要素不全	由于事先讲过论据类题目的答题规则，所以大部分同学能够结合文本内容，按照方法答题

这个结果当然是令人满意的。不过我也告诉学生们，可以为自己掌握了议论文逻辑推理的方法，具备了理解简单易论文的能力而自豪；但同时不要过于得意，更要清醒地认识到，议论文题目得到高分不一定证明你真的掌握了规律和方法，只能说是一个方面能力的提高，对于议论文的学习我们还在入门的阶段，保持信心，昂首前行即可。

(二)几点思考

1. 破格即探索

课堂是没有"框子"，也是没有"套子"的。课堂充满着探索的乐趣。由一篇文章要教会学生探索一类文章的学习方法。课堂是没有禁忌的，就是要让学生追问，多一些“为什么”，没有“不可以”。

2. 破格即自由

教师的课堂不自我设限和画地为牢，学生得到的自由就多，学生的语文想象力就能慢慢培养起来。课程标准、教学规定和要求在“格”内又不限于“格”，语文教师追求的“教学自由”与精神自由，是建立在“格”的前提与基础上，自由地“入格”，自由地“出格”，甚至可以“破格”，有一天可以“创格”的时候，那一定是名师们异常欣慰的时候，江山代有才人出，各领风骚数百年。

3. 破格即方向

提升思维能力，提升语文核心素养是方向，新课标一定是准线。照着这个方向，什么样的课型都是可以的。所以，教师要读好人生的三本大书，拥有强大的专业实力，拥有自由的精神，以新课标为方向，顺应时代呼唤，尝试课堂新模式，打造语文新气象。竹杖芒鞋轻胜马，谁怕？语文人不怕。

语文教师的生命意义是在课堂教学实践中得以体现的，因此新的时代，我们有新的思考：新的语文课程标准中的新精神，我们理解多少；新的语文课程标准将给语文教学带来怎样的变化……思考并前行，在失败中创新，永远是活力语文课堂的保证。

12.“苏格拉底圈”:英语写作中从失败到创新的桥梁

上海市罗山中学　崔诗研

当下的学生们为了满足应试要求,英语作文常常忽略内容的表达,缺乏独立观念,最终写成了套话连篇、辞藻堆叠、炫耀句式、缺乏思想的“八股文”。学生把英语写作等同于“英语考试作文”,这就导致他们一直把写作的重点放在语言表达上,却很少关注内容的深度、辩证关系和创新思维,以致写出来的内容假、大、空。这样标准化的学习氛围在一定程度上限制了学生的思维,影响到学生批判性思维和创新性思维等高阶思维的发展。

究其原因,这种现象与教师的教育观念、教学方式和教学评价有直接关系。因为在现有的评价体系中,如果学生的英语作文中没有基础的语言错误,且观点表达较为清晰,就可以被判定为一篇好文章。相反那些为追求文章的创新性,造成语法错误频出的文章却得不到高分。久而久之,学生们因为害怕失败,所以不敢尝试。

那么,如何既能解决学生写作内容贫乏的问题,又能帮助其实现语言能力和思维品质的协调发展呢?我想通过几节特殊的作文课,秉承鼓励学生大胆创新的教学观念,运用全新的教学方法,变革传统的评价体系来鼓励学生冲破传统理念的束缚,大胆追求内容的创新,不惧怕失败,将有效失败作为创新的土壤,最终孕育出高质量内容的写作成果。

一、寻桥之源——学生英文写作的主要问题

两年前,我带了首届毕业班,也有幸参与了当年中考英语作文的阅卷工作,其中有一篇作文让我印象深刻,也正是这篇作文改变了我对英语写作的认识,让我有了新的思考。

(一)情境对话,一分到底扣在哪里?

阅卷结束后的一次作文课上,我拿出了一篇中考优秀作文让学生欣赏并让他们点评。读完后,我问道:"这篇作文怎么样?"学生们纷纷点头,一致认为写得非常不错。随后我为他们展示了这篇作文的分数——19 分,我接着说:"既然你们都觉得好,那这一分到底扣在哪里呢?"说完,原本安静的教室里喧闹起来,大家各抒己见。有的人说:"是不是他没用很多高大上的从句?"有的人说:"是不是他有语法错误,我们没看出来?"

大家讨论得热火朝天时,我抛出了自己的观点:"这篇文章看似很好,不管是句式还是语言甚至是内容,都很符合一个'好'学生的作文,但是我认为这篇作文缺少了一点创新性和独特的视角。这篇作文中的内容基本上来自我们课本上的素材,能看得出,他把课本里的基础知识学得很扎实,但我觉得他在作文里更应该有一些自己的想法。"说到这里,教室里传来了这样的声音:"老师,我感觉我没有什么想法。""老师,创新性很难吧。"……

(二)倾听心声,找到问题的根源

基于"没有创新思维"这一点,我询问了学生们究竟是什么绊住了他们的思维,学生们是这样说的:

"我不知道写什么,而且我也不敢乱写,害怕写的文章不符合要求,我觉

得中规中矩的文章比较安全。”

“老师，我很害怕作文的评分标准，试卷上的一个个红叉号就像是一把把枷锁，把我完全束缚住了。”

“我是有一些想法的，有一次写 my favorite film 这个话题时，我写了我最喜欢的一部电影《流浪地球》，却得了很低的分，因为单词和语法错误太多了，从那以后我就不敢按照我自己的想法写了。”

“老师，您经常给我们推荐一些优秀范文，虽然写得是很好，但对我帮助却不是很大。我心里总是有个声音在告诉我，你一定要模仿这篇文章，按照这种思路来写。但最后写出来的文章就像是东施效颦一样，我也不喜欢。”

“您会给我们一些好词好句让我们背诵，并有意识地用到自己的作文中，所以我写作文的时候总想着把这些词语和句型用进去，感觉顾不上去表达一些自己的想法。”

“我总觉得只要在语文作文中表达自己的思想就好了，英语作文就是看语言能力的，不需要写得多有思想，多有创意。写出有创意的文章而忽略了语言知识，就是丢了西瓜捡芝麻，反而不容易得高分。”

……

不知道写什么，不敢写，重模仿轻创新是现在很多学生在英文写作时面临的问题。教师和学生都陷入过于追求单词的准确性、文章结构固定的认知中，在不断地权衡利弊间，选择了一种安全模式。他们认为“我”的表达不重要，“符合要求”高于“真实的思考”。“基于要求的文章”固化了学生的思维，使他们不敢去表达自己的真实想法，整个过程变得虚伪和套路化。

学生在审题时，经常会出现以下心理：一方面，为了拿到一个还不错的分数，受限于害怕出错的心理，从而过分在意单词拼写、语法和句式结构；另一方面，在落笔前，因无法使用某些固定搭配、所谓的好词好句进行表达而左顾右盼，无从下手。在教学中，教师在讲解作文时也经常强调“总分总”的结构，过分关注语言知识的准确性，从而忽略了学生写作创新思维的培养。学生平时很少被引导思考和真正了解自己的真实想法，教师在课上的提问多数是以贴合正确答案为目的，而以提升想象力、创造力和差异思维的问题则很少出现。因此，学生缺乏元认知能力，不懂得将自己的语言与自己的想法相结合，不会主动进行假设、推测、概括、评估等高级思维活动。

针对写作时过于追求单词和语法的准确性、固定的文章结构、稳中求分的错误认知，教师和学生都应该重视创新思维的培养，主动摆脱旧的思维模式。教师要引导学生用不同的方式看待事物，发现事物之间的联系，培养尽可能多的可替代的表达方式。重视写作中创新思维的培养，是让学生的写作能力出类拔萃的关键。

二、探桥之秘——“苏格拉底圈”的内涵及其在英语写作中的应用

为了打开学生的创新思维，帮助学生突破写作内容贫乏的困境，我在课堂上运用了“苏格拉底圈”这一教学方式。

（一）“苏格拉底圈”的内涵与要素

希腊哲学家和教育学家苏格拉底认为，教学不应该是教师站在讲台上，以讲座的形式进行教授，而是要帮助学生深层次地挖掘其自身的知识，提升思维能力，掌握以辩证性思维、创新性思维等高阶思维方式，对比、分析、权衡和解决问题的能力。

所谓苏格拉底教学法，是指教师在教授某一知识时，不是把答案和结果直接告诉学生，而是利用连续的、开放性的高层次探索性问题，通过与学生的问答对话，不断地引导学生思考，让他们找到自己的答案，探索自身潜在

的信念，从而帮助学生发展完整的观点和想法。苏格拉底式提问，允许学生有不同的答案，一系列的苏格拉底问题可以刺激学生积极主动思考，提升思维等级，逐渐形成高阶思维，真正实现知识的应用。

而以古希腊哲学家苏格拉底命名的“苏格拉底圈”是一种基于苏格拉底式提问教学法，以内外圈为组织模式的教学工具。“苏格拉底圈”的问答式教学法由四要素组成：话题、问题、参与者和调控者。

1. 话题。话题的挑选涉及范围一定要广，包括健康生活、科技创新、校园生活、环境保护、思想品质等重要的中考话题。在实施过程中遵循循序渐进的原则，先选择简单的容易思考并引起学生讨论的话题进行创作，让学生逐渐熟悉该方法，给其思考空间，从中找到自信，激活他们的创造性思维，最终形成不同的观点和想法，并给出合理的论证。

2. 问题。苏格拉底问答式教学法最重要的核心要素就是问题，这些问题应是提问者经过仔细计划和思考设计出来的，是一些真正能引发思考的询问。这些问题不能只有一种答案，而是可以产生进一步的推测、联想、关联和假设，引导回答者回忆并利用所学知识和经验进行合理的联想和推断，对这些问题的回答可以自然而然地引出新的想法和问题，或者是能够产生一些突发奇想。

3. 参与者。学生在这个过程中的表现决定着整个过程能否顺利完成。学生在讨论前，要仔细研究和分析话题与材料，形成大概的交流思路，提出能够凸显话题并引起讨论的合理问题，以此成功地形成苏格拉底认知、思考和理解。对于提出的问题，能够自愿交流、积极表达自己的想法，认真聆听并客观地评价别人的想法，反思自己的回答并重新形成自己的观点。

4. 调控者。教师在整个问答中作为观察者和调控者，把讨论的空间都留给学生，但教师在其中的角色非常重要。虽然预测每个学生的问题和回答是不可能的，但教师只有对这个话题有充分的理解和钻研，才能兼顾学生提出的不同想法和不可预料的新信息。学生在这个不间断的提问回答的过程中要设计、组织和转换他们的想法，教师要始终保持耐心，并容忍学生时不时出现的意外状况，同时要有意识地鼓励不积极参与的学生参与其中，控制和限制总试图让所有人都听到自己想法的学生。

（二）基于有效失败的“苏格拉底圈”在英语写作中的应用

Kapur 等学者于 2008 年提出“有效失败”概念（见图 1）。研究结果表明，教师在教学过程中推迟或减少支架的支持，鼓励学生去尝试解决具有挑战并且超出其能力的任务时，这些尝试可能会失败，但同伴合作和交流能够激活他们先前的知识，促进其内在学习的发生和对问题深层次的理解。

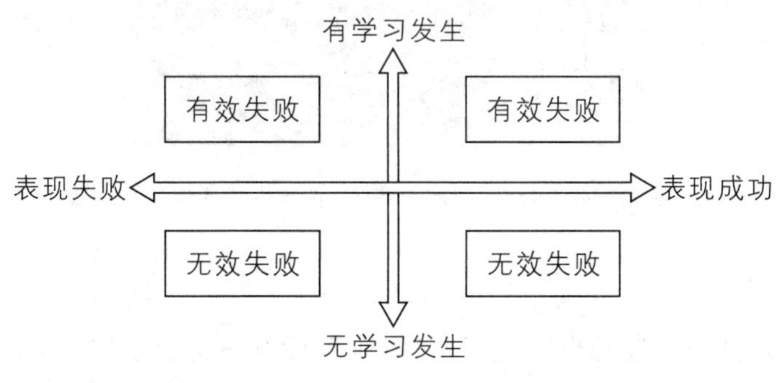

图 1　学习现象的分类

Kapur 提出的关注“有效失败”的教学设计包含“两阶段、三原则”。“两阶段”是指生成—探索阶段和整合—巩固阶段。生成—探索阶段指的是让学生通过小组合作自由地表达观点，不惧失败，勇于创新，以下阶段中的第一项为生成—探索阶段；整合—巩固阶段则是为学生提供改进作文的机会，鼓励学生通过全班讨论发现自己作文中的问题，以下阶段中的后两项为整合—巩固阶段。结合“苏格拉底圈”在英语写作教学中的应用，我总结出了适合英语写作教学中“有效失败”的设计路径（见图 2）。

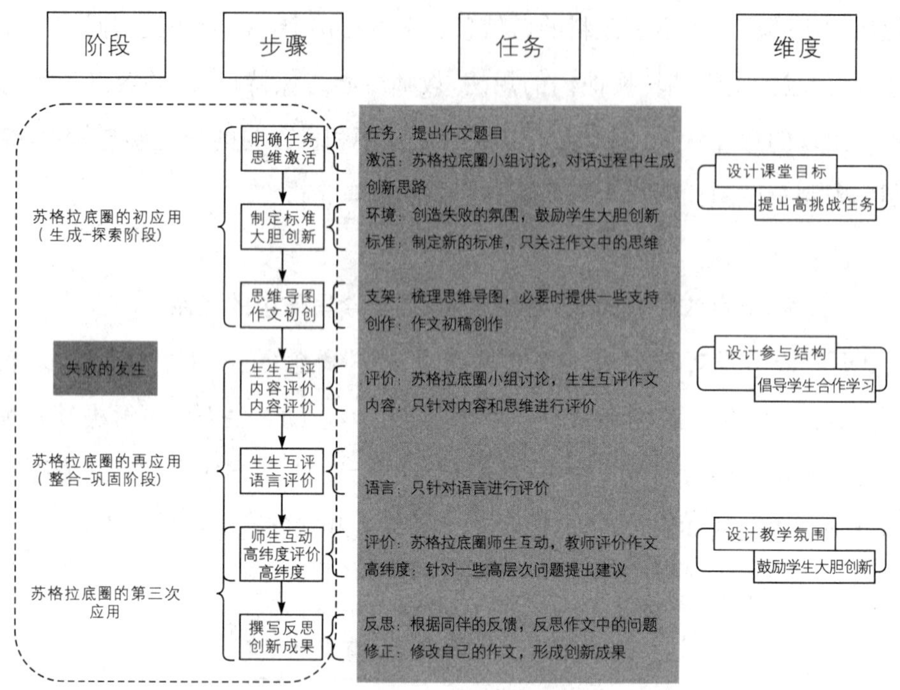

图 2　基于有效失败的“苏格拉底圈”在英语写作中的实施路径

在设计过程中教师也要注意“三原则”：设计任务、设计参与结构和设计社交环境(见图 3)。其一，设计任务，任务的设计既要就有挑战性，又不能挫败学生，既能引起学生的兴趣、激活先前的知识，又能激发学生产生多种思路和观点；其二，设计参与结构，发挥合作学习的优势，既要保证任务能高质量完成，又能让每个学生得到发展，在合作中贡献自己的智慧；其三，设计社交环境，教师应为学生设计宽松的课堂氛围，鼓励学生迎接挑战，勇于尝试，不惧失败，为他们提供宽松的容错环境。

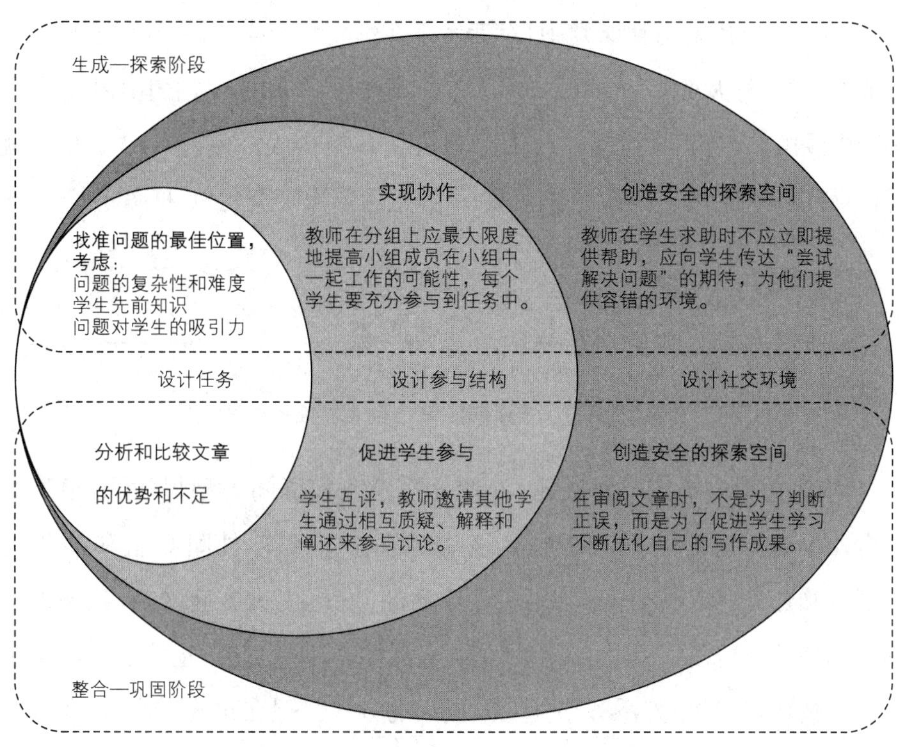

图 3　基于有效失败的“苏格拉底圈”在英语写作中实施的“两阶段、三原则”

三、造桥之趣——“苏格拉底圈”优化英语写作的实践方法

基于有效失败的“苏格拉底圈”在英语写作中的实施路径，制定出“苏格拉底圈”优化英语写作的实践方法。

（一）苏格拉底圈的初应用

1. 明确任务，激活创新思维

此阶段为“两阶段”中的生成—探索阶段，基于任务设计中的“三原则”，我为学生选择的写作话题为“Life in the future”。为激发学生的创意思维，

将“苏格拉底圈”应用到课堂中，对话发生在学生与学生之间。将全班 36 人分成 3 大组，每大组 12 人。以每组为单位，分成内圈和外圈，学生围坐成同心圆。内圈由 A 组和 B 组构成，外圈由 C 组和 D 组构成，每组各 3 人。内圈就写作话题展开提问式对话，外圈观察评论，然后依次交换角色（见图 4）。

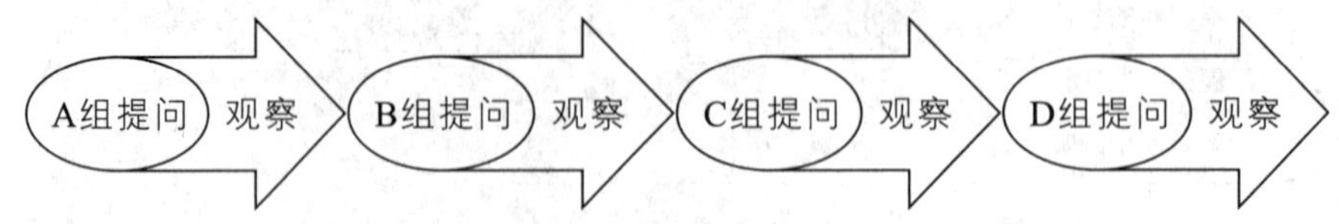

图 4　基于“苏格拉底圈”激活学生创新思维的组织样态

内圈中的 A 组就写作话题，参考苏格拉底式提问类型提问题，组员共同合作协商讨论出合适的问题，B 组就问题进行回答，外圈 C 组和 D 组进行观察和点评，依次循环四轮。值得注意的是，在正式提问之前，我增加了预提问环节，这样做不仅可以引导学生直入主题进行探究，也可以向学生示范提问技巧，让学生熟悉苏格拉底式提问的方式。但在正式讨论时，我仅扮演观察者，把时间都留给学生。以第一轮当中的片段为例：

Q: Do you think people still be living on the Earth in 2050?（你认为人们在 2050 年还会住在地球上吗？）

A: Yes, I think 2050 is too close to now and the time is too short. Humans won't be able to explore other planets to live.（会的，我认为 2050 年太近了，时间很短。人类还不能开发其他的星球去居住。）

Q: Where will they live on the earth?（那他们住在地球的哪里？）

A: Under the sea.（海底下。）

Q: Where can people live under the sea at the bottom or float on it?（能具体一点吗？是在海底还是漂在海面上？）

A: At the bottom of the sea.（在海底。）

Q: How can they live?（他们怎么生活在海底呢？）

A: They will use a machine that everyone will have.（他们将要使用一个机器，这个机器每个人都有。）

Q: What is this machine used for?（这个机器是用来做什么的？）

A: It provides oxygen to allow us to breathe and it can also protect us when the stranger things come.（它给我们提供氧气来呼吸，当有危险来临时也可以保护我们。）

Q: What is the shape of the machine?（这个机器是什么样子的？）

A: It's like a clothes. We can wear it. It is close-fitting clothing and the material is so light.（它就像是一件衣服，我们可以穿着它。它很贴身，而且材料很轻薄。）

……

内圈的学生们在讨论时，外圈的学生对其进行观察和评价，作为过程性评价的重要依据(见表 1)。

表 1 “苏格拉底圈”外圈反馈表格

提问者姓名：____________　　分数：____________

回答者姓名：____________　　分数：____________

1. 请给内圈的提问者打分(圈出合适的分数)

讨论参与者表现	差		中		优
问题清晰、简单、明了	1	2	3	4	5
讨论前做过很好的准备	1	2	3	4	5
能够根据回答者的回答提出针对性问题	1	2	3	4	5
积极提出自己的问题	1	2	3	4	5
礼貌向对方发问	1	2	3	4	5
主动寻求帮助，消除疑惑	1	2	3	4	5
认真倾听他人发言	1	2	3	4	5

(续　表)

发言响亮、清晰	1 2 3 4 5
互相帮助、支持	1 2 3 4 5
避免恶意的互相的言辞攻击	1 2 3 4 5
充分讨论,不仅仅和某一个伙伴讨论	1 2 3 4 5
讨论中没有不合宜的语言	1 2 3 4 5
2. 请给内圈的回答者打分(圈出合适的分数)	
论据理由清楚、逻辑性强	1 2 3 4 5
紧紧围绕问题和主题进行回答讨论,不偏题	1 2 3 4 5
积极提出自己的观点和想法	1 2 3 4 5
能够根据问题不断进行思考并表达	1 2 3 4 5
主动寻求帮助,消除疑惑	1 2 3 4 5
认真倾听他人发言	1 2 3 4 5
发言响亮、清晰	1 2 3 4 5
互相帮助、支持	1 2 3 4 5
避免恶意的互相的言辞攻击	1 2 3 4 5
充分讨论,不仅仅和某一个伙伴讨论	1 2 3 4 5
讨论中没有不合宜的语言	1 2 3 4 5
1. 你认为哪个问题最有意思?	
2. 你认为回答者提出的哪个看法和观点最有意思?	
3. 就你所观察的各种现象,什么是最好的?	
4. 讨论中,有什么让你觉得有欠缺的地方?	

经过这样一问一答,我发现学生们的思维明显被打开,他们不断地在讨论中拓展自己的思路,丰富自己的写作内容,创新思维就这样在不知不觉中

实现了。

2. 制定标准，大胆创新

生成—探索阶段，需要为学生营造一种自由、开放的探究环境和一个情感安全的学习空间。我在课堂中不断强调“要勇于尝试，即使不能写出完美的作文也没有关系，过程中的学习才是最重要的”。

李华在《写出心灵深处的故事》中提到，不必担心你的用词是否正确，是否有错别字，句子是否通顺，也不要停下来思考，回去划掉或改写。对于长期担心犯语言错误的学生来说，当发现一直束缚自己的语言枷锁被挣脱掉时，他们会在写作中感受到更多的自由和轻松。

因此，在创作环节中，我明确指出：“在这一阶段，你们的写作内容不会受到传统的评价标准进行评判，我只评价你们的创意内容，对语法、单词等语言知识不进行评价。所以，即使有语言错误也没有关系，请你们尽情地表达！”以此来鼓励学生自由地表达自己的感想。说完后，我在班级里听到了这样的声音：“哇，太好了！终于可以自由地说了！”学生讨论完成后，我充分表扬了他们积极的态度，还鼓励学生说：“尽管这些句子有错误，但都是你们自己的想法，是你们自己创作的内容，所以这些都是好句子。”

《评价学习的质量——SOLO分类法》一书中提到SOLO分类评价法。SOLO分类理论提出学生对某一个具体问题的反应水平可以分为五个不同的层次，由低到高分别是前思维水平、单点思维水平、多点思维水平、关联思维水平和拓展思维水平。结合上海中考英语作文中对于“思维内容”这一方面的要求与SOLO理论层级分布，我制定了以下创新思维评价标准，供学生们参考(见表2)。

表 2 SOLO 思维评价表

SOL0 层级	各档评分标准要求	写作表达特征	思维特征
前思维水平	第一档	学生不能理解话题含义和要求，找不到话题线索，不能准确提取和处理有效信息，回答问题时逻辑混乱，答非所问，基本无法解决问题。	无思维
单点思维水平	第二档	学生能基本理解话题的含义和要求，但是只能找到一个与话题相关的论据来解决问题；过于快速且片面地下结论，缺乏思考。	单点思维
多点思维水平	第三档	学生对话题的含义和要求有比较多的理解，但不全面；懂得使用多种要点，但没有考虑各要点之间的联系，只是一味地罗列，缺乏整合能力，答案零散，无逻辑。	多点思维
关联思维水平	第四档	学生能整体把握问题的含义和要求；能使用大量相关要点，并根据要点之间的关联性进行整合，并且有一定的归纳能力，基本能独立解决较为复杂的具体问题。	关联思维
拓展思维水平	第五档	学生能完全真正理解话题的含义和要求，联系整合相关要点，解决问题；还可以对话题进行抽象概括、演绎和拓展，总结出解决该话题的一般法则，举一反三，将其运用到新的话题情境当中。	多创新思维

当学生看到实实在在评价他们思维的评分标准时，他们在内心深处相信了老师刚才说的话，心里的石头明显落了下来。在心理上占据优势后，学

生们就更容易打开思维，解放思想，大胆创新了。

3. 思维导图，作文初创

在传统的写作教学中，教师通常会直接为学生提供帮助，学生很少有自己思考的时间，以致他们常常错过了发现和探索问题解决的机会。因此，为了让学生经历“有效失败”，从中获取宝贵的经验，促进其内在学习的发生，教师就必须大胆地让学生去创新。在初稿创作中，我放手让学生去写，鼓励“先写后学”，在写作的过程中，我几乎不提供帮助，而是在写作完成后再介入教学。

学生讨论完成后，他们的表达欲望被激发，进入写作情境后，我让学生先自己梳理思维导图。因为如果让学生直接写，他们就可能会将写作任务和写作方法割裂开，学生很难直接建立起“任务—方法”的逻辑链。因此，在这里，我让学生先搭建写作内容的思维导图，帮助学生穿越这一层面的“最近发展区”。思维导图作为一种可视化支架，可以凸显文章的组织结构和表达要点。运用思维导图呈现文章的框架，可以使文章的结构直观、清晰，也能使写作重点更加突出。就“Life in the future”这一话题，借助图表，让学生来梳理写作思路，可以清晰地呈现写作思路和素材。在这里，不同的话题教师给予的思维导图的图表应是不同的，可以根据其话题的特点选择适合的图表。

一篇好的英语作文就像是一个“有血有肉”的灵魂，“肉”是指思维内容，“骨架”是文章的结构，而“血”是语言。血液是承载着营养物质的重要载体，一篇只有思维内容没有语言支撑的作文就像是一个没有精神的肉体。在写作的过程中，学生很可能会遭遇困难，他们没有足够的语言能力来支撑自己的思维表达。为了预防学生产生无效失败，我会在学生极其需要帮助的情况下给予少许的语言支持，提供或解释一些他们不熟悉的词语和表达方式，但这并不是说作为教师我必须要积极地“拯救”自己的学生，而是应该有策略性地为学生提供合适的帮助，使其不影响写作的完成。比如，有的学生想表述“太阳能”这个词又实在找不到自己认知范围内可替换的词时，我为学生提供“solar power”这一单词的表达。

（二）“苏格拉底圈”的再应用

1. 生生互评，内容评价

文章初稿完成后，进入整合—巩固阶段。这一阶段需要营造一个平等、开放、共进分享、互相学习的讨论环境。我在课堂上和学生强调“我们现在发现的每一个错误，都会让我们离成功更近一步”。文章初步完成后，学生的文章已经明显具备了创新思辨思维，但这些文章仍然不能称为“成功”的英语作文，用中考作文的评分标准来看，它们甚至可以说是“失败”的。

在这一阶段，学生的作文在思维方面会出现以下几个问题：一方面，文章中有一些观点过于发散，已经偏离了主题，学生的思维过于天马行空、荒诞不经；另一方面，文章中有很多丰富的要点，但这些要点缺乏连贯性、层次性、关联性和递进性，在结构层次上有一些问题。因此，我让学生互为“读者”组成“苏格拉底圈”，对彼此的作文进行交流、阅读与评价，这样做不仅是为了促进学生之间的学习与借鉴，更重要的是帮助学生建立“读者”意识。

尽管学生文章中还是有很多问题，但在这一环节中还是要引导学生在评价同伴文章时，先关注内容、主题和结构这些信息，只对文章的这些方面进行评价（参见表 2）。因为如果此时教师过分关注文章的语言错误这些信息，学生会马上丧失对教师的信任感，从而对写作产生一种畏惧心理，久而久之必定会丧失写作兴趣。

以在步骤一中分组的每一小组为单位，这三人再次组成“苏格拉底圈”进行评价（见图 5）。评价者只提问题，不做评价，用提问促使写作者深化思考、自主修改、完善文章，培养学习的主体意识。评价者 1 先对写作者进行评价，评价者 2 对其对话进行观察记录，结束后轮换，评价者 2 在评价者 1 的基础上查漏补缺。

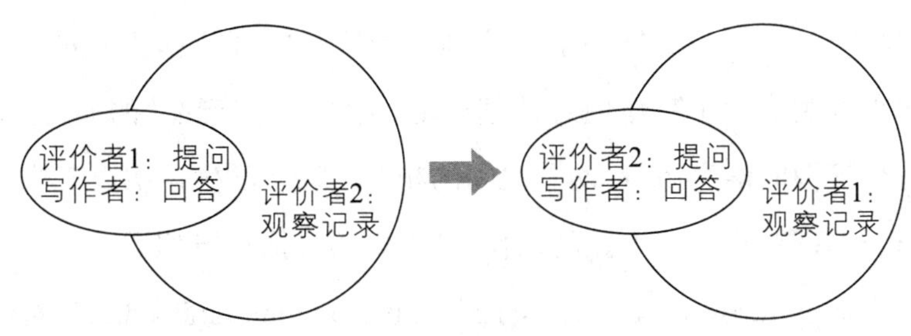

图 5　基于“苏格拉底圈”促进同伴评价的组织样态

以 A 组的其中一位写作者收到以下提问为例：

Q: Why do people eat energy capsules? I don't think 'saving time' is the best reason.（为什么人类要吃能量胶囊？我不认为“节约时间”是最好的理由。）

A: Oh... I agree with you. Maybe at that time, there willbe no big meals due to the environmental pollution. It will be difficult to grow food in the field. Is that a good reason?（嗯，我同意。或许在那个时候，由于环境污染就没有很多粮食了，在农田上种庄稼是很困难的事。这是一个不错的理由吗?）

Q: Yes, I think it's better. How does the capsules taste? Please describe it more clearly.（是的，我认为这个理由更合适。那这个胶囊的味道怎么样？请详细描述一下。）

A: It has many different types. Sweet or salty. It depends on you.（它有很多不同的种类。甜的或者是咸的，这取决于你的口味。）

……

2. 生生互评，语言评价

写作者收到同伴的反馈后，进行第一稿的修改。这一稿完成后，学生的内容方面已经没有什么太大问题了，但在语言上却频频出现语法和词汇的错误，很难保证这篇文章的质量。所以，二稿完成后，就可以关注学生的语言错误这类低水平信息，把握学生"写作内容"与"语言质量"之间的平衡关系，尽可能在关注学生写作内容的基础上，关注学生"产品"的质量，从而实现"写作内容"和"语言质量"两者之间的相对平衡。学生再次以三人为单位组成苏格拉底圈，重复上一轮的操作，学生们的对话片段如下：

Q: 'Energy recovery driverless car'. Is that anything missed?（这句话缺什么吗?）

A: Oh, 'an' energy recovery driverless car.

Q: Live in the underground or live underground?

A: Live underground.

Q: Provide you for fresh air?（重读 for）

A: Oh, sorry. Provide you with fresh air.

……

在第二次评价完成后，学生继续打磨文章，完成第三稿。值得注意的是，在这次针对语言错误进行评价中，不宜在学生文章的语言形式上提出过高的要求，否则可能会阻碍学生思想的产生与发展，在未来，学生还是会回到过度关注语言从而忽略内容和意义的漩涡当中。

（三）"苏格拉底圈"的第三次应用

1. 师生互动，高维度评价

一个有创新思维的人，不单单体现在其写作内容的创新性，其文章词汇的丰富、句型的多样以及逻辑的清晰，都可以使其表述灵活多样、想法别具一格，只有这样才能将好的文章呈现给读者。因此，在学生评价的基础上，教师应站在更高的维度上给予学生反馈。作文的修改并不仅仅是对思维内容和表面上的语法错误进行修订，还应包括一些不恰当的措辞，例如是否重复使用不够高级的词汇、单一的句式、不恰当的衔接和混乱的逻辑关系。这些层面的问题，学生比较难以发现，需要教师适时地提出加以点拨。我分别从词汇、句式和逻辑衔接这三个方面对学生进行指导，引导他们润色自己的文章。在这里，我第三次组成“苏格拉底圈”，和前两次不同的是，这次我作为提问者，找一篇具有典型性的作文进行评价，文章作者作为回答者，其余学生作为观察者，大家共同从这一篇作文中学习(见图 6)。

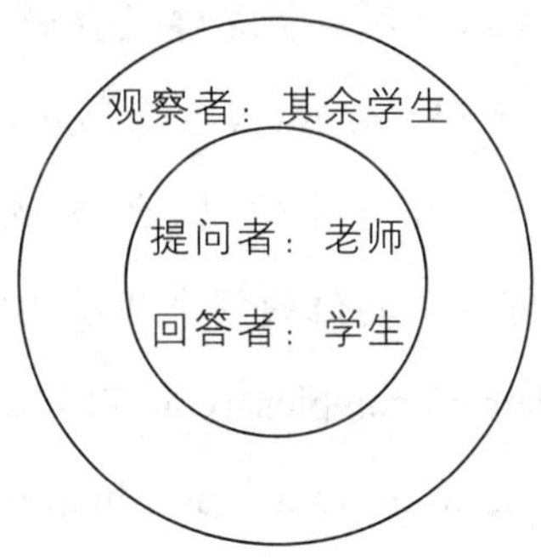

图 6　基于“苏格拉底圈”促进师生评价的组织样态

针对学生写作中出现的上述问题，我是这样处理的：

Q: You wrote ‘people will still live on Earth. The time is too short and humans couldn't be able to explore other planets to live’ in your essay. Time is short? Do you think you show the reasons clearly? Are there any relationships between the two sentences? (你在文章中写的句子“人类将仍然住在地球上。时间太短了，人类不能开发其他星球去居住。”时间太短？你觉得原因说清楚了吗？另外这两个句子之间有联系吗?)

A: Technology. I think I want to say technology and I should use a conjunction word to show their relation. (科技，我觉得这是原因。我

也应该用一个连词来显示他们的关系。)

Q: Yes, please rewrite this sentence.(是的,没错。请重新写一下这个句子。)

A: 'There is a great possibility that people will still have to live on the Earth because thirty years couldn't support people's living on other planets according to the current technology development.' Is that better?(“人们有很大可能性还是住在地球上,因为三十年的科技发展不能支持人类到其他星球上居住。”这样说会好很多吗?)

Q: Very good. Do you find you always say 'people will...' Can you replace 'will' with other words?(非常好,你发现了吗,你总是用'people will...'这个词,你可以用其他的词来代替吗?)

A: Can you give me some examples?(你可以给我一些提示吗?)

Q: Ok, maybe 'be going to, have to, can't help but, would like to, want to' something like that. It depends on your context.(好的,比如说'be going to, have to, can't help but, would like to, want to...'这些词来代替。这取决于你的语境。)

……

2. 撰写反思,创新成果

反思是深度学习的关键。评价过后,学生们用中文撰写反思日志。在反思日志中,有目的地回想现在的文章与同伴们、老师们提出建议的差距,对整篇文章重新审视、评估和分析,从反馈中寻找前进的方向。学生将同伴评价和教师评价的反馈,内化成自己的想法、感悟和经验,用中文撰写反思日志。教师也可以提供一些问题引导学生进行反思,如“在这篇文章中,我最大的问题是什么?”“我应该如何改进我的作文?”等。最后,学生根据反思日志修改打磨自己的作文,形成最终的创新成果。

将学生现在的作文和之前的作文相比，文章当中明显渗透了创新内容，这篇文章既具备了创新思维，又保证了语言的准确性。学生们发现内容和语言原来并不是“鸡生蛋还是蛋生鸡”的问题，而是“你中有我，我中有你”的共生共存关系。我想，这次作文课的成果就是最好的证明。

四、赏桥之乐——“苏格拉底圈”优化英语写作的思考

“苏格拉底圈”最宝贵的价值在于，它给学生们提供了培养并且使用他们本身具备的自主思考能力的机会，学生们不回避学习过程中的失败，在失败中追求有效成功，不失为一种有效尝试。在整个实践过程中，我有以下思考。

（一）“有效失败”设计激活学生思维创新

基于“有效失败”的写作教学，教师利用“苏格拉底圈”这一教学方法为学生提供了一个十分包容和放松的课堂氛围，鼓励学生勇于尝试，接受有挑战性的任务。学生们在这样的环境中，放手去做、大胆创新，通过“以问导学、以问导思”这样的苏格拉底问答方式，激活了已有的知识，有利于启发多向联想，多角度思维，激活创新思维，课后大家是这样说的。

“苏格拉底圈”对我来说就像是头脑风暴，补充了很多我没考虑周全的要点。同伴们的想法很多样，能够拓展我的思路，让我跳出原有的思维框架。

这样一问一答的方式，让我不断思考，不断反思，和同伴的讨论让我觉得非常有意思，我感觉我的思路一下子就打开了。

这样的写作方式，大大提高了我对写作的兴趣，当老师告诉我，我说的内容不受语法标准的评价时，我就像是一只从笼子当中放出来的小鸟，呼吸

着自由的新鲜空气，大胆地展示自己的想法，这样的感觉真的太爽了！

……

学生们通过相互提问，将写作思路从对方身上“问”出来，而不是教师直接告知；通过思考这些问题，得到的想法会更加深刻，对自身观点的形成有了更加清楚的认识。这些对于英语写作的创新观点、思路整理、论点的形成、论据的匹配都有重要意义。

每当下课铃声响起，看到学生们还在热烈地讨论怎么创作时，我深深地感受到创新思维的发展并不是一两节课的精彩交锋，而是课下的持续追问和不断探索，写作创新思维的培养也不只是某一阶段的短期目标，而应是贯穿义务教育乃至一生的追求。

（二）“有效失败”设计推动学生评价创新

学生在整个写作过程中，不再只是评价的接受者，而是成为评价的主体。整个教学过程中，一共运用了三次评价，首先是“苏格拉底圈”第一次应用时，外圈学生对内圈学生的过程性评价；其次是“苏格拉底圈”第二次应用时，生生互评时对于内容和语言的结果性评价；最后是“苏格拉底圈”第三次应用时的教师评价。学生在课后是这样对我说的：

小组成员对我作文提出的建议，能够引发我的思考，让我在写作中不断自我质疑、自我突破，构建自己的“理想国”。

当我以“读者”的视角阅读他人的文章时，我觉得十分有趣，从他人的作文中我学到了很多，我把学到的东西也用到了自己的作文中。

在我们一次又一次利用“苏格拉底圈”给予同伴反馈时，我发现和同伴们分享我对他们文章的理解和想法时，并不是为了追求个人荣誉和满足虚荣心，而是真心地发表我对事物的一种看法和顿悟。反之，当我在收到其他人真诚的建议时，我也非常愿意倾听和接受。

……

在同伴互评的过程中，学生可以更好地掌握写作评价标准，发现自己在写作中存在的问题并进行反思，相互学习，为“真正的读者”而写作，从而完善自己的作文。学生们在相互评价和相互学习中，进一步促进和推动文章的创新。

(三)有效失败设计实现学生写作创新

在写作中的“有效失败”设计鼓励学生去尝试解决更有挑战性的并且超出目前学生知识与能力的任务。教师为学生提供宽松的容错环境，在可能的失败尝试中激发学生解决方案与思路的生成。学生通过在和同伴的不断提问探索中，激活了先前的知识，促进了对写作目标的深层次理解和内在学习的真实发生。最后教师不断地对文章进行修正，引导学生进行对比、反思、改进和整合，最终形成高质量的写作成果。

五、结语

回顾整个写作过程，学生虽然没有一开始就达到所谓的“表现成功”，但却保持了长期学习的状态。因此，“有效失败”的教学设计是我们为了“真正的成功”而设计的教学，这里的成功并不是短期的成功表现，而是长期的效果。追求成功的道路上失败是难以避免的，但这个失败只是暂时的。在这一过程中，学生们放松的心理状态、抗挫折能力、团队合作能力、创新能力都在迅速提升，而能力的提高要比所谓的100分更有价值和意义。在未来，教师应以更积极和宽容的心态鼓励学生不要害怕失败，挖掘失败的价值，拥抱“有效失败”带来的积极学习效果，引导学生在失败中不断探索、反思、总结，促进知识的迁移，实现真正意义上的成功。

13. 一段初中历史“纸笔课堂”创新的失败史

上海市进才中学北校　朱吉伶

缘起:飞来之石,打破历史课堂的平淡

在一次历史公开课后,我得到了专家的好评。正当我沾沾自喜以为这是一堂成功的好课时,却在再次上这个班的历史课前,听到了班上学生之间这样的交谈。同学甲问同桌同学乙:“哎,上节历史课我们上了什么内容呢?”同学乙回答:“我也忘记了,看一下书吧,我划书了,也记笔记了。”同学甲借过同桌的历史书后进行笔记补充,并问道:“上节课有老师听课,我好紧张,但是,上节课内容好平淡,还是关于历史事件的起因、经过、结果和影响之类的,你觉得呢?”没等同学乙回答,同学丙抢先加入讨论,回答说:“历史课嘛,就是讲这些的呀！是枯燥乏味的呀!”……

“轰”的一声,学生的话像一颗飞来之石,打破了我的认识。我自我感觉这堂课是成功的,但这样的感觉良好为时过早,原来这节课在学生眼中是平淡的,历史在学生的心中是枯燥乏味的,学生不记得学习的内容,没有进行深度学习,出现无效学习的情况,学生更是没有创新思维。那么如何在初中历史课堂中改变平淡,实行创新呢?这是我们这些一线历史教师所要思考的。

一、“纸笔课堂”,推陈出新

在“十三五”规划中,教育部明确提出要在教育中注重信息化建设,着力培养学生的信息化素养和创新能力。本校推行的 Pendo Tech“纸笔课堂”软件作为一种新型的信息技术工具，将传统的纸、笔与互动平板和教学软件有机结合起来。“纸笔课堂”的优势主要体现在以下几个方面。

首先，针对学生在课堂上出现无效学习的情况，“纸笔课堂”信息技术能够及时收集课堂教学的数据，并进行实时分析与反馈，实现课堂上互动式学习，帮助学生实现有效学习。教师通过大数据的科学分析，能够清晰直观地了解学生在课堂上的真实有效的学习过程，并能掌握“纸笔课堂”信息技术在培养学生创新素养上的成效。Pendo Tech 的互动板上已装有“A、B、C、D、√、×”等几个快捷键按钮，学生只需用手指点击相应的按钮选项，系统会以大数据的形式展现班上学生答题情况的分析，教师可以更清晰直观地知道学生整体掌握知识的情况，从而进行调整设计、反思方案和因材施教。①

其次，针对学生在课堂上出现没有深度学习的情况，“纸笔课堂”因为用手写笔记可以帮助学习者更好地理解和记忆知识，提升学习效果。“纸笔课堂”所配套应用的互动平板不是像 Pad 一样的软件，并不改变学生传统用纸和笔书写的模式。学生可以用任意的纸覆盖在 Pendo Tech 配套的互动板上，比如 A4 纸、练习册和试卷等，然后用配套的专用笔在纸上书写即可。“纸笔课堂”信息技术运用电磁感应技术，将学生用特殊笔在覆盖在感应区内的书写解题过程及时传输到网络终端，教师的屏幕上会还原每位学生的答题过程。

最后，针对学生在课堂上出现没有培养创新思维的情况，“纸笔课堂”纸笔记录方式允许学习者自由地涂画、标注和添加注释，充分发挥自己的想象力和创造力，实现个性化的学习，落实学生的创新思维培养目标。另外，“纸

---

① 段国庆，杨勇，罗岚.智慧纸笔在小学数学课堂互动教学中的应用[J].教育信息技术，2021(04):78-80.

笔课堂”还有保护视力的优势，长时间使用电子设备对视力的危害较大，而手写笔记则不会对视力造成损伤。

二、首战失败，重新再来

（一）设置情境，新课导入

我们常常说百年中国看上海，上海作为一个海纳百川、开放包容的国际化大都市，是我们日常生活的城市，我们对它有着独特的记忆。为了让更多的人知道上海，更多的人了解中国，我们设置一个情境角色——成为一名“上海记忆”的讲解员，请学生们设计一段“上海记忆”的解说词。

（二）教学实践，铩羽而归

在“有效失败”理论的基础上，[①]根据教学目标，我建立初始的教学策略见表1。

表1 “有效失败”理论在初中历史“纸笔课堂”的教学策略（初始）

生成——探究阶段	1. 围绕学生已有知识设计问题，用音乐等设计情境进行导入，引导学生明确任务
	2. 在学生自我探索时提供情感脚手架
	3. 根据学生已掌握知识和能力进行分组，进行小组协作讨论多样化解决方案
整合——巩固阶段	1. 提供学生自我阐述经验反思的机会
	2. 在学生系统讲解时提供认知脚手架
	3. 在学生对比总结整合解决方案时，创建包容开明的氛围

本次活动的主题为“首个租界：帝国之耻”，教师课前对学生进行分组，

① 曹鹭.有效失败与知识迁移：理论、机制与原则[J]. 开放教育研究，2021，27(03)：4-14.

学生尝试运用多种方式围绕问题进行阐述和解释。在阐述过程中发现学生对“租界”这个知识概念并不清晰。教师引导学生关注本次教学的讨论主题，学生在课堂上整理归纳 1840 年—1911 年时期上海的记忆，撰写“上海记忆”解说词，并进一步迭代改善方案。

在第一轮教学实施后，全班一共 25 组学生，只有其中 10 组完成任务，任务完成度为 40 %。通过问卷调查显示，大部分学生对本次活动的主题感兴趣；有部分学生对“纸笔课堂”配套的互动板操作不熟练；65 %的学生对“租界”不是很了解，导致无法将“租界”和“帝国之耻”有机联系起来；有些学生没有足够的时间去完成和完善解说词的任务。

（三）注意反思，重新再来

由于第一轮教学的严重失败，我开始注意反思。在反思后，我决定制定以下几点改进措施。其一，针对有部分学生对“纸笔课堂”配套的互动板操作不熟练，我采取的措施为课前提供“纸笔课堂”操作演示视频，方便学生熟悉“纸笔课堂”互动板操作，避免因为操作不熟练而耽误时间。其二，针对学生对历史事件背景不熟悉，没有办法将“租界”和“帝国之耻”有机联系的情况，我提前介绍历史事件的背景，并分享查找较难知识概念的途径，方便学生主动理解知识概念的内涵，从而顺利书写解说词。其三，针对大部分学生没有完成任务的情况，我采取的措施为设计教学环节时预设时间分配，在课堂上有意帮助学生进行时间管理；小组协作时，引导学生进行小组分工，提高问题解决效率。[①]

① 张澜，王婷.浅析课堂中“有价值的失败”的机制及设计原则[J]. 教学与管理，2015(18):94－96.

三、再接再厉，卷土重来

（一）注重前测，把握学情

本次活动的主题为“十里洋场：民国之痛”。学生运用 Pendo Tech 互动板完成客观题并围绕总问题整理归纳 1912—1949 年时期上海的记忆，撰写“上海记忆”解说词，并进一步迭代改善方案。

在这次教学之前，我提前提供“纸笔课堂”操作演示视频，课前就让学生自由分组。我还用问卷星进行历史背景知识的检测，得出学生对“民国”这个概念不是很明确。于是，我提供了民国的时间轴，民国时期是指 1912 年至 1949 年，民国是介于清朝和新中国之间的那段时期。

（二）合作失败，结构缺失

在第二轮教学实施后，完成任务的小组增加至 18 组，任务完成度为 72％。这说明教师课前提供互动板操作视频、背景介绍，调控每个活动环节的时间，还有小组分工合作的措施都起到了作用，这些改进措施是有效的。

虽然一切都向好的方向发展，但是从信息技术对问题解决的讲解数据报告内容来看，有些学生完成了解说词撰写，但是撰写的内容大多围绕“中共一大”“中共二大”等在上海发生的事件的影响，对抗日战争时期“正面战场”“敌后战场”等在上海发生的大事件却涉及得比较少，由此可见学生对讲解方案的整体设计思考比较少，对于历史知识掌握的结构是不完整的，是有缺失的。此外，随着客观题难度的提高，通过录课视频回放，发现小组内出现控制互动板答题的学生，这样组内另一位学生参与感比较弱；同时，学生有个体差异，任务设计没有顾及每一位学生。

(三)加强反思,卷土重来

由于第二轮教学未达到预期效果,我加强了反思。在反思后,我决定实施以下几点改进方法。其一,针对学生对历史知识结构不能整体把握的情况,我采取的措施是设计“温故知新”的活动环节,促进学生新旧知识联系,引导学生重构历史知识结构。其二,针对学生小组出现争抢互动板,有部分学生参与感较弱的情况,我采取的措施是向其他项目组教师求助,形成历地小队,把两个教师的互动板合作共享,解决互动板数量不够的情况;还有在课前分组的时候,采取小组成员动态调整分组,细化组员分工。其三,针对学生个体差异,我采取的应对措施是设计分层任务单适应不同学生的学习情况,进行分层教学、因材施教,尽可能关注到每一个学生。

四、三战告捷,坚持不懈

(一)迭代改善,分层教学

本次活动的主题为“东方明珠:中国之光”。学生通过互动板完成多种类型客观题并围绕主题整理归纳 1949 年至今上海的记忆,撰写“上海记忆”解说词,并进一步迭代改善方案。我在课前就已借好互动板,并打乱之前的分组情况,进行动态分组。

在这次教学时,我先设置了“温故知新”的活动环节,让学生填空,帮助学生对中国近代史主干有一个整体的印象。

在学生明确任务阶段,我发放分层任务单给学生。任务单部分内容为表 2 所示。

表 2　任务单部分内容

上海记忆	层级 A:撰写“上海记忆”解说词(1949 年至今)
	层级 B:撰写“上海记忆”解说词(1912 年至今)
	层级 C:撰写“上海记忆”解说词(1840 年至今)

(二)持之以恒,静待花开

在第三轮教学实施后,完成任务的小组增加至 23 组,任务完成度达 92%。据数据统计分析,学生选择按照自己的能力选择不同层级的任务单完成问题解决方案,解决方案也不限于之前几轮教学中常见的大事年表、记叙文一种体裁的解说词,有学生选择了诗歌、散文、说明文等形式,写出百花齐放、多样化具有创新性的解说词。

(三)重整旗鼓,坚持不懈

在第三轮教学实施后,听取其他组解说词交流时,出现不能听取他组优点或者全盘否定自己方案的情况。针对这个情况,我采取在对比反思环节中增加优秀解说词案例的措施,引导学生多角度反思,培养创新思维。另外,在针对学生有效学习的成果中,除了关注学生的客观题正确率外,还应该关注学生完成的时间和每道题停留的时间,这是以后要改进的地方。

五、前车之鉴,效果分析

(一)前车之鉴,调整策略

经过三轮教学实施,我根据每次教学实践和反思调整之后,制定出实践所得的教学策略,具体如表 3 所示。

表3 "有效失败"理论在初中历史"纸笔课堂"的教学策略(最终)

阶段	策略
生成—探究阶段	1. 围绕学生已有知识设计问题,提供互动板操作视频
	2. 用音乐等设计情境进行导入,设计每个环节的时间管理
	3. 引导学生明确任务,发放分层任务单
	4. 在学生自我探索时提供情感脚手架
	5. 根据学生已掌握知识和能力进行动态分组,进行小组分工,小组协作讨论多样化解决方案
整合—巩固阶段	1. 充分提供学生自我阐述经验反思的机会
	2. 在学生系统讲解时提供认知脚手架
	3. 在学生对比总结整合解决方案时,创建包容开明的氛围
	4. 提供问题解决的结构化反思方案
	5. 引导学生实施情境迁移的练习

(二)效果分析,更上层楼

在三轮教学设计与实践过后,通过对学生的体会进行问卷调查,我总结了几点效果,希望以后的教学能再接再厉,更上一层楼。

首先,学生问题解决方案展现多样性。

问题解决方案的多样性是"有效失败"理论在初中历史"纸笔课堂"实践效果评价的重要依据之一。笔者在收集整理三轮教学实践中学生阐述问题解决的方案时发现,学生从第一轮大部分按照时间顺序用记叙文体裁写,到第三轮从不同角度多样化撰写解说词,有学生划分"新民主主义革命、旧民主主义革命、中华人民共和国成立后",有学生划分为"近代化探索、新民主主义探索、社会主义建设"等。这些都说明学生解决方案呈现多样性,解决能力也有所提高。

其次,学生问题解决方案呈现创新性。

创新能力是推动学生思维发展的动力,是学生综合能力的体现。笔者发现学生在经过三轮学习后，提交的解说词有散文，有诗歌，还有学生采用“猜城市”的游戏互动来进行撰写解说词。可见随着“有效失败”理论在“纸笔课堂”教学的深入开展，学生创新思维活跃，自主创新能力提高。

最后，学生知识技能理解出现迁移性。

在三轮教学后，通过“纸笔课堂”结构化反思问题的数据反馈，学生对相关历史概念和知识技能具有一定的迁移能力。学生从“租界”的概念猜测“洋场”的概念，从上海这座城市迁移到西安、南京等城市。

六、结语

在这段初中历史“纸笔课堂”创新的失败史中，我经历了两次失败的尝试，直到第三次实践才成功。在第一次尝试失败后，我进行了反思与调整，满怀希望以为会马上成功，但令人意外的是第二次实践还是功亏一篑。满怀期冀却又化为乌有，我不禁感叹道：“原来失败后再改善还是会出现失败的情况啊！”当时的我感到有点沮丧，甚至有点怀疑我尝试的方向是不是能继续研究。在这个时候，我咨询了我们历史组资深的老教师，他提议我们一起看课堂录像回放。在观看录像回放后，我们找到了问题的所在，针对这些问题，老教师帮助我一起提出了有针对性的调整策略。经过再次反思和改善，在第三次实践后，我才慢慢走向了成功。看来集体的智慧是无限的，只要大家共同努力，坚持不懈，披荆斩棘，勇往直前，就能看到成功的曙光。我觉得既然我们选择了创新，就不能畏惧失败，我们可以接受失败，但是不能丢失勇气，而是要从每次的失败中去触摸事物的本质，群策群力，探讨问题的核心，不断地尝试。

失败与成功是一个流传千古、永恒不变的话题。就像冰心所言：“成功的花，人们只惊羡她现时的明艳。”在注重结果的新时代中，我们常常只知道欣赏成功的美丽，体会成功的喜悦，而忽视了失败的价值。① 所有的成功都不是一蹴而就的，而是需要脚踏实地，一步一个脚印地去奋斗，这过程包含了无数的挫折和失败。创新则像一副良药的药引子，将失败中有效经验提炼出，像“向导”一样，引导教学效果发挥到最好。如何将“创新”与“有效失败”更好地结合，也是我们之后要探讨关注的问题。

① 刘徽，杨佳欣，徐玲玲，张朋，王司闫.什么样的失败才是成功之母？——有效失败视角下的 STEM 教学设计研究[J]. 华东师范大学学报(教育科学版)，2020，38(06)：43－69.

14. 校园环游记：打卡失败，书写更美的远方

——小学语文习作教学的创新尝试

上海市民办尚德实验学校　顾伟伟

在小学语文的习作教学中，学生常常会拿着手中的作文纸跟教师求助："老师，我可不可以写这个？""能不能这样写？""还需要修改吗？"这大概就是写作教学的真实日常：学生愁眉紧锁，教师倾囊相授，可写作仍旧像一座山，学生望而生畏，教师爱莫能助。为何在指导课后学生在习作中仍旧难以下手，畏手畏脚？这样的疑问困扰着我，催促我反思习作教学由何驱动，又指向何处。

一、避免失败：语文习作中的普遍心理

雏鹰学飞，老鹰并没有拆解飞行要点进行教学，因为飞行是出于鸟类的本能。我们在进行周而复始的写作训练的时候，有时会忘了表达也应是人的本能。在教学实践中，我发现学生在习作中表现出很强的依赖性：依赖教师课堂出示的事例或范文，知其然却不知其所以然，怯于创作；依赖具体详细的方法指导，但只知其一，不知其二，无法迁移；依赖教师出手帮助修改草稿，一叶障目，不求甚解，只求订正过关。

通过与学生的访谈，我了解到学生的畏手畏脚，大抵是希望自己的作文草稿能够一次性通过，获得一个优良的等第。而反观自己，教师的倾囊相

授，也是希望习作的通过率能够提高，缓解反复批改草稿的痛楚。因此，避免失败，似乎成了习作教学中师生不谋而合的共同心理。

在“避免失败”的心理驱动下，完成一篇作文的理想状态是，师生齐心协力，课前积累素材，课中明确要求并掌握方法，然后一气呵成完成习作，皆大欢喜。可是这样的教学中，学生缺少内在驱动，仅仅为了完成写作任务；教师指向模糊，没有真正达成教学目标；而最后习作呢，也仿佛是生产线的产品，千篇一律。看似一篇篇成功的习作背后，没有坎坷，顺理成章，习作方法真的掌握了吗？能够迁移运用吗？我尝试寻找一个突破口，让学生体验自由飞翔，哪怕失败，也能从失败中有所收获。

二、经历失败：打破习作教学的一般顺序

（一）大胆的尝试

今年学校招生季的系列活动中，我要负责带领家长们参观校园，规划参观路线，沿途打卡学校各个场馆设施，抓住亮点详细介绍，以此来提高学校的吸引力。在此过程中，语言表达也是展现学校师资水平的重要方面。为此，我实地演练了一遍参观路线，边走边想，家长关注什么，我要着重介绍什么，怎么表达……林林总总想了一路。回到办公室，我记录所思所想的时候，突然眼前一亮，这不就是我所教学的第五单元的习作内容吗？

统编版四年级下册第五单元的习作是《游________》。“妙笔写美景，巧手著奇观”，正如单元导语所言，这是一个以写景为内容和主题的习作单元。这篇半命题作文要求学生从自己游览过的地方中选择一个印象深刻的景点来写，按照游览顺序把游览过程写清楚。

习作提示：

1. 先画出游览路线图帮助自己理清思路；

2. 把印象深刻的景物作为重点来写，写出特点；

3. 利用过渡句，使得景物转换更自然。

校园参观的工作任务和学生习作内容如此契合，让我灵感闪现，迫不及待地行动起来。

第二天，我就走入课堂，兴致盎然地介绍了周末学校的校园参观事宜，时间紧，任务急，邀请大家给我出出主意。

关于参观地点的选择，学生们七嘴八舌。

“家长们应该都要从一号门进来，那就从图书馆大厅开始参观吧！”

“我觉得进图书馆大厅之前可以先参观一下毓秀廊。”

“智能馆也要去参观一下，好像别的学校都没有的。”

“去尚德大道散步也很好。”

学生们列举了他们熟悉的、喜爱的景点。伴随这一番对校园景点的罗列，我出示了学校的俯瞰图像，让现场讨论有了直观的媒介。

接下去，学生迫不及待规划起了初步的参观路线。学生一边交流我一边在黑板上板演。

生 1：从正门口进来先走星光大道去喷泉广场，然后去尚德大道，再去看智能馆。

师：你一下子打卡了 4 个地点，说得很清楚。请其他同学来评价一下他的路线规划。

生 2：我觉得他规划得很好，正好把学校逛了一圈。

生 3：我觉得他选的地点很好，喷泉广场、智能馆这些都是我们学校有特色的地方。

师：对于这一条路线规划，你们还有什么建议吗？

生 4：有些地方是顺路的，可以一起参观，比如从尚德大道去智能馆的时候，会经过艺术长廊，那里也值得一看。

生 5：我觉得最好还是要去操场看一下，那边还有羽毛球馆和游泳馆呢！

生 2：我还有补充，最后还要把家长们从智能馆带回校门口的。

关于路线规划，学生心中有了初步的想法。从路线设计的简洁性方面，认为路线不能设计得太复杂，把初次来参观的家长绕晕了；从路线囊括的地点来看，意见有不一致的地方，有的认为要面面俱到，全部参观，有的认为参观最有特点的即可。

趁着学生讨论的热情，我提出了活动要求：请你设计一份校园参观攻略，推荐三处你认为最值得带领家长参观的校园地点，规划一下参观路线，介绍清楚每一处地点的特点，让家长喜欢我们学校。

为了凸显这次写作的“去功利性”，打消学生在完成写作时的畏手畏脚，让学生置身在真实情境中进行创作，关于第五单元写作的任何信息，我一点都没有透露。于是，学生投入写作中的热情比以往任何一次都高涨。因为这不是一篇单元作文或者试卷题目，而是帮助老师分忧解难啊！但是写作的过程并不轻松，甚至可以说是困难重重。

（二）不出意料的失败

1. “要介绍的地点太多，怎么选？”

在最初的课堂讨论中，解决地点的选择这一问题看似最为简单，毫无障碍。但是在实际成文的时候，学生开始意识到困难。如果把每一处地点都介绍一遍，那需要写的文字就太多了。“学校可以介绍的地方太多了，我很难选啊！”他们在景点选择上纠结很久：一些景点自己很喜欢但是不好写，还有些景点虽然不怎么吸引人但很好写。因为要用文字写下来，他们有了功利性的思考，但问题也很突出。

学生在选择地点时没有进行全局考虑。他们通过实地参观后，最终选择了3—4个地点，但是很大一部分学生仅仅关注到了美丽、有特色、喜欢这些角度，并没有考虑学校场馆设施的类别。因此，出现了这样的组合：到了毓秀廊，介绍了十二兽首的小喷泉，又去参观了喷泉广场，写了大喷泉；一口气介绍了学校的篮球馆、羽毛球馆、游泳馆还有大操场，几乎是纯粹的运动路线；先参观星光大道，又去尚德大道，属于环校园的徒步路线。

学生在选择地点时没有凸显对象感。以上描述的都是学生在地点选择时没有兼顾不同类型地点的搭配，导致最后的路线无法展现学校在运动、教学、人文等不同方面的特点。且令人惊奇的是，几乎没有任何学生把教学楼作为参观地点。作为一所学校，教学楼是主体建筑，也是学生活动的主要场所，居然被排除在外，显然学生没有从介绍对象的需求考虑。

2. “选跳跃式还是话痨式的路线?”

在最后成文中，一半以上的习作中都没有体现地点转换的句子。“我们先来到……然后就到了……最后可以参观……”这样跳跃式的描述在习作中高频出现。当然这并不出乎意料，因为“先……然后……接着……最后”就是学生已经掌握的最为基础的“按顺序介绍”的表述方法，符合基本学情。

但是也有学生已经先行一步，有了描述路线的意识，只不过在描述的过程中，他们也遇到了困难。“从星光大道去艺术廊，我怎么写呢?”他们有了初步的想法，觉得两个地点之间需要写一点东西来串联。“从智能馆到大操场，经过的地点太多了，都要写出来吗?”他们发现在纸上绘制路线是简单的，但是落到文字表达，需要考虑的问题就更多了。于是，真实路线很难用语言进行精简描述，出现了两极表现：一方面，有的学生凭借对校园的熟悉将地点一到地点二的路线进行了非常详细的描述，甚至占了一个自然段的一半篇幅；另一方面，也有些学生虽关注到了地点的过渡，但是句式单一。

3. “到底怎么介绍才算具体呢?”

几乎所有学生都不约而同地谈及自己在具体描写某一个地点时的困

难。“毓秀廊要介绍的东西太多了，但我讲不清楚。”“智能馆很富有科技感，但是我不知道怎么用文字表达出这种科技感。”学生在习作中的表达几乎都只停留在点评某一地点怎么样的层次，而没有就其评价展开具体描写。比如，“喷泉广场的喷泉很值得一看。每到节日，喷泉就会打开，十分美丽。”学生的描写仅限于此，至于喷泉没有打开时的广场上有些什么？打开后是什么样子的呢？美丽体现在哪些方面？很少有学生能多说两句，即无法深入展开具体描写。

学生才发现自己对生活了四年的校园并非十分了解。他们能够如数家珍地罗列学校的场馆设施，但是疏于观察细节，对于具体介绍无法展开太多描述。可见，如何把一个地点介绍具体，成为学生们最普遍的困难。于是，有学生提出了自己的需求：“我想再去学校看一看。”

三、梳理失败：失败并不可怕

一个又一个困难冒出来，阻挠着学生的最后成篇。在我创设的情境中，学生要向家长介绍校园地点并规划路线，这是一个源于现实世界的“劣构问题”。劣构是相对于良构而言的。从目标、条件和路径这三个问题解决的要素来看，三个要素齐全则可称为是良构问题，比如课堂和作业中出现的题目大多都属于这一范畴。但是当这三个要素中有一个或者一个以上要素不清楚的时候，就称之为劣构问题。在这个情境中，学生没有进行单元学习，缺少解决问题的条件，情境目标“让家长喜欢我们学校”是一个抽象模糊的表述，而完成习作的路径仅在讨论中进行了初步梳理，并没有概念辅助。面临这一错综复杂的劣构问题，学生充分调动了自己的生活经验和已有认知，但仍旧无法妥善解决，这是情理之中。

苏黎世联邦理工学院学习科学与高等教育教授马奴·卡普尔第一次提

出了“有效失败”的概念，以学生长期学习效果为标准，他将失败分为有效失败和无效失败。无效失败，是指学生短期和长期学习表现都比较差，失败的尝试没有对后续学习产生帮助。而有效失败是指学生虽然在短期内学习表现较差，但是失败的体验激活了学生的认知活动，有助于他们取得更好的长期表现。因为学习本身是建立在原有的知识基础上，寻找新旧知识之间的联结从而完善自我知识体系。①

总之，失败并不可怕，运用得当便能扭亏为盈，转败为胜。学生在完成习作过程中反映出的所有困难，全部是源于学生在实际练习过程中遇到的真实问题，他们开始意识到成功完成习作自己还欠缺的知识和需要的帮助，这是下一阶段学习的起点。而梳理出的这些困难，也正是我接下来教学所需了解的真实学情，把解决这些困难所需的知识与技能融入接下来的单元学习中去，才能真正解决问题，促成具有长期学习效果的有效失败。

四、转化失败：开始真正有效的学习

（一）打包失败素材，整合单元阅读教学目标

明晰了在写作中的困难之后，我并没有进行讲评和指导，而是直接带领学生开启单元学习，并提醒学生尝试在课文学习中寻找解决问题的方法，逐步修改自己的习作。第五单元一共有四篇文本，两篇精读课文《海上日出》和《记金华的双龙洞》，两篇习作例文《颐和园》和《七月的天山》。学生带着前面的失败体验学习本单元课文，在明确单元目标的基础上，从教材中搜寻资源帮助自己解决困难。因为有了前面实践写作的经历，当这些知识点伴随课文教学一一展现的时候，学生更加敏感地将阅读教学和写作训练进行

① 曹鹭．有效失败与知识迁移：理论，机制与原则[J]．开放教育研究，2021，27(3)：11.

了自我联结，指向习作的阅读教学也更有了针对性。

同时我也将学生的失败素材进行分析整理，融入单元备课中去，实现学生作品和课文的打通，学生的问题成为教学的内容，使得每节课的教学目标更加聚焦学生的困难，指向问题解决（表1）。

表1 本次实践与常规教学的单元教学目标对比

单元内容	常规的教学目标	本次实践的教学目标
《海上日出》	1. 字词掌握。 2. 能说出日出时的景象。 3. 了解课文按照太阳变化的顺序写景的方法。	1. 字词掌握。 2. 能说出日出时的景象，了解按照太阳变化顺序写景的方法。 3. 分析写法，对照习作，选择一处按照天气或时间变化，写出景色变化特点。
《记金华的双龙洞》	1. 字词掌握。 2. 理清作者的游览顺序，了解按游览顺序写景的方法。 3. 感受双龙洞各处景物的特点，了解课文是如何把重点景物写清楚的。	1. 字词掌握。 2. 理清作者的游览顺序，了解按游览顺序写景的方法。修改习作中的路线规划。 3. 感受双龙洞各处景物的特点，对照习作中的描写段落，选择一处按照“见闻＋感受”的方法进行修改。
习作例文	1. 阅读习作例文，了解按照游览顺序写文章的方法。 2. 了解定点观察的写景方法。	1. 阅读习作例文，巩固表示地点转换的过渡句。 2. 使用定点观察的写景方法来修改习作，尝试从不同视角描写校园某一处景点。
交流平台 初试身手	1. 完成植物园的参观路线规划，练习过渡语。 2. 观察生活景物。试着按一定顺序写下来。	交流修改过程，分享修改后的校园游记。

(二)指向习作修改的单元阅读教学

在接下来的单元学习中,学生的学习过程成为真正的解决问题的过程,每一个教学内容都有十分明确的指向性,学生比照自己的习作获取修改方法。

比如:《记金华的双龙洞》和《颐和园》两篇文章,都按照游览顺序记录了游览过程,通过梳理路线图学生发现作者使用了过渡句完成地点之间的自然转换,于是仿写过渡句有了抓手。在正式修改习作之前,学生先绘制了参观校园的路线图,然后梳理了过渡句。

于是,原先学生作文中出现在段首的句子“首先,我们参观图书馆大厅……然后,就来到了智能馆……最后我们到达大操场……”,被学生修改为“步入校门,映入眼帘的是图书馆大厅……从图书馆大厅下楼梯进入E楼,往前走就是智能馆了……从智能馆出来,沿着尚德大道一路走,可以到大操场去逛一逛”。这样的修改,表面看是学生语言表达变得丰富了,内核是学生抓住了表示地点转换的词语进行自然过渡,掌握了按照游览顺序成文的方法。

在描写景物特点方面,《记金华的双龙洞》中从见闻和感受两个方面重点描写了孔隙“狭小”的特点;《颐和园》使用定点观察描写了登上万寿山站在佛香阁前所见美景;《海上日出》中巴金按照太阳升上海平面前、升上海平面时和升上海平面后的顺序记录了太阳在位置、颜色、光亮等方面的变化,写出了日出的特点。这些都为学生描写景物特点提供了思路。

在学生修改后的习作中,出现了许多可喜的改变。

学校毓秀廊成了很多学生首选的介绍地点。因为它邻近校门口,十分显眼,可供观察的景物类型多。除了古色古香的主体建筑外,周边还环绕了玉桥、喷泉、水帘、池塘和锦鲤等。这些景物从高至低,从远及近,提供了丰富的观察视角，是非常适宜的写作对象。

在介绍毓秀廊时，学生的习作中呈现了多种描写方法。有的围绕“古色古香”这一特点进行了详细描述；有的采用了定点观察的方法描写了毓秀廊周遭的景物；有的还能从眼前景进行联想，联系故宫、圆明园、九曲桥等大家熟悉的建筑。

再比如，介绍星光大道、图书馆大厅时，学生尝试从不同时间、天气状况进行描写。星光大道的白天和夜晚景色不同，只因那地面上的一盏盏星星形状的灯；图书馆大厅在阴晴不同的天气下也是不同的气象。捕捉其中的变化也正是学生抓住特点进行描写的表现，前者是大道的命名由来，后者正体现了图书馆大厅玻璃天窗的通透敞亮。

有意思的是，在尝试习作阶段出现的问题，即作为学校主体建筑的教学楼没有纳入学生介绍范围，在修改后的习作中仍然没有变化。只有少数习作将其作为游览地点进行重点介绍，有的仅在过渡句中有所体现。针对这个有趣的发现，我访谈了部分学生，了解他们在描写教学楼时的困难。他们觉得“教学楼不够吸引人，没有特别适合描写的地方”，这可能是因为他们天天置身于这个环境，反而习以为常难以捕捉特点。还有一部分人觉得“其他地方更好写，能写得精彩一点”，可见，学生达成习作技巧后，他们在实践的过程中会受到多种因素影响。

（三）完成单元习作，达成学习迁移

当然，修改习作并不是学习的最终目标。因此在我的教学设计中，在完成单元课文学习之后，我组织了第二次写作，即教材中的习作任务：请学生从自己游览过的景点中挑选一个印象最深的作为这次习作的对象，按照游览顺序写一写，把游览过程写清楚。

此时，新作文是一篇半命题作文，学生选择游览的地点具有很强的开放性。面对新任务，学生就需要从修改旧作、单元学习的经验中提取出抽象的写作方法，再投入到新的写作活动中。这是一种指向素养达成的迁移训练，检验学生是否理解核心概念，能否在新情境中应用。

在这个阶段，学生对于游览顺序和写景方法的认识更为清晰，完成习作的过程就是他们不断从大脑中检索知识和经验的过程。有的学生选择了迪士尼、环球影城这些他们喜爱的游乐场所；有的学生选择了假期刚游览过的黄山、长城、泸沽湖等风景区；还有的学生在回忆方面有困难，索性就近取材游览自己的小区。丰富的选材全部源于学生真实的生活经验，可谓百花齐放。

如果说修改习作仅仅体现了学生掌握表面的写作方法，那么完成新作可以认为是学生开始形成专家思维的认知结构。

五、复盘失败：直面失败的教学创新

（一）重整教学顺序，促成失败

在这次习作教学中，最不同寻常之处便是教学顺序的重整，这一设定让学生体验了具体而深刻的失败。常规的教学一般先进行课堂教学，而后学生进行操练。但是这次我让学生在毫无准备的情况下先试水完成一篇校园游记，学生完成过程中积累的问题和困难成为接下来教学的内容，整合单元学习内容得以一一突破。学生习得的新知识在旧作的修改中获得巩固，同时在新作的完成中得以迁移。这一重整教学顺序的做法和常规教学中教师全程按序指导相比，大大丰富了教学内容，提高了教学效率(图 1)。

追溯这一做法的理论根源，可以从建构主义说起，也可以从卡普尔的“有效失败”理论中寻找到契合点。前者关注学生新旧知识之间的自我建构，后者颠覆了传统的教学顺序，先由教师布置一个学习任务，让学生尝试解决，并在过程中不给予指导和教学，在学生体验失败之后教师再介入展开教学指导。殊途同归，两者都体现了学生在学习过程中的主动求索，指向学生在真实的实践中完善认知结构。①

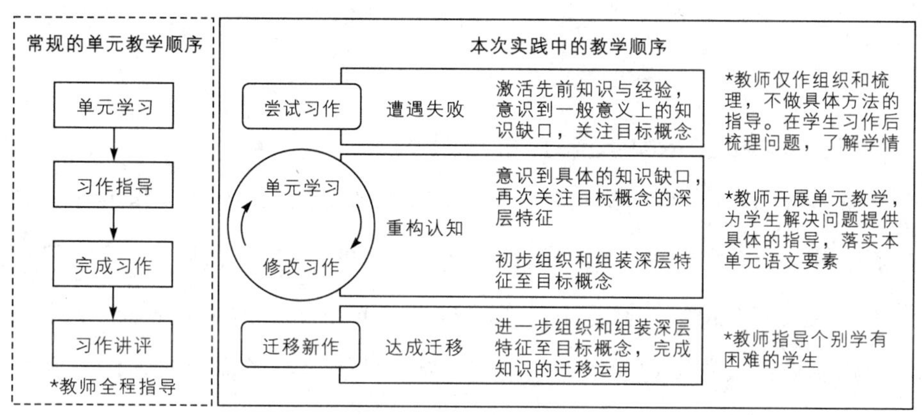

图 1　本次实践的教学顺序和常规教学对比

（二）建立在真实的生活情境中，体验失败

新课标中明确提到，创设真实而富有意义的学习情境，凸显语文学习的实践性。何为真实？即学习情境源于生活，学生能在生活中触手可及，而非空中楼阁，全凭想象。设想一下，“让我们跟着叶圣陶一起去金华的双龙洞看一看”，这个情境看似真实，但是学生既不能跟着叶圣陶去游览，也无法真正前往双龙洞，所以这不是一个真实的学习情境。何为富有意义？即这个情境应该建立起语文知识、社会生活和学生已有经验的有效联结。

在本次教学实践中，我进行了多次真实情境的营造，促成有意义的学习体验。首先，学生从真实情境出发开展学习活动，即在学校招生季活动中帮助教师写一份校园游览攻略。由真实情境生发出学习任务，驱动学生去探

① 刘徽，杨佳欣，徐玲玲等.什么样的失败才是成功之母？——有效失败视角下的STEM教学设计研究[J].华东师范大学学报(教育科学版) 2020，38(6)：43—69.

索，构筑知识之间的联系。其次，学生从实践中生成真实的问题，在单元学习中寻找解决方法，完成新旧知识之间的联结，更新认知。再者，学生修改完旧作之后，从自己真实的生活经验中选材，完成单元习作，迁移运用新知识。

（三）指向核心素养的迁移应用，转化失败

重整教学顺序，可谓是和日常教学背道而驰，学生因为缺少相关知识和技能的铺垫，在完成初次习作时体验到了更多的困难和失败。但是仅仅让学生获得失败的情绪体验绝不是目的所在。不可否认，在此过程中，学生的学习机制被更大程度地激活，学生主动调动以往学习经验投入到任务完成中，这是传统顺序教学中难以达成的。

深度学习强调在"现实世界"中的"创造和运用"，运用的过程就是迁移的过程。新课标中也指出培养核心素养指向的是一种迁移运用能力，是学生在某一情境中习得的知识和方法能够在新情境中得以运用和巩固。在传统课堂，教师和学生的关注对象是一个个知识片段，进行着孤立的训练技能，学生难以建立知识之间的关联，难以经历完整的学习过程。因此，有效失败的目的是帮助学生在失败情境中意识到知识缺口，继而在指导期有目的地去吸收新知识，弥补知识缺口，完善认知结构，从而在新情境新任务中再次巩固新知，检验习得。

修改习作的过程是学生践行从课文中习得的写作方法，这是一种从具体到具体的迁移，达成难度小，学习意义也相对薄弱。而完成新作的过程，需要学生从先前的学习中归纳总结抽象知识，并再次投入到下一个新任务的完成中，是一种从具体到抽象再到具体的迁移，指向的是一种创新能力，达成的目标是引领学生像专家一样思考。在单元课文学习的过程中，学生有意识地去寻找解决自己习作中问题的方法，不是像一块海绵去吸收新知

识，而是像一个建筑师去收集建起高楼的材料，这样的学习，一砖一瓦皆有所成就。

“失败乃成功之母”，这句话常常被用来激励那些正在遭遇挫折的人们能够积极应对，保持努力。我认为，本次教学实践从真实的失败出发，为这句名言填补了更多细节。失败之所以能孕育成功，不是应然，而是在失败中明晰和成功的距离，从而进行更高效的学习，并产生更长远的学习收益。从校园游记这一篇看似失败的习作出发，学生习得的游记写作的方法，一定能帮助他们书写更美的远方。

第四编 PART 4

创新素养培育的实践智慧

创新的前提是要解放人，即解放儿童的头脑，使之能想；解放儿童的双手，使之能干；解放儿童的眼睛，使之能看；解放儿童的嘴，使之能说；解放儿童的空间，使之能接触大自然和大社会；解放儿童的时间，使之学习自己渴望学习的东西。

——陶行知. 陶行知全集(第四卷)[M].成都：四川教育出版社，1991.

15. “无为”与“有为”中的支持

——记一次与幼儿共同经历的失败、创新与蜕变

上海市浦东新区东方幼儿园　陈佳慧

2021 年 10 月，我有幸参与上海市中青年教师教学评选活动，教龄尚短就参加如此“重量级”的比赛于我来说可谓是压力重重。刚开始，面对领导们的殷切期望和同事们的热心帮助，我暗自下了决心：凡事一定要做到最好，不能给幼儿园丢脸！在备赛过程中我时常感到迷茫与困惑。又问自己：得到比赛的一等奖就是终点吗？比赛，究竟给我和孩子们带来了什么？在漫长备赛的过程中，我和孩子们一起失败着、创新着、蜕变着。从孩子们身上，我逐渐找到了答案……

一、背景

当我与大班的孩子们一起讨论低结构活动——探索型主题活动中他们想要研究什么主题时，那些以往很有“市场”的“恐龙”“汽车”“海洋”并没有获得大多数孩子的共鸣。无意间教室里蹦出的“太空”两字，瞬间打开了全班的话匣子：有的孩子回忆起中班时观看神舟十二号载人飞船发射的情景，有的孩子开始天马行空地谈论起太空生活，有的孩子则畅谈着他们想要成为宇航员的航天梦。“火箭”“宇航员”“月球车”“空间站”等成为他们话题的

核心。各种问题随之而来:“空间站是宇航员在太空站的家吗?他们在那里做些什么?”“空间站有多大?长什么样?”等等。在持续一周的讨论和互动中,孩子们对空间站的主题兴趣不断发酵,于是,“中国空间站”的探索型主题活动应运而生了。

在“中国空间站”的低结构活动中,有一组孩子围绕“发射”开始了他们的探索之旅。发射组的孩子们在活动中有着很明确的目标,就是要将航天器成功地“发射升空”,他们的研究包括设计各种各样的“火箭”“卫星”等航天器以及搭建“发射架”两部分。

这群孩子对“发射”这件事充满了兴趣,在前期已经查找了很多的资料。他们对身边常见材料的特性已经有了一定的认识,也有意愿要用更多不同的材料去制作航天器和发射架。他们的好奇与兴趣以及对材料多样性的认识成为他们之后自主探究的“助推器”。但是,一些客观因素也影响着他们的探索。“发射”这一内容对孩子们来说是全新的挑战,在活动的初期,他们显得有些畏手畏脚、信心不足。在科学方法的运用上,孩子们还略显稚嫩,他们往往较主观、较片面地看待问题,对于如何科学地进行实验操作并全面地看待问题仍有待提升。

孩子们探索过程中充满的惊喜让我们一同分享精彩,时常碰到的挫折让我们一同惋惜和思考。在航天追梦之路上,孩子们保持着好奇和探索,一次又一次把失败作为创新的支点,不断地突破和改变。慢慢地,他们蜕变着……

追随着孩子们探索的脚步,我更看清了教育也是一场旅途,它的终点并不只有最终的荣誉和奖杯,和孩子们经历的所有更是路途中的珍宝。教育的追梦之路上,我更深刻地理解和践行着教师的“无为而无不为,有为而有所为”。慢慢地,我也蜕变着……

二、教育"无为"——看到幼儿在"有效失败"中的更多可能性

(一)扭扭棒弹簧的诞生

探索活动刚刚开始的时候,孩子们通过前期资料的搜索,有了很多的想法,终于要动手制作了,他们显得有些迫不及待。这一天,他们决定制作弹簧火箭,打算利用弹力将火箭发射升空。

因为研究还处在起步阶段,所以他们打算从模仿身边的弹簧材料开始研究。小可带来了自己扎头发的电话线发圈,这是她接触最多的类似弹簧形状的物件。她找来了扭扭棒,模仿着发圈的样子开始制作弹簧。她的第一次尝试没有借助任何材料,只见她两个手配合着将扭扭棒弯曲、打圈,在一次又一次的旋转中,扭扭棒变短了,弯弯曲曲地缠绕起来。第一根弹簧做好了,但她显得有些失落,因为这根弹簧看上去歪歪扭扭的,非常不整齐。

图 1　小可第一次制作的扭扭棒弹簧

于是她开始了第二次的尝试。有了前一次的经验,她在缠绕的过程中更加仔细了,两个手的配合也更加默契,这根弹簧的形态明显比之前进步了。

在之后的尝试中,为了让扭扭棒弹簧更加整齐,她把一只手指塞在弹簧中做支撑,绕在她手指上的扭扭棒变得"听话"了,这次的弹簧圈有了较一致的大小。她重复着用手指做支撑的方法,做出了好多根整齐的扭扭棒弹簧。

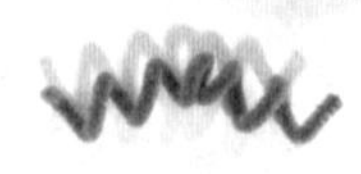

图 2　小可尝试用手指绕扭扭棒　　　　图 3　小可用手指绕出的扭扭棒弹簧

“我的弹簧做好了！快放到火箭上试试吧！”小可兴奋地对身边的同伴说。

谁知安装的过程却遇到了困难。由于在制作弹簧时，小可并没有考虑火箭底部的大小，所以她的扭扭棒弹簧因为不符合尺寸，在安装时花费了很多的时间，在不断调整的过程中，原本比较整齐的弹簧又变得歪歪扭扭了。活动刚开始的热情随着失败的到来被浇灭。

在一旁安静观察的我，看到了小可从急切制作到发现问题，再到努力调整的过程。我也和她一样，内心经历着从兴奋到疑惑再到坚持，又走向失落的状态。“该不该帮她?”我的心里有些纠结。帮，她大概马上就能克服眼前的困难；不帮，她可能在之后依然没有好的解决办法，对她的自信心无疑是一项打击；也有可能她会有所创新，能够自己发现问题和解决问题，这对她今后自主学习能力的提升无疑是很有意义的。权衡利弊，我决定再等等、再看看……

(二)这真是厉害的扭扭棒弹簧

有了前一次把扭扭棒绕在手指上制作弹簧的经验，小可在后一次的探索中果然有了创新和突破，她想到了借助一些长棍形的工具来代替她的手指辅助缠绕。小可从材料仓库里找来了很多工具：塑料棒、吸管、筷子，等等。这一次的活动中，她把重点都放在了弹簧的制作上。随着制作数量的变多,她对工具的运用越来越娴熟,两只手的配合也越来越默契。虽然制作过程中还是遇到过一些小问题,但这一次她很有信心,困难也被一一克服了。

在分享环节,当小可向同伴们展示她用吸管绕出的扭扭棒弹簧后,同伴们都夸奖道:“用扭扭棒也能做成弹簧,小可的手真灵巧!”“她绕的扭扭棒就像机器人做的一样,好整齐呀!”在孩子们的夸奖中,小可绕出的扭扭棒弹簧成了最厉害的扭扭棒弹簧。

在之后的活动中,火箭组的孩子们分工制作着火箭的各个部分。小可还是主要负责做弹簧,其他几个男孩负责做火箭箭体。在活动时,我发现小可并没有一开始就着手制作,而是和制作火箭的骁峣商量起火箭的大小。

“我一会儿就用这种粗的吸管搭火箭。”骁峣比划着他手中的吸管说道。

“好,那我弹簧的大小就和这个火箭一样,你觉得行吗?”小可征询着骁峣的意见。

“我觉得行,但是一定要整齐一点哦。”骁峣叮嘱着。

一番商讨后,他们依旧没有着急制作,而是把彼此沟通的想法写成了“计划书”。小可测量了弹簧所需的长度,“5,10,15,20”,她将长度记录下来,对照着“计划书”,她开始绕着吸管制作起来。她依旧非常细心,两只小手配合着,一转,一绕,又一转,再一绕,乐此不疲地重复着。

看似“无为”的站稳观察实则饱含深意,它让我清楚地看到了小可在探索时经历曲折又有所创新的实然状态,她学习与思考的过程、她专注与坚持的学习品质、她从兴奋到失落再到满足的心理状态在我的“无为”中一一展现。教师的“无为”成为孩子们在“有效失败”中直接感知、亲身体验、主动探究,从而获取经验的基石。

之后,我更加坚定:要静下心来去观察孩子们。参赛前,出于努力提升幼儿的经验、努力让幼儿有所获得的角度，我会迫不及待地去帮助他们解决困难；如今，在观察中我更多地思考：孩子们在做什么、想什么？他们需要什么？他们的难点是什么？在孩子们的探索过程中，我报以欣赏的眼光去发现，用静待花开的耐心去等待。我看到了更多孩子们在创新中的失败，也看到了他们在失败中不断地尝试和创新，从中，我发现了他们身上的无限可能和巨大潜力。

三、教育"有为"——引导幼儿在"失败"中重新认识自我

(一)火箭发射失败?

为了让火箭高高升空，孩子们除了在火箭上加上动力装置，还想到了搭建不同的发射架。这一天，他们正在测试皮筋发射架的效果。只见他们将火箭按在由餐盘架和皮筋组合成的发射架上，随着小可按住火箭的小手放开，它发射了！但火箭仅仅在桌面上低低地弹跳了一下，又落回了桌面。

阿栩："发射失败了。"

小可面露难色："难道是弹力不够?"她一边观察着发射架，一边自言自语。

琛琛："要不试试我的火箭吧！"

在大家期待的目光中，琛琛的火箭架在了发射架上，但这次发射也仅仅在桌面上弹跳了一下，看来还是没有达到孩子们的预期效果。孩子们开始了争论。

阿栩："我的火箭发射得比你的高。"

琛琛有些不服气："我觉得我刚刚的比你高很多，你看，我的火箭有三个推进器，它更厉害。"

"你的火箭太重了，肯定是我的飞得高，它刚刚都飞到这里了。"阿栩用

手比划着高度说道。

男孩子们在一边激烈地争论，小可着急地询问着："你们觉得我们的发射为什么不行呀？"火箭发射组的孩子们一下陷入了沉默。

在孩子们眼中，这一次的探索以两次发射"失败"而告终。

"火箭真的发射失败了吗？"在一旁目睹了这一切的我不禁在心里暗暗地问自己。

通过这次活动，我发现有些孩子对于成功有着极其执着的追求和渴望，比如，骁峣和琛琛；我还发现有些孩子面对"失败"已经学会了去思考原因，比如小可。

是成功还是失败，成人评价幼儿的标准在哪里？仅仅只看结果吗？幼儿评价自己的标准又在哪里？他们标准的确定有没有一部分是受到成人的影响？不可否认，失败是珍贵的教育资源，但绝不是以失败为目的来培养幼儿，更不应"以成败论英雄"，以成败作为评价的唯一标准。

（二）"精心设计"的火箭发射仪式

在之后几次的活动中，孩子们依然执着于要将火箭发射得更高，虽然对现有的作品进行了改造，但他们依旧不满意。发射组的探究遇到了瓶颈，最大的原因还是孩子们似乎对"失败"格外介意，一心追求要"最高、最厉害"。而想要一步登天，哪有那么容易！为了延续孩子们的探索热情，更重要的是，引导孩子们积极地进行自我评价和自我认识，我决定找准时机出手帮一把。

这一天，在分享的环节中，全班的孩子们都想看看火箭发射。我心里想着：机会来了。为了有充分的仪式感，全班一起举行了火箭发射仪式，在大家"3、2、1，点火！"的倒数声中，火箭发射了。发射后，孩子们的反应形成了鲜明的对比：发射组的孩子们显得有些失落，因为他们表示发射的高度和他们想要的结果相距甚远;而其他的孩子在气氛的烘托下,连连为发射拍手叫好。孩子们有这样的差异反应是因为发射组的孩子处在当局者的位置,他们心中对火箭发射成功的标准要远远高于作为旁观者的观众们。

“瞧,多厉害的发射呀,朋友们都在为你们鼓掌呢!”在观众们的赞美声中我表扬和鼓励着。

为了帮助发射组的孩子们建立起信心,我接着问道:“你们觉得这次发射和你们之前的发射比,效果怎么样?”

坤坤:“那还是这次更高一些。”

琛琛:“是的,我也觉得。”

我:“是呀,每次都有进步,就是很大的突破,你们一定是改造过了吧!”

原本显得有些失落的孩子们眼神中又透出了兴趣之光,他们讲述着各自改造火箭和发射架的经历。通过分享,发射组的孩子们开始关注成败之外的一些更重要的事情,我“精心设计”的发射仪式也达到了预期的作用。

后来我发现,在后续的活动中,发射组不再那么执着成败,他们放平了心态,在活动中反而变得更大胆了。孩子们开始比较起材料的不同,开始关注实验时用更科学的方法去观察,想到了用工具进行测量,等等。

随着探索的深入,孩子们对“失败”有了新的定义。更让我高兴的是,正因为不再介意表面上的成败,他们每个人都变得更加自信了。首先,他们明白了能够自己制作火箭、搭建发射架其实是一件非常了不起的事情,这种创新精神本身就应该被肯定。其次,他们逐渐意识到在研究中有所思考、有所坚持才是最大的收获。在探索的道路上,常常会有失败相伴,而正因为有了失败,才促成了他们重新审视问题,让他们有了更多的创新。从失败中总结经验,在失败中重新建立起信心,在失败中有所发现,不断改进、完善和应用,这些都是失败带给他们的宝贵财富。最后,他们也开始懂得失败往往是创新过程中的常态,想要一步登天基本是行不通的,探索的道路注定是一个漫长积累的过程。

伴着孩子们的改变，我自己也逐渐放下心态，不再以比赛的最终结果为目的，而是享受着这一路和孩子们共同发现和成长。这件事让我意识到：面对成败，教师在其中的作用就是正确引导，鼓励孩子们用积极的眼光去看待失败，给予孩子们多角度、正能量的评价。我也只有进一步放低对幼儿的评价标准，用多元的眼光去看待每一个不同的孩子，才能引导孩子们建立起积极的评价观，才能真正把评价权交回到孩子们自己手中。

四、顺其自然、顺势而为的“有为”和“无为”——支持幼儿在创新的过程中不断蜕变

（一）火箭飞出了太阳系

之后，在研究发射架时，孩子们对“皮筋”进行了更深入的研究。他们找到了生活中各种各样的皮筋，有扎头发的发圈、封口用的橡胶橡皮筋、绑在裤腰上的松紧带，等等。通过对皮筋材料特性的进一步比较和认识，他们根据每种皮筋的特点制作出了很多不同的发射架：发圈比较短小，将它们绑在餐盘架上长短正好合适，除了水平地摆放，他们还尝试将发圈交叉重叠，进一步比较不同固定方式下皮筋的弹力差异；橡皮筋的弹力非常好，但是它的尺寸太短，孩子们想到了把橡皮筋连接起来，让它变长些，在探索连接方法的过程中，孩子们花了一些时间；松紧带非常长，针对这个特点，孩子们有进一步变大发射架的想法，他们想到了将桌子倒置，在四个角上绑上皮筋，超大的发射架就诞生了。在这个阶段，发射组的孩子们在经验的积累、科学方法的运用、同伴合作的能力等很多方面都有了质的飞跃。这些蜕变都源自他们经历的每一份创新与失败。

孩子们的创新还在继续。对发射高度的追求是孩子们本能的向往，这

时的他们已经不再单一地以结果为目的，而是已经拥有了挑战成功的信心和接受失败的勇气，更拥有了在过程中不断总结经验、不断创新的能力。

为了测量不同火箭的发射效果，孩子们设计出一块测量板，板上标记着楼房、云层、地球、太阳等图画用来表示高度。在发射后，孩子们还记录下每次的实验结果和实验中的各种发现，这些记录成为他们日后再进行创新的依据。

图 4　实验结果记录

在孩子们不断创新的同时，我坚持着顺其自然和顺势而为的“无为”和“有为”。幼教名师李洁老师曾说：“教育的魅力就是创造的魅力，是创造生命发展的魅力。”我看到了孩子们的生命之花正在努力绽放，我也体会着自己生命中由孩子们带来的无数感动和幸福。

(二)“卫星发射中心”的建成

在如火如荼的探究中，孩子们愈发大胆和创新。他们利用更多的材料去建造航天器，通过制作、实验、观察、改造、再实验的过程，改造和完善航天器的构造；他们搭建了更多种的发射架，把身边的各种材料进行拆解和组合，创造出了多种多样的发射装置。他们骄傲地为自己的发射基地命名，实现着属于自己的小小航天梦。

孩子们用表征的形式，记录下自己的点滴发现：

表 1　幼儿的表征作品与他们的发现

孩子们的表征作品	孩子们的发现
	经过多次的实验和比较，孩子们发现弹簧制作的火箭普遍发射高度较低，原因在于弹簧的粗细会对弹力造成很大的影响。
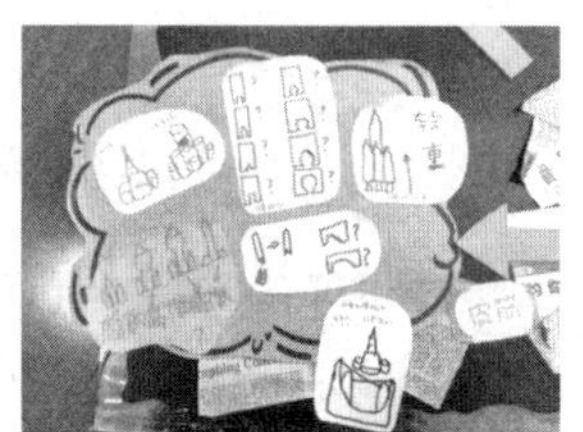	皮筋这一发射方式是孩子们重点研究的。他们除了考虑不同材质的皮筋有不同的弹力效果，还考虑到火箭和皮筋的适配性。有以下两方面的研究发现：一、火箭的轻重会直接影响发射效果，越轻的火箭表现越好；二、火箭底部的卡扣不同会对发射的方向、高度、精准度造成影响，但其中还存在一定的偶然因素，因此他们在表征中画了很多的问号。另外，皮筋和倒置桌子是他们搭建的最满意的发射架。
	气球的发射方式有很惊人的效果，气球的气越足，它的发射速度就越快。但是用气球发射时难以控制方向。孩子们尝试了用线和架子来固定，以及将气球放在长形容器中的两种方法来调整方向，效果各异。
	孩子们用打气筒和杯子进行组合，尝试用打气筒打气瞬间的力量推动火箭升空。在实验中，孩子们仔细观察杯子的形状，结合实验现象得出了“口越小的杯子越能飞得高”的实验结果，因为太大的杯口气都会漏走。

（续　表）

孩子们的表征作品	孩子们的发现
	风洞发射是孩子们最后开展的研究。他们在风洞中尝试放入了大小、形状、重量不等的各种容器，对现象进行了仔细的观察。 这一过程中，孩子们科学比较的能力还不完善，在科学方法上还有所欠缺。因此这个研究内容也成为之后开展集体教学活动的依据。

看到孩子们那么多的探究成果，我感叹他们拥有如此强大的学习能力。他们是充满好奇、自信而能动的主动学习者：他们始终保持着好奇，在千奇百问中探索着世界；他们是自信的，从同伴身上汲取自信的力量，在探究中逐步建立起自信心；他们更是主动的，先思而后动，后动而反思，他们都是自己学习的主人。他们通过"真创新"有了"真发现"，在过程中"真表现、真交流、真思考"，他们实现了每个人的"真蜕变"。

也正是这样一个漫长而曲折的过程，使孩子们拥有了创新的能力，他们不再畏手畏脚，而是努力在探索中有所发现，努力在生活中迁移经验，大胆地提出新观点、新方法；孩子们拥有了创新的思维，他们善于动脑、勤于反思、大胆猜测、有据推理、丰富想象，甚至也开始多角度、辩证地看待问题；孩子们也拥有了创新的品格，在探究中逐渐磨炼出坚定的意志、十足的勇气、专注的品质。

作为教师，我也更加坚定要"以素养培养素养，以成长影响成长"，一路和孩子们一起蜕变。

五、后记

时隔两年，回头再看这段经历，我感恩自己在追梦之路上经历的疑惑和纠结，更庆幸自己拥有执着和热忱。正因为热爱，让我从未停下追逐的脚步，也正因为一路上的荆棘坎坷和百花齐放，让我有了更多的发现、成长和蜕变。

在科教兴国战略、人才强国战略、创新驱动发展战略的指引下，教育、科技、人才是全面建设社会主义现代化国家的基础性、战略性支撑。作为人民教师，我们为祖国培养的将是一批又一批的人才，尤其是创新型人才。作为幼儿园的人民教师，我们打下的更是教育的根基、立德树人的根基。

当初比赛时的我还在思考着青年评优究竟能给我和孩子带来什么，而今，蜕变后的我有了更深远的思考。眼前面对的孩子们，他们是未来社会主义的建设者和接班人，在不久的将来，他们都将成为这个国家最具活力的力量。作为置身于新时代洪流中的一名教师，我不禁重新思考：未来的孩子们和未来的幼儿园会是什么样子？未来的教育又会是什么样子？

向着实现教育高质量的目标，我有了更多的感悟：

在我眼中，未来的孩子们和未来的幼儿园是这样的：每个孩子都是自己学习的主人，也必将成为未来幼儿园的主人。孩子们之间的关系将不仅仅是同学，他们更是互相帮助的伙伴，是共同学习的学友，是彼此的小先生、小导师。我坚信每个孩子都有规划自己学习的能力，都有发现问题、解决问题的能力。他们的创新意识、创新思维、创新能力使他们和而不同，他们也会拥有健康的体魄和自由的心智。

在我眼中，新时代的教育要培养孩子们具备怀疑精神和创新精神，并有将想法付诸实践的能力。一切的创新必不会一路平坦，必将经历曲折的考验，也必是点滴积累的成果。未来的教育应该通过更多启发式、体验式、互动式的教学与实践，培养孩子们的良好品行、动手能力、人文素养和创新精神。

教育家陶行知先生曾经说过：“教育并不能创造什么，但它能启发解放儿童的创造力以从事于创造工作。”他还说过：“先生之最大的快乐，是创造出值得自己崇拜的学生。"是啊,我们每天都在平凡中创造着不凡,在教育的创新之路上,我欣喜地发现着每个孩子身上都有让我崇拜的闪光点。而我也更加坚定地相信,未来,他们终将成为值得被崇拜、值得被仰望的人。

16. 在失败中孕育见证生命的成长

——记一波三折的草莓种植

上海市浦东新区宣桥幼儿园　谈军妹

孩子的“失败”就在日常学习、生活的点点滴滴之中，只有让孩子体验过失败，拥有经过努力才能成功的经历，他们才能有那份底气告诉自己：失败真的没什么，大不了重新再来。而且孩子也能在失败中孕育创新，从失败中吸取教训。

种植是幼儿园常见的一种活动形式，是幼儿获得生活经验、情感体验和能力提升的有效途径之一。要产生良好的教育效果，教师及时把握教育契机显得尤为重要。因此，教师在种植活动中要尊重幼儿主体性，创设开放自主的交流环境；要以问题为导向，关注幼儿的多元表达，促进幼儿深度学习；要尊重幼儿天性，重视个体差异，推动幼儿持续的学习和发展；要发挥教育机智，生成更多推动幼儿学习与发展的教育契机，让幼儿身体、认知和情感等方面都有所改变。下面我们以“一波三折的草莓种植”分享在种植过程中孩子经历的多次失败和发现问题、解决问题的过程，让孩子的学习看得见。

一、案例背景

“知道草莓是怎么种出来的吗？”“草莓是长在树上还是长在泥土里的？”“草莓需要多久才能长大？”“草莓的花是怎么样的？”“草莓可以做成哪些美

食?”小朋友们根据自己的需要成立了六个探究小组。“我知道草莓红红的、是三角形的,甜甜的味道是我的最爱……”“我还想知道种草莓的地方有没有吃草莓的虫子。”“我还想种草莓……”草莓的话题讨论在孩子们中愈演愈烈,孩子们带来了和自己爸爸妈妈一起完成的调查表,和同伴一起交流,分享自己的发现。一张张调查表,满满承载着孩子们对大自然的好奇和求知的愿望。对于久居城市社区的孩子们而言,这些关于草莓的问题是他们迫切想要知道的。爱默生曾说:“培养一个人最好的方式就是让他在自然中成长。”种植活动无疑为幼儿提供了亲近自然的机会。而解决以上问题,让孩子亲自参与种植是一种很好的方法和途径。于是我们开启了草莓种植之路。以下案例描述了在 2022 年 9 月到 2023 年 4 月,草莓种植过程中孩子们经历的从失败到新的发现,再到结出两颗草莓的探究过程。

二、案例描述

实录一:一波三折的草莓种植

◆2022 年 9 月 13 日周五,涵涵拿来了一叠草莓苗。

师:“草莓苗有了,我们去种草莓吧!”

孩子:“老师我们不会种植草莓哦,我从来没有种过东西。”“我也没有种过。”瑜瑜说,“我没有种过,但我奶奶种过玉米,我看见奶奶打个洞,然后把玉米苗放进去。”晨晨说:“那我们也打个洞,把草莓苗放进去!”蕊蕊说:“我知道了,我来试试!”蕊蕊拿起铲子试着挖洞,可是把苗苗放进去时,东倒西歪的。旁边的小朋友说:“旁边要放泥土。”于是蕊蕊就放泥土,可是放着放着就把草莓苗压得不见了,孩子们连忙喊:“不对不对,草莓苗压坏了!”蕊蕊起身说:“草莓好难种哦!”其他孩子也自主尝试起来,但是却是不知道如何下手,要不就是把苗苗盖得不见了。后来他们都看向我说:“老师老师你种给我们看看，我们就跟你学好吗?”于是在孩子的央求下，我示范种草莓。挖小坑—栽苗—拢土护根部，随后我说：“你们也来试试。”孩子们条理清晰地说：“先挖个小坑，然后把草莓苗轻轻地放进去，旁边的土向中间靠拢，但是不能压倒草莓苗!”随后每个小朋友都体验了草莓的种植。拿起铲子，化身为一个个“小莓农”，在教师的指导下完成了挖坑、栽苗、盖土、浇水等田间劳作。整个种植过程孩子们专心致志，非常地细心、用心，对草莓秧苗如小婴儿一般呵护着。虽然孩子们的身上、鞋上沾满了泥土，但脸上却挂满了灿烂的笑容，整个过程兴致盎然，乐在其中。

◆2022年9月20日，种植草莓一个星期了，孩子们跑来告诉我：“老师，草莓秧苗死了。”我跑过去一看，真的呀！周五看上去挺立的草莓苗，现在都耷拉了。对于草莓苗的死因，孩子们叽叽喳喳说开了。有的说：“老师，我知道是干死的，星期六和星期天我们没有给它们喝水。”有的说：“老师，是晒死的，这两天太阳好大好大，我们应该给它们撑把伞。”有的说：“我觉得苗苗小也有可能。”也有的说：“可能小草莓苗看到我们没有陪它们，伤心死了。”

当天蕊蕊也带来了妈妈网上买的草莓苗，孩子们又一起动手进行了草莓的种植。有了上次的种植经验，这次草莓种植很顺利。种完后孩子们提议说：“老师，太阳太大我们应该撑一把大伞。”“老师，我觉得要给小草莓苗浇水。”“我觉得要遮住这太阳。”说到遮阳孩子们又为难了：“可是现在没有大的可遮住的东西呀!”“是的，太晒了，应该搭个遮阳房子给它，这样就晒不着了。”“老师，阿姨那里有报纸，我们拿给它们遮太阳好吗?”于是孩子们去问阿姨要了报纸，行动了起来。过了一天，孩子们觉得报纸不透气，草莓吸收不到空气，也不行的，要用透气的东西遮阳。正好看到隔壁班阿姨那里有一张透气的黑纱，孩子们说这个黑黑的有漏气孔的可以遮太阳，草莓苗也不会被压死，说着几个孩子就跑过去问隔壁班阿姨借黑纱，随后就动起小手张罗起来，把它架在了围栏的上方。

◆2022年9月26日，又是一个周一，孩子们早上一进园就来到他们的草莓基地，看望他们的草莓苗，可是愿望是美好的，现实是残酷的，草莓苗还是晒蔫了，所剩无几。有的说："老师，草莓苗怎么还是死掉了，我看这次可能是秧苗不好，因为快递送来的时候，就有黄黄的感觉。"也有的说："老师，我就觉得可能那个苗苗不好，上次种植的时候我就看到黄黄的叶子了，这次我们还给它盖了通风的黑房子呢。"

◆2022年9月28日，国庆节放假前夕，有孩子问我："老师，我们还种不种草莓？你看我们的草莓田里草莓都死掉了。"也有的孩子说："很难种的，还是不要种了吧！"孩子间出现了两种意见。当时我的想法是：要不要坚持，应该支持孩子种吗？应该的，因为失败有其价值性，从失败中能够学习到的东西太多太多，只有从失败中积累经验，成功才具备可能性！于是我再次征求了全班孩子的意见，有一半以上孩子都坚持继续种草莓。

这次我从网上购置草莓苗，并且和孩子一起种植。"老师，要放假7天，草莓苗会不会又死掉，我觉得还是要来浇水的，7天不喝水肯定又会干死的。"我说："这次不会了，我们已经给它们戴了黑纱的帽子，老师也会请保安叔叔帮忙照看他们的。"

◆2022年10月8日，孩子们来幼儿园的第一件事情就是来到草莓基地看望草莓，可是孩子们仍然是比较失望的，草莓虽然活了几棵，但还是死的比较多。这次孩子们又找原因了。轩轩说："草莓着凉了，国庆节这几天温度低了。"岳岳说："对呀，妈妈说一下子降了好几度。"依依说："草莓怕冷的，我们吃的草莓都住在草莓大棚里的。"鸣鸣说："是的，现在天气凉了，草莓要种在大棚里的。"涵涵说："看来这次的草莓一定是冻死的。"凡凡说："老师，我们还种草莓吗？我们再种一次好吗？"看到孩子们渴求的眼神，我答应了孩子们的请求。考虑到网上购置草莓苗问题比较大，我和搭班老师商量去就近的草莓苗圃购置草莓苗。草莓苗买回来了，看到这么新鲜的草莓苗，孩子们高兴地说："这次一定能活的，我们给他们盖上保暖的被子，不让他们冻死。"刚开始利用垃圾袋、报纸，但是都觉得不合适，随后在大家的讨论下，利用薄膜盖上注意了保暖，上面继续利用黑纱戴好透气的帽子。

实录二：草莓怎么不长呀！

2022 年 10 月 24 日，距离最后一次种植草莓已经两个多星期了。一天早上，传来依依不满的声音："这些草莓怎么都这么小啊！"我故作惊讶地说："对呀，为什么我们种的草莓苗不长大的？""是不是还没有活啊？""不对，它已经活了呀，两个多星期了，肯定长好了！""我知道了，肯定是因为我们没有施肥，所以草莓苗长不大！"

◆给草莓施肥

"草莓苗为什么长不大？""老师也不知道，你们可以回去问问爷爷奶奶，或者和爸爸妈妈一起网上查查资料。"终于找到了答案：想要结出大草莓就必须提供充足的营养，特别是氮、磷和钾。第二天，孩子们就带来了肥料，在阿姨的帮助下，我们完成了草莓的施肥工作。

◆给草莓浇水、拔草

一天，草莓地里孩子们发现了许多小草，"老师，我知道了，草莓的营养被小草吃掉了，所以草莓长不大哦！""我们一起把小草拔掉吧！不让它吃掉草莓的营养，草莓就可以长大了！""草莓地有点干了，我们给它浇水吧！"

◆护草莓

一天，草莓园掀起了一场轩然大波。嘉颖指着一棵被虫子啃坏的小草莓苗，气愤地说："快看，草莓苗被谁偷吃了？""这个草莓苗为啥只有一点了！上面有一个洞！""这边的草莓苗也被啃了个洞！""我们的草莓还没有长大呢……"后来，孩子们回家同爸爸妈妈做了调查，得知草莓苗可能是被蚜虫或者飞虫吃掉的。孩子们邀请阿姨帮草莓苗除虫。

实录三:发现新生命

2022年11月初的一天,帆帆惊奇地喊道:“草莓长出新的东西了,草莓长出新的东西了!”浅浅说:“这是草莓的宝宝吗?草莓的宝宝不是草莓吗?为什么还有一个长长的线呢?”佳佳说:“这个是连接小草莓苗的东西,你看头上有个超小的草莓苗宝宝哎!”颖颖说“这个长长的线还是红色的。”“老师老师,这个线叫什么呀?为什么一定要有根线呢?”“这个超小的苗是草莓生的吗?是新的生命吗?好奇妙哦!”看着小朋友好奇的眼神,我说“神奇吗?但是其实老师也不知道,要不我们回去问问爸爸妈妈,调查一下这个究竟是什么。”

晚上微信群不断有消息呈现,第一个发布消息的是成成,说那个线是一根茎,头那边可以长出新的草莓苗。鸣鸣说:“那,那一条红红细细的线是它的什么茎?”“匍匐茎,是它的匍匐茎,可以把它剪断,然后再埋到泥土里,就可以长出新的草莓苗。”怡怡说:“这个红红的线是一个茎,可以生出新的草莓苗。”乐乐还说:“为啥草莓苗不是由草莓种子发芽的?这个长出的红色藤蔓为啥也有草莓苗哦!”微信群里不断有孩子回复,他们了解到了红红的线是匍匐茎的消息。帆帆说:“这个匍匐茎是给后面的新草莓苗苗送营养的,只有这个才能输送营养,你看小草莓苗在空中,如果没有这个线他们就没有营养,会死的。”第二天,孩子们还是兴奋地把这个消息分享给大家。我也及时再次组织了分享与讨论,孩子们得出草莓有两个长宝宝的办法。后来我和孩子一起读了草莓绘本图书,孩子们觉得生命真的很奇妙!

实录四:给草莓造暖房子

2022年11月24日,凡凡早上来告诉我说:“老师,你知道吗?下个星期要降温了,要一下子很冷很冷,有可能还会下雪。”“对呀,可能会降到1度,冬天了。”妍妍说,“我们的草莓怎么办?它们怎么过冬?会不会冻死哦!”其他孩子看到我们谈话也围了过来。“对呀，老师，草莓苗会不会冻死，我们种了好几次草莓，才活了十几棵苗苗，怎么办?”孩子们一起商量，觉得应该给草莓搭个暖房子。暖棚房子是怎样的呢? 好多孩子参观过草莓大棚，就头头是道地说起来：“里面弯弯的，大大的，进去暖暖的。”“是一根根弯弯的杆子连起来，最后上面是白色透明的膜。”还让我现场网上查找大棚，了解了大棚的特点。接下来孩子们就进行了材料收集活动。孩子们从家里带来了竹竿、PVC管子、绳子，等等，动起手来。只见孩子们不亦乐乎地把材料插进泥土，可是一旁的涵涵说：“这样不对，薄膜会戳破的，不就漏风了吗?”“那怎么办?”孩子们有点为难了。语语说：“我看到大棚里的架子是两边弯弯的，插在泥土里的，这些竹竿和管子硬硬的弯不起来。你们看那个细细长长的杆子应该行。”“看到了，可是我们还是不会怎么办? 我们搭不来暖房子啦! 我们请阿姨帮我们一起吧，阿姨本领很大的。”最后孩子们邀请阿姨一起加入搭暖房子队伍。孩子们一起动起来，最后一起盖上两层薄膜，在阿姨的指导下，完成了搭建暖房子的工作。孩子们再去看草莓苗的时候都会露出喜悦的表情，现在草莓苗风吹不到，雨淋不到，阳光充足，孩子们相信草莓苗会茁壮成长，长出红红的草莓的。

实录五：终于结出草莓了

2022年12月19日，幼儿园全面停课了，孩子们说：“我们的草莓怎么办?”我对孩子们说：“等老师去幼儿园的时候，会帮助你们去看看的。”小朋友又说：“开花了拍照给我们看哦。”2023年2月2日轮到我值班，这次是停课后我第一次去幼儿园，我第一件牵挂的事就是和孩子们一起种的草莓。走近一看草莓居然开花了，开了两朵白色的。我连拍了三张照片，分享到微信群，群里的孩子一下子兴奋了：“哇! 我们可以吃到草莓了!”2023年2月15日，幼儿园正常开学了，孩子们第一件事就是去看他们的草莓。“老师，草莓在哪里……”“怎么没有草莓呢? 不是开花了就会结红红的草莓吗?”

“老师也想找草莓呀，可是老师找不到。”“老师，是不是被偷吃了?”我说：“这个肯定不会，因为保安叔叔每天守好大门的。”“那为什么开了花不结草莓?会不会被虫吃掉了?”“到底为什么呢？老师，你帮我们查查吧！我们真的很想知道。”我就应孩子的要求上网查找原因，找到的答案是没有授粉。随后我说：“你们还可以再回去调查一下究竟是什么原因。”第二天，孩子们又来告诉我：“老师，我问了爷爷，草莓不结果的原因也有可能是没有肥料。”“我也查到了，也有可能是阳光不足。”“哦哦!”我说，“原来草莓不结果有这么多原因。希望我们草莓能再次开花，能结出草莓。”3 月中旬一天，孩子们兴奋地告诉徐老师：“草莓开花了，快去帮它授粉。”徐老师在孩子们的要求下，第一次尝试做了授粉工作。孩子们说：“这下应该就有草莓了吧!”4 月 20 日，见证奇迹的时候到了，我值班后进教室，孩子们看到我兴奋地告诉我：“谈老师，有草莓了！有草莓了!”说着就拉着我往草莓园跑。果然，草莓园的角落边两颗红红的草莓在告诉我，草莓终于结果了。算算开始种植到结果子，整整经历了 8 个月，在一次次失败中，孩子们终于收获了两颗见证奇迹的草莓。

三、案例分析

通过梳理发现，幼儿的关注点聚焦于如何种植草莓，如何让草莓健康地长大，最终如何结出红红的草莓，这是孩子们迫切想要解决的问题。因此，我确立了主题“遇见莓好”，锁定驱动性问题——如何种植草莓，如何更好地照料草莓？这两个驱动性问题可以引导幼儿进行种植，并在一段周期里持续性地观察与探索，探索草莓种植的方法，观察草莓成长过程中的问题，并尝试通过多种方式解决问题，从而对于草莓的种植与照料有更进一步的认识与体验。

下面以一张框架图整体回顾一波三折的草莓种植经历：

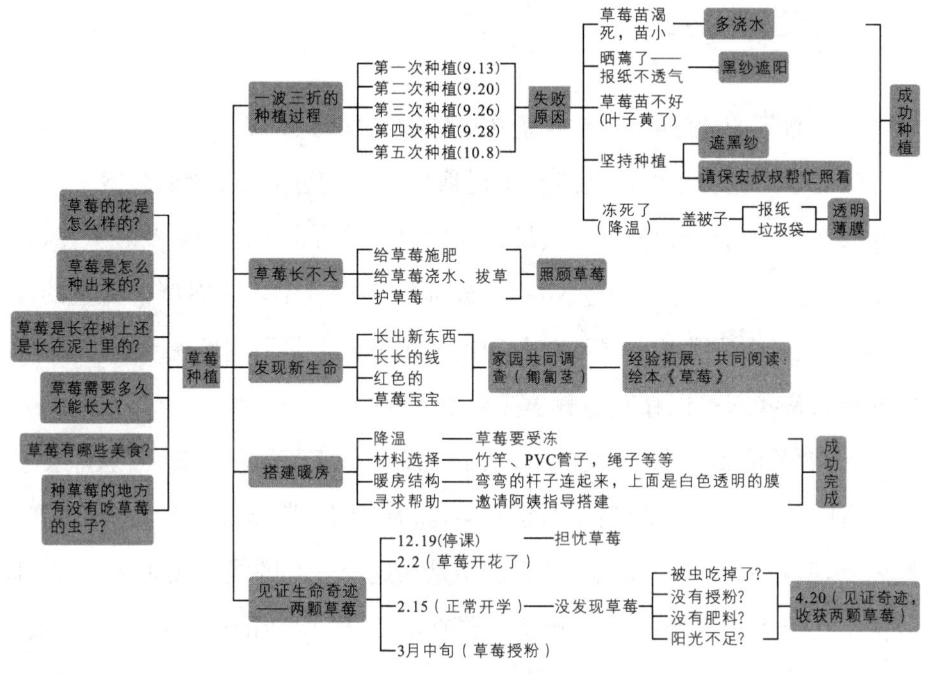

图1 “一波三折”的草莓种植经历

虽然种植过程一波三折，但是孩子们还是充满期待，失败—种植—失败—种植的经历，让孩子们知道有的时候做一件事情不是一帆风顺的，会遇到困难和挫折，但是只要我们能够坚持，胜利就在眼前，这对孩子学习品质培养至关重要。其实在这过程中，孩子有放弃的思想，我一直倾听孩子，尊重孩子，和孩子一起思考、讨论，寻找原因，继续前行，这不只是教孩子学习并掌握能力，同时也是教孩子一种人生态度。

四、案例措施

(一)教师的关注和支持,推进孩子的探究学习

幼儿学习过程中会因为经验不足遇到很多问题和困惑,如果教师不注意观察,很可能会导致幼儿失去继续探索学习的方向。教师要及时关注,并给幼儿提供有效的意见和建议,引导幼儿继续深度学习。案例中天气的骤变、降温或者太阳晒死等导致草莓种植多次失败。孩子们发现问题、解决问题的能力是我们难以在其他教学活动中发现的。

如在"关注新生命"的案例中,孩子们发现了草莓的新生命。"老师会感到神奇吗?真的很神奇哎!""但是其实老师也不知道,要不我们回去问问爸爸妈妈,调查一下这个究竟是什么。"于是在这个红红的线生成活动中,大部分孩子在爸爸妈妈的协助下开展了调查,这是开展新的生成活动的前提。在活动中他们自发地提出了问题,教师没有直接告知,而是退后一步,让孩子自己回家调查。回家后和爸爸妈妈一起查资料,通过各种方法来获取、搜集资料,在这个过程中,幼儿学到了很多有关草莓的知识,同时也发现了有新的生命出现很奇妙。

再如"搭建暖房子"的案例。孩子们发现气温骤变,担忧草莓受冻,所以要搭建暖房子。教师一直倾听着孩子的诉求,也能及时地支持孩子的探究操作,孩子们在尝试与合作中终于完成了暖房子搭建,在这个过程中孩子们也感受到了种植草莓的不易。活动是孩子们自发提出,起初教师觉得搭建大棚是非常难的一项工程,对于中班上学期的幼儿来说更是困难,但是教师还是尊重支持孩子们的想法。支持孩子们将"想"变成"真",和孩子们共同收集材料、寻求帮助,最终合作完成了草莓暖棚搭建。

(二)学教结合,引发孩子主动学习

虽然是中班孩子,但是我们还是放手让孩子一起参与。在种植活动中我们在引导幼儿自主深究的同时,也要结合种植过程的进展,引导幼儿用正确的形式进行探究:观察到现象—提出问题—进行猜想解释—进行实践操作—观察验证。第一次种植草莓孩子们是没有经验的,自己尝试了,但是均以失败告终,孩子们觉得很难,于是主动要求教师教授种植草莓的方法,在教师的示范下很快掌握了种植草莓的方法。

再如在第三次的种植中孩子们发现了草莓怕冷,于是提出了给小草莓苗穿衣服的想法。带着这个问题我们回到班级进行了讨论:“该如何保护草莓苗不被冻死?怎么给草莓苗穿衣服,穿什么衣服好?”孩子们想了很多办法:用报纸、垃圾袋盖住泥土……最后浩浩说:“我家奶奶种玉米苗是用白色薄膜盖住泥土的,草莓苗应该也可以。”孩子们觉得这个办法好,于是一起给草莓苗穿白色薄膜衣服。

搭建暖棚对孩子来说是一次较大的挑战,我相信我们年轻的教师也不一定能做好。孩子们搭建过程中有思考,有交流,也碰到了困难,搭建棒子都是竖起来的,等等。但是他们在尝试中探究,在探究中发现问题。在发现中尝试解决问题。虽然一次次失败,但是也激发幼儿在失败中改进问题,最终在阿姨的帮助下合力完成了暖棚搭建。

(三)给予自主探究的时间和空间

草莓种植是一种体验,孩子在活动中分享新经验、新知识,并提供活动发展过程的评价。幼儿在种植探究的过程中,参与各种采访和实地考察,如“草莓怎么不长呀!”为幼儿开启了营养与生长关系的探秘之旅;依依的一句“这些草莓怎么都这么小啊!”引发了孩子们的思考。他们凭借自己的生活

经验，大胆猜测草莓长得小的原因，可以看出根据《3—6岁儿童学习与发展指南》的要求："关注和思考动植物的外部特征、习性与生活环境对动植物生存的意义。"孩子们找到答案后能主动从家里带来肥料进行施肥，尝试解决问题，进一步提高了自主学习的能力。同时孩子们也发现了草莓上的洞洞，于是一起寻找洞洞产生的原因，邀请阿姨帮忙灭虫。

在草莓种植的过程中，教师与孩子在一起参观、记录，教师的角色是孩子的同伴，一样都是学习者，一起探索，一起发现，分享着收获的惊喜，并观察每个孩子在活动过程中的表现，与孩子一起进行整理总结。如照顾草莓，给草莓穿衣服，戴帽子，建暖棚房子等，在这些活动中有很多因素是我们预先无法确定的，这些因素往往蕴含着实现我们教育目标的最佳契机。

五、案例感悟

戴森、卡特姆和其他的开拓者对我们传统的创造力观念造成了冲击：要激发灵感，并让想法发挥最大功效，我们不应该让自己远离失败，相反，我们应该主动与失败建立联系。这一点不仅对创新有着重要意义，对我们的教学方式也有直接的影响。孩子们不仅要通过正确的方式来学习，同时也要通过犯错误来学习。在错误中，孩子们能够学到新知识，拓展知识面，增强创造力。本案例启发如下：

（一）失败中发现

蒙特梭利博士说："生长是由于内在的生命潜力的发展，使生命力显现出来。教育的任务是激发和促进儿童的内在潜力，使其按自身规律获得自然的和自由的发展。"而种植活动可以巧妙地将理论与实践融合，让幼儿在实践中感受生命的萌发，使幼儿的身心得到健康发展。而种草莓过程中经历的一次次失败，正是孕育孩子们创新的过程，他们调动所有的感官，发现、分析草莓种植一次次失败的原因，从而寻求解决问题的办法。

（二）失败中感悟

首先即使幼儿在探究过程中出现失败，教师也没有因此而放弃，而是一直追随孩子。教师也没针对幼儿因探究而弄脏、弄乱的行为批评孩子，一直鼓励他们用自己的方式进行探究，引导他们尝试解决碰到的问题。因此，这自由、轻松、开放的氛围能够充分调动幼儿的各种感官去观察和学习，激发孩子进行草莓怎么长大的过程探究。

当然孩子在种植活动中，常常会遇到一些"深奥"的问题。这些"深奥"的问题，一方面在很大程度上增加了幼儿独自解决问题的机会，使幼儿乐在其中，而且还在一定程度上推动了草莓种植活动的深入展开。

还有，孩子们在发现问题后，会通过不同途径、不同方式方法进行资料收集，寻求解决问题的办法。所以我们开展种植活动的价值，不单单是增强幼儿的知识与技能，而且设置充满刺激的环境，让幼儿自行探索，主动学习。放手让孩子独立去思考与发现，并创造机会让其在与同伴共同探讨或争论中寻求解决问题的方法。同时在这过程中教师需要陪伴孩子一同经历失败、分析失败、跨过失败，孩子新手上路，自然需要有人引导，作为教师的我们陪伴就是最好的支持。只有经历过失败的艰辛，才能享受到成功的喜悦，也只有一步步成功，孩子才能真正地长大。这就是一波三折草莓种植的价值所在！

（三）失败中创新

《3—6 岁儿童学习与发展指南》明确指出，要让孩子"亲近自然，喜欢探究"，"具有初步的（自然）探究能力"并"在探究中认识周围的（自然）事物与现象”。强调要经常带幼儿接触大自然，激发其好奇心与探究欲望；支持幼儿在接触自然事物和现象中积累有益的直接经验和感性认识；引导幼儿关注和了解自然，逐渐懂得热爱、尊重和保护自然。

在种植活动中，要充分体现孩子主动性，发挥他们的能动作用，让他们在参与科学探究活动中，自己提出问题，设计解决问题的方案。教师协助孩子确定他们建构知识的最有效途径，引导孩子碰到问题分析与思考，以便科学处理各种信息，获得相关经验，并进行表达与交流。草莓种植的整个过程中，幼儿不断在尝试操作，失败后再尝试改进再操作，不断层层深入探究。他们发现问题后，通过互相交流、互相讨论，思维更是得到发展与创新。从他们在后续仍旧保持学习探究的热情来看，他们的思维将会继续延伸、开扩。

一花一世界
一日一成长
大自然总在寂静中
孕育着生命和希望
始于生活，忠于自然
幼儿园课程，应是如此……
孩子们亲手种下的一棵棵草莓苗
承载着爱与美好在土地中生根发芽
虽然经历了多次的失败
但是收获的是……
是种植过程中的坚持
是对问题解决的方法和态度
是对草莓成长的一种期盼
遇见“莓”好的种植之旅
更是在童年时代里留下了成长的足迹！

17. “门”的失败与创新

——记一场户外建构游戏

上海市浦东新区傅雷幼儿园　周丽阳

《3—6 岁儿童学习与发展指南》中指出:“幼儿的学习是以直接经验为基础,在游戏和日常生活中进行的,要珍视游戏和生活的独特价值。”通过观察,我发现我班幼儿最喜欢的户外游戏是建构游戏,为了佐证这一观察结果,我通过与幼儿的交流访谈和问卷调查进行验证,结果也的确如是。从图1 的数据中我们就能发现,幼儿对建构游戏的喜欢远超于其他户外游戏类型。户外建构往往更能激发幼儿游戏的积极性,而拥有了持续的探究兴趣过后,孩子们的探究逐步由简单向复杂转变。恰恰就是在这转变和成长的过程中,各种各样的失败与挫折也随之而来。成功的道路上总是失败先行,如何让孩子们在一次次的试错中总结经验,为下一次探究积累经验,从而向成功更进一步,就成了我思考的问题。

一、游戏背景

户外建构游戏因其丰富的可变性深受孩子们的喜爱,在游戏中,幼儿可以通过自由结伴、自主选择材料等进行设计搭建。但在几次的建构游戏后,我也产生了一些困惑:该如何更好地开展建构游戏的分享,如何才能更好地推动我班幼儿户外建构游戏的主题、内容不断发展,提高幼儿建构技巧技能、解决问题的能力等。近日，幼儿在建构游戏中开始不仅局限于搭出自己想要的建筑物，更想搭出能让其他孩子参观、游览的建筑，这一现象让我们十分惊喜，我心想：这不就是《3—6岁儿童发展行为与观察指引》中所提到的"自我意识"的升华吗？因此一场关于"门"的无形探索在建构游戏中生成了。游戏中不同幼儿都开展了"门"的搭建，这给予了我一些新的启发与新的发现。

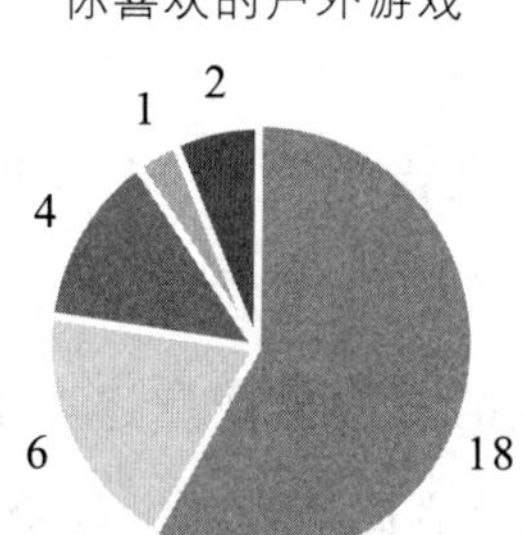

图1　幼儿最喜欢的户外游戏调查结果

二、案例实录

(一)最初的"门"——搭门遇到的失败

建构时间到了，方菲拿着"门"的设计图，拿出一些黄色长方形塑料积木块，开始平放垒高，搭起了门柱。她进度飞快，不一会儿就把门的柱子搭好了，就差个门顶。方菲想了想，去材料框拿来一块蓝色的长板，把它放在门柱上，结果两边的柱子太远了，一边放上去另一边只能用手扶着。"看来搭得太远了。"方菲自言自语道，并推倒了一边的门柱，将蓝色长板放在柱子前，另一边重新堆起来，很快"门"就搭成了。

1.“门”矮了——第一次失败

附近的小朋友立马有了参观与走一走的想法。方菲说:“你们等一等,我先自己走走看,还没开放呢。”只见方菲弯下腰,慢慢地找角度才能走过去。围观的一桦说:“好像太矮了,你这门走得真费劲。”方菲说:“是有点,那怎么办?柜子里没有这个砖块了,它不够用。”于是方菲跑到其他同学那:“你们这样的砖块还要吗?我可以要一块吗?”其他小朋友纷纷表示:“不行,我们也要用的。”一圈下来,方菲只要到了两块,放上去后她自言自语道:“不行,还是矮。那只能先这样了。”

一段时间后,体验过的小客人都说:“你这个门太矮啦,我们高高的,一点也不好走。”“可我没材料了啊。”“那就用别的啊。”“其他材料放过来,这个门就不好看了!”方菲很坚持继续使用这个材料。“那这个门这么不方便,我不想来了。”有的游客小声说。在游客们短暂的讨论过后,方菲发现大家都不愿意走这样矮矮的门,但她也没有想出什么好办法,就一个人站在了门前。

我的思考:整个过程我一直用旁观者的身份观望着,发现在游戏开始后,方菲能很快地根据自己的设计图开始施工,但是也很快遇到了问题:门矮了,不好走。我想这一组中应当有我可以挖掘的“咦”时刻和“哇”时刻,我想我可以捕捉到他们的失败过程情况与解决问题的方式方法。但方菲在面对“门”矮了,走起来困难这一问题时,小朋友很长一段时间想不到解决的办法,她一直尝试获取更多的同类材料平放搭高来解决这一问题。当游客们与方菲自由讨论“门”的弊端时,大部分幼儿想到的也是增加材料数量。这让我又焦急起来:只要简单地把砖块竖过来,不就可以搭高了吗?为什么这么简单的方法他们想不到呢?是我平时针对各种建构技能的关注与分享较少,使得他们搭建的方式方法较少,思维变得单一而直观了?我反思是否是自己在分享引导时,对建构技能、建构技巧等的忽视才造成这一局面。为了验证自己的思考，这一次我没有着急介入，而是通过继续观察，了解幼儿在试错中是如何成长的。

2.“门”的转变——失败后尝试

久久找不到解决办法的方菲，终于开始行动了。她开始拿着黄色砖块向左向右地比划起来。思考过后，她转变了建构方式，她将方块不同的面竖起来，两块合一堆起来。一开始用比原来高但还是较短的边竖起来，与原来的两块叠一起的高度比一比，发现用了同样数量的材料还是一样高。她又将高的一面竖起来，开始叠高，发现一样数量的砖块，竖过来搭就可以搭得更高。

我的惊喜：我很惊喜于方菲失败后的再尝试，她不再只是执着于获取材料堆高，而是想到了改变原有材料的建构方法，她在改变中进行了不同的尝试与探索，这无疑是方菲缘起失败开启尝试后获得的新发现：较高的一边平放一起和较短的叠高一起是一样高的，但是更高的边两块平放叠就可以做到比原来的高。

（二）一直倒的“门”——维持门时遇到的失败

有了对策后，方菲又重新开始了施工。第一次时，方菲叠得比较随意，上下两块接触的地方有前有后，仅仅往上搭了5层，柱子就倒了，一点也不稳。第二次，她小心地将砖块对齐摆放，边摆边仔细查看比对，新的“门”就成型了。方菲试了试，这次只需要稍微蹲一下就可以走过去了，她大声地喊：“大家可以来啦，这里又重新开放了。”小游客沐沐刚准备体验，一阵风刮来，门倒了。沐沐站在倒塌的门前说：“怎么回事呀，你这门一点也不稳。”方菲说：“我再修修，先暂停啦。”她重新用这样的方式把门搭起来，风一来，又倒了。

1. 加固底座——失败后初尝试

这次方菲复原“门”后，又把多余的砖块堆在了柱子底旁边：“加固了底座，这样应该不会倒了吧。”更大的风吹来了，门晃悠着又倒了。“加固底座也不行，这怎么办？”恰逢大风天，方菲反复用这样的搭法尝试了几次，每次不一会儿就会被风吹倒。“这门一直倒，我得想想办法。”

我的焦虑：面对倒的门，方菲起先利用了对齐搭稳的办法。而后面对风来吹倒的失败时，就用了加固底座的办法。在多次风来后，方菲面对门被反复吹倒的失败，仍旧在用最初的搭建复原搭建，于是积木不断搭起不断倒。在反复失败面前，我发现方菲并没有改变想法或尝试新的办法。我焦急地想：方菲不会就这样，准备拿这一种搭法搭到游戏结束吧，不论怎么吹倒都不去再想办法解决了，只是重新复原搭建。但是随后方菲的做法带给了我新的惊喜。

2. 改变材料——失败后再尝试

“看来可以多些材料试试。”方菲又开始了她的询问材料之旅，转头看到沐沐他们木头搭的美术馆门居然没倒。“你们用木板搭得好稳啊，吹倒过吗？”宁宁说：“其实倒过的，上面这些倒过，下面没有。”“那我也用木板搭。”方菲立马跑到木板材料车旁，想去拿木板，但是木板也没了。

方菲便在材料柜前反复走来走去，这里停停，那里看看。我看她在材料柜前来回走了很久。既惊喜于她在遇到多次挫折和失败后，自己去观察对照，比较周围差不多的“门”开始积极想各种解决办法，又焦急于她目前停滞不前的游戏进度。我想：这时候，她或许需要“引一引”。于是我问她：“怎么了？遇到什么问题了？”“老师，我的门一直倒，他们木板搭的没倒，但是木板没了，我不知道用什么材料了。”“想想木板和你原来的材料有什么区别？”方菲想了想：“更重，我知道了！木板会比塑料更重。”她去搬来更重的中空黄色积木：“虽然没有木板了，但是还有其他更重的材料。我可以用这个。”方菲开始用新材料搭起了门，门这下又重新立起来了。方菲兴奋道：“这样不仅牢固，还高，我现在可以站着走过去了。喂，你们看！我的门真的可以用啦！”

我的发现：在游戏中，我们需要通过仔细的观察与识别，关注到幼儿的探索过程与探索结果。在游戏停滞时，可以运用适当的方式进行推动介入，适当地启发幼儿，带动幼儿从失败中走向新的发现，获取新的收获，开拓幼儿的探究思维进行游戏。

（三）创新的“门”——同样的门，遇到不同的失败

受方菲“门”的影响，许多组都出现了门这一事物，游戏后半程另一组的门也吸引了我的目光。让我惊喜的是，在展览馆游戏中，萱萱他们对于“门”的搭法有自己的想法，并不从众，不只是用垒高组合的方式进行，而且运用了不同的材料进行组合、连接。

1. 不同场景中门的建构

茉涵：“这里是什么地方？”

萱萱：“这里是展览馆。”

茉涵直接走进了展览馆。萱萱：“我们还没建完呢，等建好营业了你再来。”

沐晤：“你进来也要从门进啊。”

茉涵：“你们的门在哪呀？我从哪里进来。”

萱萱：“我们正要搭呢。”

萱萱让沐晤他们拿来材料，继续搭建起来。

萱萱：“还要这个这个，这样对称的好看。”“不行不行，还要点材料，这样还是太矮了，还有方的吗？”

2. 合适的顶与摇摇欲坠的门

展览馆的门渐渐成形了，萱萱他们开始寻找合适的门顶。

萱萱："长长的木板没有了。"

沐晅拿着两块蓝色积木板："这个可以吗?"

萱萱放上框，发现有点短了，不稳。"不行，还要找别的材料。"

羽宸："你看这个可以吗?"羽宸拿着薄薄的木板问。萱萱："能放上去，但还是会晃。"

风来了，整个门在风中摇摇欲坠。萱萱："不行不行，太危险了。"

沐晅："我们来加固它们!"

几人陆续搬了好多砖块加固在门两侧，这下门终于不晃了。

萱萱："我们现在就差个顶了，大家一起想想办法。"

我的思考：同样是门，不同的幼儿也会有不一样的搭法，也会遇到或相同或不同的失败。作为游戏中的带头人，萱萱有自己的想法，也会听取伙伴的意见，给出后续的建构方向，几人合作得井井有条。顺利的游戏中也会遇到波折与障碍，比如最后因游戏时间不够，这一组即使努力尝试各种材料，改变组合搭法也未完成门顶的搭建。这样的失败也可以作为分享重点，后续让其他幼儿出谋划策，或鼓励他们下次再尝试，延续主题，继续去探索创新。

三、分析解读

1. 放手游戏，巧妙推动——不因失败而介入，不因失败而终止

大班幼儿已有一定的解决问题的经验与能力，具有自我思维能力，但也会存在思考不全面，以及问题无法完全解决的情况。所以我们既要在游戏中放手，让幼儿自主游戏，在游戏探索中遇到问题、失败时自主解决，获得新

发现与新收获，也可以在游戏停滞不前时，巧妙推动幼儿继续发现，引导支持幼儿继续探索，充分顺应幼儿发展规律，并在不破坏其自主思维的前提下，给予适当的支持引导，使幼儿在建构游戏中玩耍、探索、发现、成长，在面对失败时，也能玩出智慧，玩出发展。

2. 材料促进，继续创新——提供有效支持，推动持续尝试

从“门”的搭建中不难看出，除去天气因素导致的失败，更多的都是遇到了与材料有关的问题，或是原有材料不够，或是还未找到适宜的材料适宜的组合等，所以教师应该提供适宜且多元丰富的材料，这样才能调动幼儿继续探索、继续建构的积极性，从而让游戏中的屡次失败也产生积极的结果。比如方菲后来更换材料完成门的搭建；萱萱组虽然未能完成，但一直在尝试多样的材料，不轻易放弃。

四、后续思考

（一）多方向分享开拓思维——以游戏共性出发，巧用失败促创新

这次游戏我们浅窥到了“门”的失败与小创新，但是根据大班幼儿爱学、好问、有极强求知欲望的特点，我们仍旧可以通过挖掘“门”这一故事中的亮点或有关“门”的知识点来开拓幼儿的建构思维、创新思维。

1. 围绕游戏中的失败——失败是走向成功的磨刀石

游戏中关于“门”的失败有：不够高、门会倒、门顶不合适等。有的在幼儿游戏中已经获得了解决，有的还未能解决。针对这些问题，可以在分享中有针对性地讨论，如：幼儿是否按计划进行了游戏？调整的原因是什么？是因为材料、内容还是天气因素？遇到了怎样的困难？怎么解决的？还有哪些没解决的？

表1　建构“门”的失败经验和创新方法

当天最后呈现“门”的建构组	建构方法	倒塌次数	最大倒塌程度	成功情况	创新方法
单门组	堆积加高、盖顶	7	全倒塌	成功	更改搭法,加固底座,更换材料
外滩组	间隔排列	4	全倒塌	未完全成功	反复组装,更换底座
展览馆组	对称组合、端点连接	1	半倒塌	未完成成功	加固底座,多尝试材料,组合尝试端点连接
美术馆组	堆积垒高	3	半倒塌	成功	木板组成底座,塑料做衔接,盖顶用木板
游泳馆组	间隔排列	3	半倒塌	成功	提升底座高度,减少门高度
城堡组	堆积砌墙	2	全倒塌	成功	木板做顶后,墙面下部尝试挖出门

从统计表中可以看出,当天许多小组都建构了门,但在游戏过程中,都经历了各种各样的失败:有的因为风大,有的因为材料不够,有的因为设计问题等。幼儿无论是已经将失败转化为了成功,还是尚未能成功,在游戏中都反复尝试探索,使得每一次失败都有意义、有价值。成功解决的可以将好办法分享给其他幼儿,辐射经验,拓展其他幼儿的创新创想;未能解决的也可以让大家一起积极参与,思考办法,尝试新的经验与方法,萌发探索欲望,开拓创想思维。

2. 围绕“门”的不同——开拓对门的认识,开启新的创新

针对游戏中多个区域都有不同的门,也可以进行分享交流,大家可以一

起探讨已完成搭建的门中不同组合与搭法，互相学习建构经验。同时，也可以根据门的一些性质，引导幼儿想象创新，比如各种形状的门、各种功能的门等，激发幼儿的探索与实践，共同探索在户外建构、室内建构、自由活动中运用不同材料、不同积木实现不同的“门”的组合搭法。同时也可能会生成新的问题，遇到新的失败，但可以继续用这些失败推动幼儿再深入、再解决、再创新。

3. 围绕多种建构技能——丰富建构手段，尝试新的搭建

游戏中通过观察发现，多数孩子的建构方法比较单一，遇到失败后思维往往局限于材料的更换，这也是我在观察支持上的失败，我给予幼儿的支持与引导是欠缺的。我意识到自己可以在后续分享时多关注幼儿建构中对技能技巧的应用与发现；同时可以让幼儿观看各种优秀建构案例，潜移默化引导幼儿学会更多搭建方式与建构技巧。提高幼儿建构技能的同时，也能丰富幼儿应对失败的技巧技能与方法，并且促使幼儿在尝试中面对新的困难与障碍，促进幼儿探索发现，拓宽创新思维与创新能力。

（二）多元化评价推动创新——以全面观察展开，活用互评强能力

从游戏中也能发现幼儿之间也可以成为自己作品及不同作品的评价人。不妨让评价方式更多元化，不仅只是通过教师的视角去评价，而且通过后期照片的投放、视频的再回顾、问题记录表等手段，从儿童视角出发，引导幼儿再观察、再评价，学会客观评价自己的建构作品和建构过程，同时也能在评价他人作品中，发现各自的闪光点与不足，学到新方法、新思路，促进继续深度学习和积极探索的兴趣，从不同的失败中诱发创新精神，促进创新思维。

在“门”的故事中，不难看出虽然方菲与萱萱他们都经历了不同的失败与问题，遭遇了困境与障碍，但是他们仍旧在不断失败的过程中努力解决问

题，不断探索尝试，获得了独属于他们的新发现和新收获，这将是他们的宝贵经历。从这次的跟踪观察中不难发现，孩子们是有能力的学习者，他们在不断的试错中成长着，因此作为教师要相信孩子，敢于放手。也许在下一次“门”主题搭建中，以及其他游戏中、学习中、生活中也仍会有失败的可能，但有了这样一次次宝贵的试错经历，相信更能锻炼幼儿不放弃，努力想办法克服困难的坚持品质。这些失败的磨刀石，不仅磨砺了幼儿的创新精神、创新思维、创新能力和创新品格，同时也让我通过数据分析、记录这些“于过去的我而言”从未深入探究的创新观察、识别的方式方法，更深刻地反思自己，认识不足，后续我对开展一日活动中该如何更好地观察识别孩子，更好地支持幼儿也有了新的见解与体悟。

感谢孩子们，让我一同参与他们的试错和成功，让我们一同在失败中总结，在失败中创新。未来我将继续秉持教育初心，牢记习总书记所说的“高质量发展，创新很重要，只有创新才能自强、才能争先，在自主创新的道路上要坚定不移、再接再厉、更上层楼”，让创新在我的教育生涯中绽放光彩！

18. 探·寻·转

——“转错为机”三部曲在幼儿教学引导中的切实体现

上海市浦东新区下沙幼儿园　秦　晋

在幼儿早期教育中，教师更多地注重儿童的趣味与需求，更多地了解儿童“元认知”与“元经验”的重要性，更多地指导儿童在玩耍中进行自主探究与知识体系构建。在幼儿教学活动中，教师的灌输变得越来越少，取而代之的是鼓励幼儿独立、自主地去探索与发现世界。孩子们积极地体验与学习，而教师将孩子们在认识世界过程中可能出现的种种偏差和失误称为“错误资源”。在此背景下，很多教师因其落后的教育理念，往往将“错误”视为禁忌，担心孩子犯错或一见“错误”就立即“如临大敌”的情况十分常见，这有悖于幼儿早期教育注重“过程学习”的目标。在对儿童教育理论进一步研究之后，我们发现儿童学习方式、获得知识的方式，都值得教师深入思考。在幼儿自主活动中，各种类型的“错误”都是不容避免也不容忽视的，教师可以让孩子们一起“寻找错误”，并在此基础上，利用幼幼互动、师幼互动等方式，让孩子们一起在活动中“纠正错误”“反思错误”，从而获得更多的知识经验。

一、探：探“错”之类型

（一）幼儿奇想，教师困顿

在幼儿教育工作中，要构建完善的教育制度，以确保教育工作的最佳化和规范化。然而，在实施实践课程时，也会遇到一些困难，其原因在于课程设计缺陷。在幼儿教育中，为了提高教育实效，教师经常会使用各种教具来设定教育情境，加强信息加工。但是如果教具、材料有差异，那么对幼儿的影响也必然存在差异，还可能会诱导幼儿提出一些教师认为过于异想天开的问题，教师无从回答，导致教学过程中出现阻碍。

（二）突发意外，超出流程

在教学计划要求下，教学过程应当遵循规范化程序，然而，因儿童的身心发展特点，在真实教学中，会发生许多意外事件，其表现在两个方面：首先，孩子们在实际教学活动时会有争吵，因为如今大部分孩子都是独生子女，孩子们并没有谦让意识，他们的争吵会影响教学活动的正常进行，这也需要教师必须提升自身的应变能力；其次，在教学过程中，户外天气等外界因素也会对教学活动产生一定影响，因为孩子对所有未知事物都有很强的好奇心，如果因为外界因素突发变化，活动无法按计划进行，会导致教学活动超出流程。

（三）发挥失误，教育尴尬

在开始教学活动之前，教师都要分析教学流程和教学运作策略，并以现实为依据展开备课。然而，教师也并非完人，难以有效预料在教学活动上可能会遇到的各种问题，也许会出现暂时性失误。比较常见的意外失误包括：教具脱落，个别幼儿操作效果不佳，音频视频无法打开等。

二、寻：寻“转机”之关键

（一）巧妙转移，迂回注意

在幼儿教学的过程中，不可避免地会发生突发事件。因此，教师要根据幼儿的心理特点，对其进行了解和把握，并开展引导式教学，充分运用幼儿的兴趣来吸引他们的注意力，并采取“以静制动”的教学方式，保证教学顺利，提高教学质量。例如，当突发暴风雨时，孩子们会因为受到外界的影响而无法集中精力去投入活动，教师播放孩子们喜欢的音乐、视频等，将孩子们的注意力重新吸引回来。①

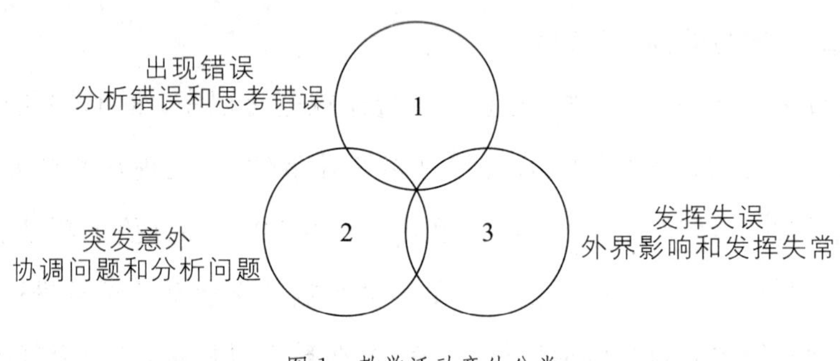

图1　教学活动意外分类

与此同时，在许多领域的教学活动中，孩子们容易异想天开，常常会提出一些出乎意料的问题，教师可以与现实情况相联系，将幼儿所提的问题丢回给他们自己去考虑。当然，教师要保证孩子们所提的问题是合适、可行的。在这种情形下，幼儿的思考和观察能力相对较差，教师可以适时干预，让幼儿自信思索，并基于儿童立场来理解幼儿提出问题的最初目的，顺水推舟，让教学活动延伸下去②。如果教师认为孩子们提出的问题是切实可行的，并将问题丢回给幼儿，可以实现迂回教学。如此，不断鼓励幼儿通过自己的方式来回答问题和探索问题，将班级气氛完全激发起来，从而提升孩子们的积极性。

---

① 李园园．制度情境中幼儿园教师的专业伦理决策[D].成都：四川师范大学，2022.

② 陈文静.幼儿教育教学中的常见问题与对策[J].新教育，2021(11)：84+91.

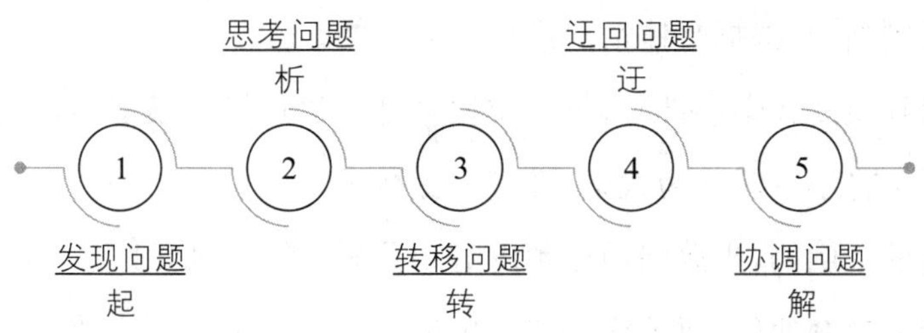

图2 问题迂回处理的过程

(二)积淀总结,熟能生巧

在幼儿园教育过程中,会遇到很多意外情况,所以教师要经常地去累积不同经验,如幼儿看护经验、幼儿教育经验、幼儿情绪管理经验等①,并在实际工作中对各种经验进行灵活应用。例如,部分幼儿在教学活动过程中会感觉到自己的身体不舒服,那么教师要时刻做好准备,了解幼儿可能突发的身体状况,并详细了解本班幼儿的实际情况,准备好急用药物,当孩子们出现紧急情况时,可以第一时间进行紧急处理。又比如,部分幼儿会对他们的家长有强烈的依赖性,来园后就会哭着要找爸爸妈妈,这时教师可以巧妙地运用师幼之间的亲密关系来解决问题。

(三)临事镇定,灵活应对

面对突如其来的状况,教师要自觉地加强自身的应急能力,并适时地拓宽思维,随机应变。在进行幼儿教学的过程中,要多加培养与幼儿之间的亲密无间和默契度,从而将幼儿的特征掌握到自己的手中。在遇到突发事件时,可以根据自己的实际情况,对其进行有效处理。例如,在幼儿学习过程中,可能会产生需求变化,那么教师要细心观察幼儿,立即对需求是否重要、

---

① 陈林.集体教学活动中幼儿教师教育机智的调查研究[D].长春:吉林外国语大学,2021.

必要进行判断，并根据具体情况进行及时反馈。

在遇到突发教学事件时，每一位教师都要尽量保持镇定，因为任何惊慌都很可能会将小事转化为大事，唯有在保持镇定的情况下，我们才可以更好地思考问题。例如，当遇到稍显顽皮的幼儿时，教师不应过于急躁、凶悍，而应该平和地教育他们，要始终保持稳定情绪和宽容态度，把他们当成自己的孩子，在第一时间分析突发事件所造成的影响，之后进行有效分析，及时调整解决问题的思路，并将想法充分落实。

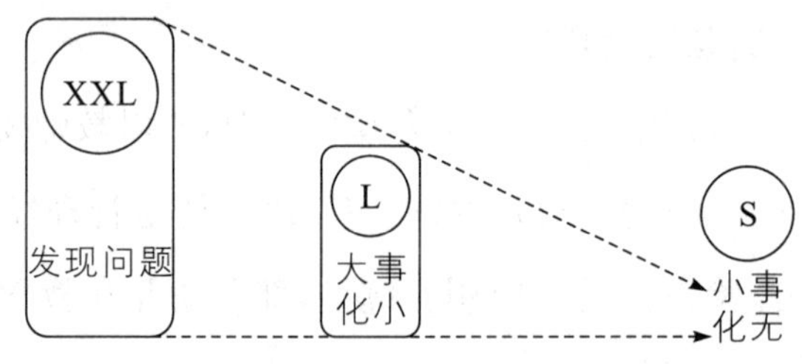

图3　问题的灵活应对和巧妙转化

三、转："转错为机"之实践

（一）直面错误，客观分析，明知道理

《3—6岁儿童学习与发展指南》（简称《指南》）以为幼儿后继学习和终身发展奠定良好素质基础为目标，以促进幼儿在体、智、德、美各方面的全面协调发展为核心，旨在引导幼儿园教师树立正确的教育观念，了解3—6岁幼儿学习与发展的基本规律和特点，建立对幼儿发展的合理期望。因此在教育实践中，幼儿也常常会给出不正确答案和"不成功"的体验。在这种情况下，教师不能匆忙地用成人思路来矫正孩子的错误观点和行为，而是要认真地剖析孩子错误答案的成因，并对孩子进行适当指导，提供合适的环境和材料，使孩子在"错"中领悟到道理，进而进行更深层次的探索。

比如:在一次大班艺术活动“彩票设计大赛”中,为了迎合小朋友的创意,我们给小朋友准备了不同色彩的纸张及带花边的剪子。在这次比赛中,小朋友非常认真地在一张张小小的纸上描绘着,有些是花朵,有些是车子,有些是在做各种行为的“小人”,每一幅都非常精致。不过,教师很快就注意到了一个问题,那就是除了少数几个小朋友用数字来表达他们彩票的价值外,其他作品并没有表现出任何与彩票相关的特点。于是,教师下定决心,引导孩子们了解彩票,让孩子们重新设计彩票。

第二次创作之前,教师把一些彩票贴在黑板上,并提出一个问题:“这些彩票上,除了有不同的图案,你们还有其他发现吗?”有的孩子有过接触彩票的经历,所以他们很容易就分辨出了不同的价位,以及上面写着“中国福利彩票”几个大字。接着,我拿出了他们首次制作出来的彩票,让他们对比一下,看一看是否存在区别。他们马上就意识到了问题所在,了解到如果没有象征性的彩票名称,那就不算是彩票了。教师接着提问:“小朋友们,你们为什么没有写出彩票标识呢?”小朋友无可奈何地说:“我们不认识这几个字!”之后教师拿出提前准备好的“中国福彩”的标签,还有各种价格标签,让他们自行添加。果然,小朋友们的第二次制作的彩票比上一次要“正规”得多,当他们看见自己的“彩票”被教师挂在墙上展出时都很高兴,也很想再次尝试,所以我们就在美工区建立了“彩票设计室”,并为小朋友们提供丰富的素材,以保证他们能够不断创造。这说明,要遵循幼儿的发展规律和学习特点,珍视幼儿教学中的独特价值,充分尊重和保护其好奇心和学习兴趣,创设丰富的教育环境,最大限度地支持和满足幼儿通过直接感知、实际操作和亲身体验获取经验的需要。在教学活动设计中,教师要关注“错误”来源,并适时地对预先设定的教学活动进行修正。一方面,通过对幼儿的指导分析,让他们在错误中领悟到真谛,提高学习效率,促进他们的知识内化;同时,通过创造刺激情境和素材,激发幼儿兴趣与操作积极性,使教学设计“活”,使学习计划“动”，真正达到在已有知识、已有经验层次上构建新知识体系的目标。

(二)明知故犯，适当抛疑，善于启发

《指南》指出：要关注幼儿身心全面和谐发展。要注重学习与发展各领域之间的相互渗透和整合，从不同角度促进幼儿全面协调发展，而不要片面追求某一方面或几方面的发展。① 因此，幼儿出错之处，应当是需要接受指导之处。可以说，错误体现幼儿问题所在，也在指引教师的教学方向。教师应把握错误，推动幼儿发展。在思考教学设计时，要具有开放性，抓住某些最容易在教学活动中产生的“问题”，实现“对症下药”。

首先，巧造“差错”，使活动更出色。问题是思想的“启发剂”，所以，在进行教学活动的过程中，教师要巧妙地设疑，要适时提问，善于启发孩子们，引导幼儿自主发现问题和讨论问题。

思考永远都是从问题、惊讶和怀疑中开始的。在幼儿探究活动中，教师可以借故意写错、演示错，为幼儿创造探索的机会，让孩子们自行寻找，凭借自己的力量解答问题，并适时给予孩子们肯定和激励，启发幼儿的聪明才智。例如，在开展中班“数数我最行”的数学活动中，教师有意将十朵红花和两朵蓝花拼凑在课件上，但提出的问题是：“一共有多少红色花朵?”孩子们要学会分辨颜色，才能正确回答问题，一旦有所分心，就可能数错花朵，又或者辨别错误颜色。

在教学中，教师通过故意“出错”，让孩子们在磨炼中对数学问题进行更为深刻的思考。教师通过人为地给孩子们设下“陷阱”，乃至诱使孩子们“犯错”，然后促使其自行去纠正，激发其求知欲。同样是中班“数数我最行”活动中，教师给那些装着鸡蛋的盒子做了标记。所以，孩子们只能看见第一行

① 中华人民共和国教育部.3—6岁儿童学习与发展指南[M].北京：首都师范大学出版社，2012:8.

的五个鸡蛋，还有第二行最左边和最右边的各一个鸡蛋。部分幼儿不知如何联系第一排鸡蛋数量来推算第二排鸡蛋，就误以为只有七个鸡蛋。

教师可以在儿童还没有出现认知偏差时，将某些错误展示给他们看，让他们从自身角度出发，根据所掌握的数学知识进行识错和纠错。对错误进行直接示范，让儿童在脑海中建立起清晰意识，从而对错误的出现进行更直观、更有效的预先控制。但故意“犯错”再“纠错”的方式，会让孩子们有更深刻的学习印象，积累丰富经验。

（三）认知错误，巧思缘由，寻找出路

良好的情感和态度，是幼儿参与学习活动的最主要动机，也是他们战胜困难、进行探索创新的动力来源。儿童在学习过程中所出现的错误，是儿童在学习过程中所获得的特殊学习素材。在教育过程中，我们要回归儿童的实际生活，对于孩子们的好奇心和求知欲，都要有独特的认识。从心理学和教育学的观点来看，幼儿受其生理、心理特点和认识能力的制约，难免会出现错误。身为一名幼儿教师，要坚持以人为本的教育观，尊重、理解和悦纳出错的幼儿，不对幼儿进行斥责和挖苦。如此，孩子们在投入活动时就不会产生精神压力，在这样的放松环境中，孩子们有着最积极的思考和最好的实践动力。也就是说，儿童学习要在宽松氛围下进行，拥有自由、放松的情绪；以及和谐的师幼关系，对儿童认知发展和行为养成都有很好的促进作用。所以，教师应该容许孩子犯错。

《指南》中指出：尊重幼儿发展的个体差异，既要准确把握幼儿发展的阶段性特征，又要充分尊重幼儿发展连续性进程上的个别差异，支持和引导每个幼儿从原有水平向更高水平发展，按照自身的速度和方式到达《指南》呈

现的发展“阶梯”，切忌用一把“尺子”衡量所有幼儿。①

当教师在开展实际教学时，要遵循几个“可以”：做错了可以重新回答，做不到可以重新思考，有不同的观点可以讨论。这几个“可以”让幼儿维护自己的尊严，让他们的个性受到了最大程度的尊重与自由发展。孩子们不必担心因为回答错误而被教师训斥，也不用担心被教师嘲笑。在民主的氛围中，他们可以进行积极的思考，敢说，敢做，敢问，敢于大胆地进行创新，用积极的情感态度来进行学习，体验学习快乐的同时，师幼互动也更加平等和谐。

其次，对于孩子已经犯下的错误，教师应该设身处地地为孩子着想。所以，教师可以鼓励孩子们敢于试错、敢于面对错误。在教学活动过程中，教师要指导孩子们在自我反省过程中，不断地去发现自己在学习过程中存在的缺陷，让幼儿在正确指导和激励下，敢于面对自己的错误，从而加强磨炼，提升自己战胜困难的自信，慢慢养成一种实事求是的学习态度、坚毅面对挫折的勇敢精神，同时拥有良好的学习品质和精神面貌。

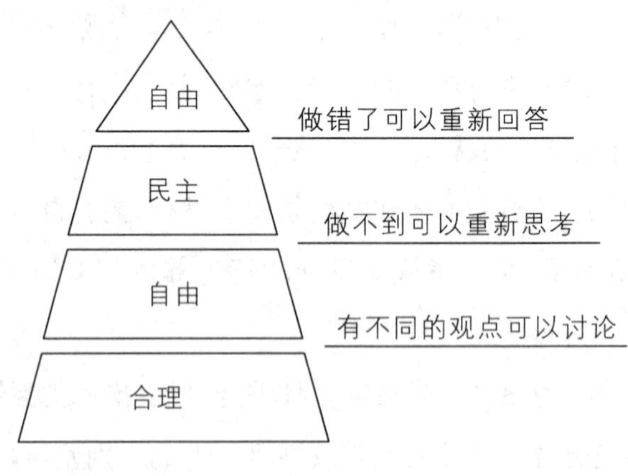

图4　尊重幼儿个性和自由的几个“可以”

① 中华人民共和国教育部.3—6岁儿童发展学习与指南[M].北京：首都师范大学出版社，2012：8.

综上所述，儿童在探索新事物的过程中，常常会出现错误，但这些错误也正是他们取得成就的基础。对的，或许只是模仿，但错误也是创生的新机。在多姿多彩的教学活动中，教师不能对孩子们所产生的错误无视或逃避，要不断再认识其“价值”，对其进行理性挖掘，将“错误”资源转化成“催化剂”，最大限度地实现“转错为机”。

19. 宽容失败，鼓励创新

——打造幼儿园精彩生成课堂

上海市浦东新区航津幼儿园　倪圣洁

回避失败是人的本能，一般情况下，人们会远离可能导致失败的因素，以保证顺利完成预期目标。但是在幼儿教育中，回避失败可能造成一些生成要素稍纵即逝，教师无法把握生成课堂，每一步教学都按部就班进行。表面看来教师教得“稳妥”，幼儿学得“踏实”，而实际上，这样的课堂容易陷入刻板、僵化、乏味的窠臼中，幼儿也会因此感到枯燥、单调，缺乏新鲜感和期待感。基于此，教师要有宽容失败、敢于创新的探索意识，能够正确对待“教”与“学”中的失败，这样才能在失败中寻求创新与进步契机，让生成课堂更加精彩。教师敢创新、幼儿敢创造，这样的课堂必然充满创意与活力。①

一、失败与创新的关系及内涵诠释

失败与创新就像阶梯与登顶的关系，要想看到更美的风景，就要“更上一层楼”。但是，这一过程并不是顺利的，必须经过失败的重重考验和历练，在失败中不断积累经验、吸取教训，这样才能走向创新的新高度。在幼儿教育工作中，失败与创新有着特殊意义。首先，幼儿教育活动的开展多以游戏

---

① 郑鸳霄.儿童经验视角下幼儿园主题活动预设与生成的交融[J].中国教师，2023(04):82-85.

形式进行，学习环境更开放，其中的不可控因素也会增加，这会造成教育活动中失败因素相对较多；二是幼儿的理解能力、实践能力、生活经验、知识阅历相对有限，在学习活动中可能遇到更多阻碍和难题，如果教师缺乏宽容失败的意识，就会造成幼儿畏手畏脚，害怕自己说错做错，或者干脆选择不做不错，这些都会让我们的教学过程流于形式、陷于平庸。

而宽容失败、鼓励创新则不同，教师以激励、肯定、支持的态度面对孩子的失败，这会让幼儿认识到失败是有价值的，自己能够从失败中学到新知识、新经验、新方法，在不断尝试中获得进步。一旦有了这样的认知，幼儿就会有直面失败、应对失败的勇气和智慧，在失败中获得创新的动力和方法。而从教师层面而言，敢于接受失败才能直面问题和不足，找到教学工作中的短板并主动去弥合，能够从幼儿失败的实践中反思自身教学设计、主题选择、实施流程、指导介入方面的不足，而这些都会促进教师专业能力的发展，促使教师在教学工作中不断完善、不断进步。由此可见，失败与创新关系到幼儿与教师的双重发展，在教育实践中有着特殊意义，有利于深化幼儿教育内涵，构建教学相长的良好格局。①

二、探索幼儿园生成课堂中的“失败点”

（一）大量预设，回避失败

在幼儿教学活动中，教师往往会做大量预设。一方面，这是教师尽心尽责的表现，希望教学活动的每一步都能高质量开展；另一方面，大量预设也会导致幼儿出现惰性思维，每一步都跟随教师亦步亦趋，缺少自己的思考和对知识的深入理解。教师之所以在课程设计中有大量预设，主要目的就是

---

① 包华丽.聚焦自主性游戏中“幼儿生成”的支持与回应[J].天天爱科学(教学研究)，2023(03)：144－146.

为了避免失败，有些教师甚至连师生对话也做出了详细预设。

案例1：瓶子会赛跑

教师在“环保教育”课程中预设了以下对话：

师：“小朋友们，大家有没有想过，如果大家都把喝完饮料的空瓶子扔在广场上，我们的广场会变成什么样子？”

幼：“就像垃圾场。”

可是，教师在课堂上提出这个问题后，有孩子的回答是：“那就会变成一个瓶子世界，风一吹，瓶子还会赛跑……”

显然，幼儿的回答与预设完全不同，而教师并没有抓住这个生成要素，而是纠正孩子说：“广场会变成垃圾场。”

虽然这个答案统一了，但是幼儿的想象力和创造力也会被抑制。在接下来的教学活动中，幼儿会更加关注自己的回答“是不是符合老师的要求”，而不是把自己的所思所想表达出来。

从这一案例可以看出，处于回避失败的教学预设往往会抑制幼儿的创造性思维，即使教师的初心是强化主题、保证教学活动质量，但同时也让宝贵的生成契机一闪而过，最终使课堂流于平淡。

（二）提前介入，避免失败

在幼儿活动过程中，教师会随时关注每个孩子的表现，在幼儿遇到难题、困惑的时候适时介入，以启发辅助的方式帮助幼儿找到解决问题的思路，以保护幼儿的活动自信心，促使活动顺利推进。但是，如果教师对活动过程要求过于完美，就会在发现“问题”苗头的时候提前介入，教师很少思考幼儿“为什么会这么做”①，而是从主观认知进行判断：“这样做是不对的，我

① 王彦.幼儿游戏观察中生成课程的路径研究[J].天津教育，2023(06)：120－122.

要帮孩子及时纠正。”当然，教师提前介入确实能够将幼儿的实践“拉回正轨”，表面看来确实避免了失败，但却在无形中遏制了幼儿自主创造能力的发挥，幼儿也会因此有所顾虑，不敢或不愿做创新尝试。

案例 2:玉米娃娃的头发

在美工活动中，教师带孩子们一起制作“玉米娃娃”，所用材料都是生活中的废旧物品，如布头、毛线、玉米穗、玉米须、扣子等。教师示范做娃娃的基本步骤后，孩子们就可以选择自己喜欢的材料来做玉米娃娃。

教师建议幼儿用毛线做娃娃的头发，很多孩子都照做了。但是，齐齐别出心裁，拿玉米须做娃娃的头发，教师发现后赶忙叫停并对齐齐说:“玉米须很乱，做头发乱糟糟的，还是用毛线好梳理。”

齐齐听到后改变了主意，也像其他小朋友一样用毛线做头发。

从这一案例可以看出，教师建议幼儿用毛线做头发肯定“万无一失”，但是，既然幼儿选择了新材料，肯定有自己的想法。可教师并没有询问孩子是怎么想的，而是从“避免失败”的角度出发提出“建议”，对于幼儿来说，与其说这是“建议”，不如说是“命令”。幼儿表达能力有限，而教师也没有给幼儿解释的机会，所以，可能出现的生成课堂亮点也在教师的“建议”中变得黯淡。

（三）全面代劳，消除失败

在成年人眼中，幼儿需要时刻关注与呵护，遇到问题也常常全面代劳，通过这样的方式“消除失败”。在幼儿教学实践中经常可以看到这样的情形，孩子在游戏或活动中遇到问题，第一时间想到的不是怎样解决，而是“叫老师”。而教师看到幼儿求助后，也会全力去帮助解决问题，表面看来这样的方式没有明显问题，但深入思考就会发现，教师“全面代劳”无形中剥夺了幼儿实践与创造的机会。

案例 3:老师快来!

种植活动中,幼儿在学习怎样配置营养土,并把这些土装在小方盆中准备育苗。这时晞晞向教师求助:"老师,我的土都洒在桌子上了,怎么办?"几个孩子也随声附和:"我的土也洒出来了。"

教师打量了一下桌面,决定帮几个孩子把土装好。教师操作只用了一分钟时间,之后又用半分钟把桌面收拾干净。孩子们为教师"麻利"的动作鼓掌,而教师也认为这样能节省下很多时间进行下一步骤,同时也避免了活动环境"脏乱"。

在我们的教育工作中,教师代劳的现象并不少见,"代劳"一方面表现出教师对孩子的关爱和照顾,这是一种负责的表现;但另一方面则会让幼儿失去很多学习、探究、实践的机会,削弱幼儿发现问题、分析问题、解决问题的能力①。教师代劳确实能消除失败,但也会弱化幼儿的问题解决能力,尤其是容易使幼儿形成面对问题时回避、消极的态度,不利于其问题意识和实践能力的发展,同时也切断了"生成"要素的应用可能。

(四)转移问题,淡化失败

在生成课堂中,教师往往注重所取得的成绩,肯定孩子们的良好表现,但是却忽略了对其中失败环节的反思,或者对失败原因溯源,这就导致幼儿的失败经历如昙花一现,很难在幼儿心目中留下深刻印象。如果教师缺乏对失败内涵的探究,也就会失去创新方向。

案例 4:

在"我要去做客"角色扮演游戏中,睿睿扮演小主人,妮妮扮演小客人。

睿睿:"欢迎妮妮到我家来玩。"

---

① 陈丽蓉.幼儿户外生成游戏化课程指导策略——小班幼儿以建"桥"为例[J].试题与研究,2023(01):156-158.

妮妮："我能玩这个小熊玩具吗？"

睿睿："这是我最喜欢的玩具，我也想玩，你玩这个战车可以吗？"

妮妮："我还是想玩玩具熊……"

游戏进行到这里，两个孩子的对话难以进行下去，这时教师介入"调解"：

师："看，这里有很多好吃的零食，我们先吃好吃的吧。"

幼儿随即转移话题。

教师转移话题的做法确实保证了角色游戏顺利进行，但是，这种转移问题的方式并不能真正解决问题。因为"做客"这个角色游戏的主题就是"培养幼儿的分享意识"，而教师将话题转移到"吃零食"后，幼儿内心的困惑没有解开，两个孩子还会纠结于"究竟谁玩玩具熊"这个问题。这种"淡忘失败"的方式只会让幼儿更困惑。

三、在"失败"中探索"创新"契机

幼儿教育是开放而充满不确定性的，所以，失败必然存在，如何在失败中探索创新契机，才是保证教育质量，促进幼儿学习成长、全面发展的关键要素。这就需要教师有正确的态度面对失败，并且在失败中寻找、捕捉生成课堂，将创新实践落实到教学活动中，这样才能真正赋予失败以创新价值，从而使我们的教育工作更富人性化色彩，更有创新内涵。以下将结合上述案例一一发掘其中的生成课堂与创新契机。

（一）尊重幼儿天性，能够顺势而教

"顺势而教"是"以错纠错"的具体实践方法，教师可以从幼儿的具体表

现中捕捉生成课程，并以此打造课堂亮点，鼓励幼儿敢想、敢说、敢实践①。在“瓶子会赛跑”案例中，教师让孩子们想象乱扔饮料瓶会怎样，有孩子回答“风一吹，瓶子还会赛跑”，而教师及时“纠正”了孩子的说法，将话题拉回环保中。

其实，如果教师能做到“顺势而教”，也就是围绕幼儿的话题展开，那么将会有截然不同的教学效果。

师：“你说的瓶子赛跑真有趣，瓶子都是空的，被风一吹的确会咕噜噜乱跑。”

幼：“就是啊。”

师：“这些瓶子跑得到处都是，想象一下会怎样呢？”

幼：“我见过我见过！有的瓶子滚到草地上，工人伯伯要一个个去捡；有的瓶子被吹到水里，就在水面上漂啊漂，又不好看，又污染环境；我还看到瓶子吹到路中间把人绊倒了……”

师：“所以，我们能不能随便扔饮料瓶？”

幼：“不能！”

师：“对，我们每个人都注意不乱扔垃圾，饮料瓶就不会赛跑了，我们的草坪、湖面、路面都是干干净净的，这样多好啊！”

幼：“对，要保护环境！”

教师要“顺势而教”，准确把握活动中的生成点，以此为深入发掘点，让环保教育更贴近幼儿的生活与认知，这种认知不是来自教师的理论灌输，而是幼儿自主、自发、自觉的认识。所以，在教学活动中教师要尊重幼儿天性，要站在幼儿角度去分析和理解问题，从中寻求教学活动的创新方法，由此获得更理想的教学效果。

---

① 赵毓瑾.幼儿园生成课程实施困境与优化策略探究[J].成才之路，2022(36)：61－64.

(二)驰骋创意想象,鼓励幼儿创新

幼儿的想象力往往令人惊喜,但是,由于缺乏必要的逻辑和常识,这些想法可能看上去过于天马行空,或者直接被教师、家长所忽略。很多时候,教师的固化思维会抑制幼儿的想象力和创造力,或者因教师过于追求教学过程的整齐划一,从而导致幼儿失去创新创造的机会。“不做不错”并不是我们对待失败的正确态度,让幼儿放手尝试、放心探究,这样才会有更精彩的生成课堂①。

同样是在“玉米娃娃”(详见案例 2)美工活动中,如果教师能及时呵护、鼓励幼儿探索尝试,那么实践结果可能截然不同。当教师发现幼儿想用玉米须做头发时,给予鼓励往往比提出建议更有价值。

师:“你怎么想到用玉米须来做娃娃的头发呢?”

幼:“我看过海盗船,他们的头发就像玉米须。”

师:“原来是这样,那你打算怎么把玉米须粘到娃娃头顶?”

幼:“我想给他做一顶海盗帽,把头发粘在帽子上。”

师:“这个想法真不错,老师期待你做出不一样的玉米娃娃!”

幼儿得到教师的鼓励后,会对自己的“创意”更有信心,在接下来的活动中,很多孩子受此启发,开始寻找不一样的材料做头发。有的孩子用撕纸的方式撕出头发;有的孩子用橡皮泥捏出一个“发套”;有的孩子则用玉米皮扎起来,给娃娃梳起一个冲天辫……一旦创意的阀门被打开,各种创新设计也会源源而来,而孩子们所呈现的作品也更富童心童趣,更富创意色彩。这里也告诉我们,作为教师要鼓励幼儿敢于尝试,不要害怕失败。以宽容失败的姿态鼓励幼儿创造探究,才能让我们的课程活动充满创新活力。

---

① 曹燕.追随幼儿兴趣,生成适宜课程[J].课堂内外(高中版),2022(48):72-73.

(三)教师学会放手，幼儿阔步前行

避免失败最直接的方法就是“不做”，但是，教育的本质就在于实践，“不做”则无法达成预期教育目标，而“做”则意味着会不断出现问题或失败。面对这样的客观事实，教师必须学会放手，只有放手才能让幼儿“知缘由、探深浅、找出路、有收获”。面对很多孩子习惯依赖老师，遇到问题第一个想到“老师快来”的问题，教师要学会“慢半拍”“迟一步”，把思考和实践的机会留给孩子，以此培养幼儿的问题解决能力，增强幼儿的独立自主意识，这样才能培养幼儿不怕失败、敢于尝试的精神，从而开展创造性学习。

例如案例3中幼儿“装盆洒土”的问题，在幼儿向教师提出请求的时候，教师要注意分析幼儿问题出在哪里。是认知问题还是操作问题？有哪些方法可以启发幼儿解决问题？而不是直接代替幼儿解决问题。所以，教师发现孩子们装土时营养土洒到育苗钵外边，可以启发幼儿换个思路想问题：

师：“大家还记不记得上次我们怎样把盆里的水装到瓶子里的？”

幼1：“是用漏斗装的。”

幼2：“可是我们没有漏斗啊，而且漏斗的口那么小，土也流不走呀……”

师：“所以，我们能想办法做一个跟小育苗钵口大小差不多的漏斗吗？”

幼3：“那我把用过的卡纸卷成漏斗的样子，是不是就能做漏斗了？”

师：“这个想法真好，可不可行你试试就知道了。”

幼1：“我想到用饮料瓶剪漏斗的方法，这个饮料瓶可以试试。”

师：“好，老师帮你剪一剪(保证幼儿活动安全)。”

孩子们想办法的过程就是找到解决问题关键点的过程，教师从幼儿已有的知识经验出发，启发幼儿联想、重构、实践，从失败经验(几次装土洒到外面)中找出解决的方法，这样就能启发幼儿主动分析并解决问题。由此可

见，教师适当放手能够让幼儿学会独立思考、独立行走，而这正是幼儿走向创新与创造的必由之路。

（四）紧扣核心问题，达成育人目标

在案例4中，教师采取了“转移失败”的方式，回避幼儿的真实想法或行为，这显然不符合“以失败求创新”的初衷。针对这一问题，教师首先要做到紧扣核心问题，并且让幼儿学会自己解决问题①。在“我要去做客”中，“小主人”显然并不想分享自己喜欢的玩具，遇到这样的情形该怎么做呢？

教师可以采取角色互换的方式，妮妮扮演小主人，睿睿扮演小客人，两个人展开同样的对话，这时睿睿就能切身体会“被拒绝”的感觉，也就是让孩子学会换位思考。而这第二次对话中，孩子们的表现有了明显变化：

睿睿：“我能玩这个玩具熊吗？”

妮妮：“我也想玩小熊，你玩其他玩具可以吗？”

睿睿：“我们可以玩‘给小熊看病’，你带小熊来看病，我做医生好不好？”

妮妮：“好！”

睿睿被拒绝后想到了一起玩的点子，这样既能分享玩具，又有利于幼儿保持和谐的人际关系，可以说这是解决问题的最好方法。而在多轮角色扮演中，幼儿认识到分享不仅仅是一种善意的行为，更是一个人美好的品格，这对于培养幼儿的分享意识，促进幼儿社会性发展有积极影响。在活动中教师要允许幼儿“走弯路”，只有“走过试过”才能找到正确的路标，从而更好地达成育人目标。

---

① 常璐.浅谈幼儿园主题生成活动的实践及其意义——以“有趣的蛋”为例[J].安徽教育科研，2022(34)：65-67.

四、关于生成课堂中“失败与创新”的反思

不期而遇是一种喜悦，所以我们的课堂因生成而拥有更多精彩。在幼儿教育工作中，失败与创新是一个无法回避的话题，实现创新的过程必然要留下失败的足迹，而如何掌握其中的“平衡度”，这是需要教师理性思考的问题。

我们不回避失败，但这并不意味着生成课堂中可以不计失败成本，幼儿一些明显的错误行为比如不遵守游戏规则、固执任性、低效学习等，这些失败并没有创新价值，如果教师不及时阻止，反而会造成生成课堂中不确定因素增加，或者出现不安全因素，所以，教师必须及时查漏补缺、纠偏引正①。

在教学实践中，教师的自我反思也是保证生成课堂质量的关键，教师要有“延时反思”意识，也就是在课堂活动完成后对照幼儿的真实表现、自己的指导过程进行反思，查找其中是不是存在问题，能够从中汲取怎样的经验和教训，通过这样的方式找到失败点，才能找出其中的创新点。比如在案例 1 中，教师意识到过多预设的问题后，对自身教学设计理念做出反思，懂得了在课堂教学中要适当“留白”，这样能够给幼儿更大的自主发挥空间。而时刻“追随儿童”，能够从幼儿的一举一动、言行表现中发现创造性学习的契机，这对于提高幼儿的自主学习能力有很大帮助。总之，教师要多层面来分析失败，将“有价值的失败”转化为生成课堂的创新契机，这样才能真正体现失败与创新的实践价值。

---

① 王妍.多效并举，助力幼儿生成课[J].智力，2022(02)：196－198.

五、结语

失败如阶梯，创新如登顶，经历失败才能让我们找到教育教学工作中的不足，才能一步一步循阶而上，最终登上创新与进步的新高度。在幼儿教学实践中，会有很多有意义的生成要素，这些要素不但包含在教师的巧妙引导中，而且也隐藏在失败的罅隙中，只要我们换个角度看失败，就能从中寻找到创新与完善的契机，所以，如何看待失败是一个关键问题，如何在失败中获得创新则是关键中的关键。这就需要教师关注教学活动中的生成要素，能够从幼儿的理解能力与兴趣关注点出发，启发幼儿在失败中探究、反思、尝试、创新，以此营造教学相长的良好格局，让“宽容失败、鼓励创新”成为幼儿教育提质增效的主旋律。

图书在版编目(CIP)数据

珍贵的失败　坚韧的创新 / 李军主编 .—上海 ：上海社会科学院出版社，2024
ISBN 978-7-5520-4399-0

Ⅰ. ①珍…　Ⅱ. ①李…　Ⅲ. ①教育工作—文集　Ⅳ. ①G4-53

中国国家版本馆 CIP 数据核字(2024)第 102199 号

珍贵的失败　坚韧的创新

主　　编: 李　军
责任编辑: 路　晓
封面设计: 杨晨安
出版发行: 上海社会科学院出版社
上海顺昌路 622 号　邮编 200025
电话总机 021－63315947　销售热线 021－53063735
https://cbs.sass.org.cn　E-mail:sassp@sassp.cn
照　　排: 上海碧悦制版有限公司
印　　刷: 上海景条印刷有限公司
开　　本: 710 毫米×1010 毫米　1/16
印　　张: 17.5
字　　数: 228 千
版　　次: 2024 年 7 月第 1 版　　2024 年 7 月第 1 次印刷

ISBN 978-7-5520-4399-0/G・1325　　定价:87.50 元
